DAS
BRAXEL

rumabhängig
überparteiisch
bildend

GAX AXEL GUNDLACH

Danksagung

Für meine Eltern Eva und Werner, die mir schon in jungen Jahren versucht haben begreifbar zu machen, dass Sprache nur Sinn macht, wenn es auch eine Absprache über die Bedeutung der benutzten Worte gibt.

Für Sabina, der liebenswerterweise auch nicht immer gleich das richtige Wort einfällt, die aber mit ihrer wunderbaren Sprechstimme selbst die sinnlosesten Worte noch zum Klingen bringt. cfi

Für meine Brüder Günter und Ronni
Für meinen Onkel Günter
Für meine Neffen Jul und Alvaro
Für meine Freunde und Mitstreiter im Leben und im KaHouse

Mit besonderem Dank an alle Hersteller wirkungsvoller Getränke, ohne die ja viele der meist unfreiwilligen Beiträge der vielen Ko-Autoren und Inspiratoren nicht zustande gekommen wären.

Widmung

Für Sabina, cfi

Für Eva, Werner, Onkel Günter
Für Günter, Ronni, Jul, Alvaro

Für Andrea, die mit ihrer →*Kapette*
das alles hier mal ins Rollen gebracht hat

Für meine Freunde aus dem
KaHouse für KunstKulturKommunikation

Und alle anderen Mitstreiter bei der lustigen
Verrätselung der Sprache

Bibliografische Information der Deutschen Nationalbibliothek:
Die Deutsche Nationalbibliothek verzeichnet diese Publikation
In der Deutschen Nationalbibliografie; detaillierte bibliografische
Daten sind im Internet über hppt://dnb.dnb.de abrufbar.

Herstellung und Verlag:
BoD – Books on Demand, Norderstedt

ISBN 9783734750809

DAS BRAXEL

Das große, vorläufige Buch der lustigsten, albernsten und manchmal auch einfach nur schönsten Sprech- und Denkfehler sowie des überhaupt unglaublich nützlichen Wissens wie zum Beispiel der weitestgehend unbekannten Fachbegriffe der Welt. Also ein echtes Buch der Superlative, allein im ersten Satz sind schon fünf davon.

Das beliebte BRAXEL (eigentlich: B.R.A.X.E.L.; **B**esonders **R**elevante **A**nsammlung **X**-beliebiger **E**tymologischer **L**ässigkeiten) ist im besten Sinne ein Produkt allermodernster Serviceleistung: es erlaubt dem Leser, um der Einfachheit willen im Titel auf Abkürzungspunkte zu verzichten und es stellt ihm zu jeder Zeit anheim, *„diejenige Lüge zu wählen, die ihm am würdigsten erscheint, die Wahrheit zu sein"*; und selbst das ist nur ein x-beliebiges Zitat.

Das Braxel versteht sich mehr als eigensinniges, denn als eigenständiges Werk. Es ist eher ein geistiges Nachschlagwerk denn ein Nachschlagewerk im →*enzyklopädagogischen* Sinne, eben eine sinnvolle Ergänzung zu den anderen Lexika und Wikis, die man gerne mal häppchenweise lesend zu sich nimmt. Na gut, um ehrlich zu sein: es dient zu nichts anderem als die Stille des Ortes mit einem herzhaften Lachen zu durchbrechen. Kurz: Es ist ein klassisches Klobuch, aber deswegen noch lang nicht für den Allerwertesten, sondern für den Hochgeschätztesten - den Leser nämlich.

Die Benutzung des Braxel ist der anderer Wikis und Lexika intuitiv nachzuempfinden. Querverweise werden durch kleine → angezeigt. Wo bekannt, sind die Erfinder in (Klammern) genannt und somit ihre →*Urheberschuld* an dem Blödsinn angezeigt. Wo niemand genannt ist, streut sich sacht der Verdacht ein, dass sich der Herausgeber um die Wortschöpfung oder die Erklärung bemüht hat.

Sinnvollerweise gibt es Überschneidungen unter den Suchbegriffen nur dort, wo andere Nachschlagewerke echt schlampig recherchiert sind oder aus sonstigen Gründen die eigentlich wahre und wirkliche Bedeutung eines Wortes schlichtweg unterschlagen.

Ansonsten ist so ein Braxel ein Ding der Bewegung, eine Art lebendiges Wesen, das sich die Freiheit nimmt, sich mit den Strömungen der Zeit und der Sprachen fortlaufend zu verwandeln, sich selbst zu korrigieren oder gar zu konterkarieren, unabhängig von wechselnden Ko-Autoren und den wechselnden Meinungen über die Bedeutung der Begriffsdeutung als solche.

Und es ist vor allem eins: immer noch unzensiert dem tatsächlichen Leben von den Lippen gerissen und so schnell wie nötig und so ungefiltert wie möglich aufgeschrieben - und daher in einigen echt anstößigen Passagen zum Glück *„leider sprachwissenschaftlich, politisch und sexuell irgendwie total inkorrekt"*!

Die Redaktion dieser zweiten, stark verwässerten Ausgabe mit dem dreifachen Umfang dankt allen freiwilligen, vor allem aber allen unfreiwilligen Ko-Autoren für die jahrelange mühevolle Kleinarbeit an Glas und Korkenzieher und ruft hiermit für die Zukunft zu weiteren Definitionen und Verbesserungen des zeitgenössischen Wortspiels und des lässig dahingeplapperten Versprechers auf.

Und nun: Viel Spaß beim Lesen

rumabhängig - überparteiisch - bildend!
GAX

Folgende Bezeichnungen weisen auf Ko-Autoren und Inspiratoren hin:

axxl nach Axel Gaube, Fotograf, Inhaber Kaleidomania und GF KaHouse

alfi nach Alf Klimek, Sänger und Komiker bei KaHouse Musicals

bartelisch nach Holger Bartel, Webdesigner und GF uforepublic

behnkisch nach Frank Behnke, Schauspieler im KaHouse Bizz Theater

belaisch nach Bela Gaube, Nachwuchs

clemisch nach Clemens Becker, KaHouseFreund

dadapop nach GAX, Wortschöpfungen für die Fan Tom Vox

dimmel nach Waltraut Dimmler, GF Trend Connection im KaHouse

dschänisch nach Jane Zimmermann, Grafikdesignerin und GF uforepublic

effi Sammelbegriff für die sprachlich engagierten Mitglieder des SGE Forums

esbergisch nach Esther Berger, Redaktion Kaleidomania und PL KaHouse

fleng nach Andrea Fülling, Kostümdesignerin aller KaHouse Musicals

flix nach Felix Felixine, Choreograph aller KaHouse Musicals und Tanzshows

gax nach GAX Axel Gundlach, KaHouse

gerzl nach Hans Gerzlich, Wirtschaftskabarettist und Bürokomödiant

heuslich nach Martin Heuser, Lichtdesigner

jelenisch nach Jelena Halt-Gaube, Sängerin der Walk-a-Tones

kimu Sammelbegriff Kindermund

krax nach KrAX Künstlerduo Lothar Krebs und GAX Axel Gundlach

lota nach Lothar Krebs, Maler und Zeichner, Krebs Illustrationsstudio

moes nach Frank Moesner, Komponist, Inhaber Audiomania und GF KaHouse

mojzisch nach Mojca Godec, Marktforscherin

natschisch nach Natascha Krebs, GF Krebs Illustrationsstudio

oligee nach Oliver Gehlert, GF KaHouse

olijay nach Oliver Jörges, KaHouse Kontakter und PPP Materialist

ostsch ostdeutsch

ping nach Dana Geissler, Schauspielerin im KaHouse Bizz Theater

saba nach Sabina Godec, Schauspielerin im KaHouse Bizz Theater

schadisch nach Rüdiger Schade, Sänger bei KaHouse Musicals

siggisch nach Siggi Herold, Schauspieler beim Theater Grüne Soße

spottsch Sportreporterdeutsch

uteu nach Ute Ullrich, Sängerin bei KaHouse Musicals

wenzlisch nach Hansjörg Wenzel, Tonregie bei KaHouse Shows

yonisch nach Yonas Tesfagabre, Markenanalyst und Konzeptionist

A

An'Arschie Zustand innenpolitischer Unruhen (*wahrscheinlich Ruhrpott*), so genannt „weil datta immer so ennes an' Arsch gehhn tut!"

Abbautraining spezielles Zirkeltraining mit viel Alkohol, Tabak und fettigem Essen, dass man anwendet, wenn man entschieden zu fit ist (→*Body Binding*)

abbecken *(intrans.)* seiner Ämter enthoben werden oder *(trans)* gehen bevor die anderen einen treiben; im Gebrauch: „Du kannst abbecken. Brauchst dich nicht mehr waschen und kannst die Haare wachsen lassen, wir brauchen dich hier nicht mehr!" →*espedieren*

Aberglaubenskasperverein *(nach Kaiser Franz B.)* organisierte Kirchen hauptsächlich anderen Glaubens

Aberkadaver Zauberformel, mit der eine gewiefte Hexe Lebendiges in tote Gegenstände verwandeln kann

abfranzerln auch: abkaiserln: etwas in beckenbauerscher Manier diplomatisch abwiegeln („*Schaun mer mal!*")

abfotzen *(ösi)* ohrfeigen

abfuckeln (sprich: *abfackeln*) sich nur sehr, sehr kurz mit einer Person sexuell beschäftigen, z.B.: „Das war noch nicht mal ein Wann-Neid-Stand, die hat mich doch nur abgefuckelt."

Abführmittel 1) (*polizeilich*) ein Paar Handschellen oder auch Kabelbinder 2) (med.) Mittel, das dem Magen eine Abfuhr erteilt

Abgasbesatz *(dimmel)* der jährlich wechselnde Abgabesatz an die KSK in seinem gasförmigen Zustand (2015 eben 5,1% nicht nur auf Petomanendarbietungen)

abgecheft werden *(jule)* wenn einem der Vorgesetzte ganz klassisch gegen die Bürowand laufen lässt

Abgelegegend irgendwie weit ab vom Schuss platziere Landschaftsteile

Abgrenzungsbehinderter *pfuschologisch für* Stalker

abholgern *(nach H. Düchting)* plötzlicher Drang, etwas zu essen/trinken oder eben genau das Gegenteil dessen zu tun, möglichst zur unpassenden Zeit oder dem unpassenden Ort

Abklingbecken (*med.*) weibliches Körperteil nach der Menopause

ablaunen einmalige Fähigkeit junger Frauen, ihre arglosen Liebhaber mit plötzlichen Gefühlsschwankungen auf die Probe zu stellen

abmännern sinnlos an einem Brunnen oder Brunnenhäuschen herumhängen und wildfremden Mädels hinterher fabulieren

Abneigungszuneigung Hassliebe

Abramakabra Zaubertrick mit ungutem Ausgang

Abrissbirnenschnapps ein letzter alkoholischer Gruß an die zukünftige Baustelle

Absatzkommunikation sich mit Hilfe von gezielten oder ungezielten Fußtritten verständlich machen, wie z.b. Agentur für Absatzkommunikation

Absatztrick Was sich ein Händler so einfallen lässt, um seine Ladenhüter
doch noch loszuwerden

Abseitskommunikation alles, was weder „above" noch „below the line" ist,
sondern eben „far off"

abypsen sich schrittweise zurückziehen, im Sprachgebrauch: „Los, yps ab!"
(im engl. „yps outta here!") →*ypsilieren*

Ackermanko das Fehlen eines gewissen Feingefühls

Adamkuierung endgültige Leerung eines Nachtklubs (Anm. d Red.: die
Kerle verlassen das Tapet erst, wenn Eva schon lange weg ist)

Adlerauge tatsächlich der Name des offziellen Blindenfanclubs der Eintracht
Frankfurt

Admaxistration spezielle Form der Bürokratie, die dazu gedacht ist, aus
jeder Mücke einen verwalterischen Elefanten zu machen; (*im Gegensatz zu
Administration*)

Adönis schöner Jüngling, dessen Körper durch Döner geformt wurde

Älteresemesterferien Kururlaub für Vorrentner

Änderungsfleischerei Schönheitschirurgenpraxis

ätzetera und was sonst so noch alles nervt

Aferenz (*auch Afferenz*) beschreibt das Verhältnis von hierarchischer Bauernschläue zu sachlicher Richtigkeit (→*Differenz;* →*Ferenzierung;*)

A for 0 Alles für Null (*Agency for Organisation, Offenbach*)

Afrodizzyhaarka Haarkräusungsmittel

Afroiaker Mensch mit afrikanischen, afro-(nord-, mittel-, süd-) amerikanischen oder afro-arabischen Vorläufern

Afterburner *(effi)* beschreibt das Phänomen, wenn man so gut drauf ist,
dass *„einem die Sonne ausm Arsch scheint"*

Agenturdramenvertrag langfristige Bindung zwischen Diener und Herren
mit dem Ziel, die fallspezifische Schuldzuweisung in eine permanente
Grundschuld zu wandeln, bzw. aktuell auflaufende Rechnungen mit Hinweis auf das der Agentur verbriefte Recht, auch in Zukunft noch Rechnungen stellen zu dürfen, vorerst nicht zu begleichen.

Agenturette fluchende Inhaberin oder Mitarbeiterin einer Agentur

Aggrobat 1) angepisster Rapper 2) schlechtgelaunte Fledermaus

Aggroturismo schlechte Rapper auf Urlaub

Agrarchie Herrschaft der dummen Bauern (Zeit der dicken Kartoffeln)

Aibohphobia Angst vor Palindromen wie z.B.: *„Ein Neger mit Gazelle zagt
im Regen nie"*.

Aknestiker Pickelgesicht; jemand, der nicht an reine Haut glaubt

akrebierisch schon mit einer gewissen Ordnung, aber eben doch schon von
ein paar Bier beeinflusst

Aktive *(ostdt.)* eine Zigarette

Akutes Versversagen schlechte Dichtung

Albernative echt dämliche Zweitlösung

Albraum *(architekt.)* ein echt schlechter Raum in einem Gebäude →*panic room*

Albtraumfänger was man seinen Feinden übers Kopfkissen hängt, damit sie schlecht schlafen und träumen

Al-Gore-Rhythmus Wahrheitsgestaltung durch permanente Wiederholung (*mensch-gemachte Hirnerwärmung*)

alibisexuell 1) zur Tarnung der Homosexualität mit einem Hetero verbandelt 2) woanders treu

Alibiathlon auf Anschuldigungen hin schnell was rausschießen und dann weglaufen

Alibuster US Soldat im Irak-Einsatz

Alk-Aida wer so alles im Kamelmilchschnappsrausch von ägyptischen Jungfrauen träumt

Alke 04 Seniorenmannschaft eines Gelsenkirchener Fußballklubs

Alkoala Abstinenzler, entschiedener Gegner des Trinkens (von Aborigeniesprech: Koala - Tier, das nicht trinkt)

Alkoloha hawaiianische Begrüßung des ersten Alkoholmischgetränks des Tages

Alkoholikerampel rote Nase

Alkoholmissbrauch Verschütten von Trinkbarem

Alkoholproblem (*Alko-hol-Problem*) nachts durstig, aber alle Läden sind geschlossen und die Tankstelle ist zu weit weg

Alkorien *(fleng)* die Art von Kalorien, die in alkoholischen Getränken versteckt lauern

Allah Sagenfigur berühmter Sprichwörter wie z.B.: *Allah Anfang ist schwer.* Oder: *Allahu ak Bar* („*Allah ist da drüben in der Kneipe*")

Allahbeske sinnlose Verzierung am Denkapparat

Alleinemensch *(saba)* Einzelperson

Allesdealer Vollzeitgeschäftlemacher

all-exclusive *(lota)* Urlaub ohne jegliche Sonderleistungen wie z.B. Frühstück, fließend Wasser, Fenster an der Wetterseite etc.

Allzweckpeiniger überall einsetzbarer Folterknecht

Almtraum ein nicht ganz so schlimmer Albtraum (*neuer Duden: Alptraum, eigtl. Albtraum; nach den Nachtalben, eine Art geisterhafte Kobolde*)

Aloneunderholder jemand, der wohl ganz alleine auf einer Bühne steht

Alpha-Loser der Anführer der Nachtkappen

Alter Schlaudegen Besserwisser von Erfahrungs Gnaden

Altruasthmatiker *(med.)* bekommt Atemnot, wenn er an andere denken soll

Alzheimer-Bulemie *(med.)* viel fressen, aber vergessen zu kotzen

Alzkanzler *(pol.)* Personen, die ihre eigene politische Verantwortung schon sehr lange hinter sich haben und deswegen arg Verzerrtes zum Besten geben dürfen

Ambilemma Entscheidungsschwierigkeiten in alle Richtungen

Ameisenairbagmatte Bläschenfolie aus Plastik zum Verpacken von stoßgefährdeten Gegenständen.

Amigomorrha Sündenpfuhl dank mexikanischer Räuberbande

amnesimultan mehrere Dinge gleichzeitig vergessen

Amorgasmus körperlicher Höhepunkt romantischer Liebe

Amorgeddon Untergang durch fatale Liebe

Amorphose Zustand der allmählichen Verwandlung unter dem Eindruck der Liebe

Amphorismus Sinnspruch, der vor allem dann Sinn macht, wenn man zu tief in die Amphore geblickt hat

Amputationsersatzhände (*jelenisch*) Ersatzbegriff für Prothesen

Amuse-proll nicht zu bezahlender Appetithappen als Gruß aus der Frittierküche

Amsterdampfer Graachtenboot

Amtsschimmelpilz was sich so auf alten Akten ansetzt

Anabolien Landesteil der Türkei, in dem Ringer und Gewichtheber gezüchtet werden

Analcoliche Sammlung merkwürdiger Getränke italienischer Herkunft, die durch übermäßigen Gebrauch zu Anal-Koliken führen

Analphatier 1) Rudelführer mit einem Loch im Charakter und das Loch hat einen Ringmuskel 2) zweiter Mann, direkt hinter dem Alphatier 3) irgendwie das Gegen-teil von einem natürlichen Anführer

Andaluzination Californication für Europäer

Anderstherumme (*moes*) irgendwie das verkehrte Gegenteil

Andockbrumme fingerkuppenartiges Insekt, das sich mit Vorliebe in den Ohrmuscheln der Liebsten herumtreibt

Andromedar Höckertier aus einer Nachbargalaxie

Anfängerkupplung gut gemeinter Freundschaftsdienst zwischen Teenagern, die ihre besten Freunde miteinander verkuppeln wollen, damit diese nicht mehr Jungfrau sein müssen

anfärbeln (*ösi*) etwas bunt anstreichen

anfronten (*teenagermanisch*) jemanden beleidigen

Angeleidenheit (*pseudofleng*) eine echt leidige Angelegenheit

angelgäxisch (*gax*) Englisch für Musicals

angeschwefelt schon deutlich zuviel vom gelben Getränk in sich hinein gekippt habend

angievalent sich in einem zweischneidigen Zustand befindend, in dem man nicht weiß, ob man sich für oder gegen Merkel entscheiden soll

anhausmeistern (*jess*) jemanden anderen möglichst lautstark auf die im eigenen Kopf herumstromernden Ordnungsregeln aufmerksam machen

Animöse (*saba*) Animateurin im Rotlichtviertel

Ankunftsprognose Anreisezeiten der Bundesbahn

anpaulen (*teenagermanisch*) jemandem in verschärft kumpelhafter Weise zurechtstuzen

ansacken jemanden echt unangenehm auf den Keks gehen; im Sprachgebrauch: „Sack mich nicht an, oder ...!"

ansaugen (*teenagermanisch*) küssen

Anschaffenburg (*geogr.*) wie man dort zu Geld kommt

Anschaffungskriminalität der Kauf von kriminell hässlichen Möbeln

ansenfen jemandem schlichtweg erlogenen Unsinn erzählen

Antidepptikum Traummedikament, mit dem sich Spuren von Dummheit von angegriffenen Oberflächen abwaschen lassen

Antidiot jemand, der den heldenhaften Kampf mit der Dummheit aufgenommen hat

Antiduden z.B. das Braxel →*Gegenduden*

Anti-Idiotika (*mojzisch*) längst notwendige Medikamente zur Heilung der weitest verbreiteten Volkskrankheiten mit dem Ziel der Rettung der Menschheit, des Planeten oder wenigstens unterdurchschnittlich besuchter Montagvormittage

Antikoalaiker entschiedener Gegner des Nichttrinkens →*Koala* →*Trunkenmariechen*

Antipastis Gegenmittel zum französischen Anisschnaps

Antiquarium Becken für echt alte Fische

Antlitz (*brospy*) ein schräges Wort für ein paar Möpse

Anzyklope einäugiger Springbock

Apokalypsilanti das voraussagbare und deswegen vorausgesagte Ende der a) Vernunft b) Ehrlichkeit und c) Regierung Koch

Apokapitalypse der →*Gelduntergang*

Apparatschicksal traurige Karriere in der Bürokratie

Appetitentzügler Medikament, das selbst bei bereits erreichter Sättigung hilft, übergroß erscheinende Portionen köstlich zubereiteter Lebensmittel problemlos seiner Bestimmung zu übergeben

Apréskikse (*sprich: Apprehschikse*) Frau am alpinen Glühweinstand

Arabauke lärmende, freche, Unfug treibende Diktatoren im arabischen Gürtel

Archäolüge 1) eine seit echt langer Zeit benutzte Ausrede und Unwahrheit 2) aus Sicht der Kreationisten alle Beweise evolutionärer Entwicklung, die älter als 6500 Jahre alt sind

Argentur von l'argent = Silber (*Geld*), geschäftliche Vereinigung zum Versilbern durchlaufender Leistungen

Armutszeugnis 1) Hartz IV-Bescheinigung 2) Privatinsolvenzanmeldeformular

Aromarad kreisförmig gegliederte Tabelle zur verbalen Bestimmung von Geschmacksnuancen auf einer nach oben offenen Winzerskala (*je nach Situation auch: Geschmackskreisel, Geruchsrosette, Pheromonpalette, Rüsselradius oder Schnüffelscheibe, frz.: rondel d'odeur, palette du parfume*)

Arroganz-Arena   außerbayrische Bezeichnung für das selbstleuchtende Stadion von →*Bauern München*

Arschengel   schlecht gelaunter Erzengel

Arschentinien   geeignetes Land für →*Hinterngedanken*

Arschgeigenroboter   *(kalköfisch)* Moderatoren von Dauerwerbefernsehsendungen

Arschmarschhase   Tier, das wohl Kraft seiner Hinterläufe durchaus geeignet erscheint, um die Gesäßmuskulatur eines Humanoiden zu lockern

Arschmellow   etwas aus der Form geratenes Hinternteil, das man besser nicht zu nah an offenes Feuer halten sollte (→*Dickolltée*)

Arsengnom   Giftzwerg

Artefucked   Rückbleibsel einer kunstvoll durchlebten Liäison

Artrose   1) Kunstblume 2) Blume, die wie eine Art Rose aussieht

Arttellerist   kunstvoller Erzähler

Aschenblödel   eine, die immer noch an Prinzen und Glasschuhe glaubt

Asi-Styler   *(teenagermanisch)* eine schlecht gekleidete Person

Asozialismus   System zur Unterdrückung der Schwachen durch allerlei Dummköpfe

Assipalme   *(pop)* 80er Jahre Mädchenfrisur *(wahrscheinlich Madonna und Cindy Lauper)*

Asstablishment   Klub der Asses *(mehr in Richtung „-holes" als in Richtung „Aces")*

Assympathor   jemand, der sich reichlich Mühe gibt, seiner Umwelt auf die Nerven zu fallen

Ateeist   *(gax)* jemand, der keinen Tee mag

Atmoesnere   musikalischer Fachbegriff, beschreibt eine gewisse Art von Unterleg-geräuschen

Atmospherotik   eher von der Stimmung her bestimmte interpersonelle Spannung

Atomahawk *(indianisch)* Handschleuderwaffe mit fataler Sprengwirkung

Atomic Bong   *(nach Robin Williams)* Geheimwaffe der Jamaikaner zur Beendigung sämtlicher Kampfhandlungen

Attentöter   Vollzieher eines Mordanschlags mit Erfolg

Auchredner   Jemand, der unbedingt auch mal was sagen will

Audiopilot   Tontechniker am Mischpult

Audiot   1) jemand der Audi fährt 2) jemand der Bohlen-Musik hört

aufballoniert   weibliches Wesen, das ihrer Natur mittels Implantaten nachgeholfen hat

aufmümpfig   schon renitent, aber mit einer gewissen Niedlichkeit einhergehend

aufprachten   *(nach Mela Chu)* 1) etwas mit Dekokrams und Gerüsche hübscher machen 2) femmologisch: waschen, anmalen, Haare stylen und Klamotten am Körper dekorieren; *aufgeprachtet*: wenn man 1 oder 2 hinter sich gebracht hat

aufquälen (*olijay*) jemanden oder sich selbst etwas aufbürden, das vom Betroffenen uneingeschränkt als Qual empfunden wird

Aufstuhl (*fleng*) eine Mischung aus Fahrstuhl und Aufzug zur Beförderung einzelner Personen in einer Art Treppenlift

Aufzeichnung Sammelbegriff für das ganze „Zeuchs", was man für eine Dokumentation so braucht

Augenichts schlechter Schiedsrichter bei Sportspielen

Augengrauen ein übler Anblick

Augentinitus man schaut sich um und sieht nur Pfeiffen

Augurke hellseherische Niete

ausbaldoofern etwas nach langen und schwierigen Verhandlungen (manchmal sogar mit sich selbst) doch noch ein kleines Stück dümmer und blöder hinbekommen

ausblaudern etwas unter schweren Alkoholeinfluss der falschen Person anvertrauen

ausgeizen 1) unliebsame Triebe und Blätter von Gummibäumen entfernen 2) unliebsame Mitarbeiter dem freien Arbeitsmarkt überantworten

ausgekrasstet echt krass ausgerastet

Aushilfsblondine etwas, das eher zur →*Besonnung* denn zur Besinnung kommt

Aushilfslinkshänder wenn sich mal jemand ungeschickter anstellt als nötig

Ausreichender Überfluss (*lota*) sachliche Bewertung eines gut gedeckten Tisches nach Einkauf im Hypermarché St. Tropez (Anm. d. Red.: *in Frankreich sehen alle Packungen irgendwie kleiner aus*)

ausschnarchen sich etwas ausschnarchen: etwas erst einmal genauer überschlafen müssen

Ausschreitungsfrist angenommener Termin, bis zu dem man sich für politische Randale entschieden haben sollte

Aussichtsrat Touristenführer, Sehenswürdigkeitenwürdiger

ausveilen 1) *mathematisch:* eine Sache in gebrochene Prozentpunkte aufteilen und gegen die wahrscheinliche Unendlichkeit aufrechnen; 2) *musikalisch:* jedem snare beat einen Vornamen geben

Auswechselkontinent Begriff aus der Planetenkonstruktion: Kontinent, der eine andere, leider schadhafte Landmasse ersetzt (→*Ersatzinsel*)

Außenprüfung wenn ein Finanzamtssesselinhaber sich vor die Tür bewegen muss, um das echte Leben in Anschein zu nehmen, dann diesen Anschein überprüft, davon die ersten 24% abzieht und zum Dank dafür den bloßen Schein erhält (→*versteckte Arbeitslosigkeit*)

Austrialopoiden noch nicht ganz zuende darwinierter Mensch österreichischer Höhenlagen (*Anm. d. Red.: wahrscheinlich Skilehrer*)

Autoambivalenz (*gax*) schöne Mischung aus Schizophrenie und Selbstzweifel

Autofahrtunterfahrt (*saba*) Autobahnabfahrt

Autokalypse (*gax*) die totale Selbstzerstörung wahlweise durch Einnahme schlechter Drogen oder jahrelange Selbstanalyse

Automobilindustrie (*ökon.*) früher mal selbstbeweglicher Teil der Wirtschaft

Autopillot (*ph.*) jemand, der genügend eingeworfen hat, um nicht mehr Herr seiner Sinne oder seiner Bewegungen zu sein

Autopolitur Liebe an und für sich

Autorrektor literarisch kritischer Mensch, der sich darauf spezialisiert hat, die Fehler anderer Schriftsteller anzuprangern

Avongardist Kosmetikhausierer

Azubildißeiner Auszubildender in Sachen Bildgestaltungsfragen (wobei die Betonung auf *-fragen* liegt)

Axelleration Beschleunigung

B

Baahkie (*gax*) gemütlicher, hauptsächlich spirituell geleiteter Bewohner des kleinen →*Tums* →*Oingobaahkei* (→*Oingo*)

Baahkoingopol (*gax*) Hauptstadt des kleinen Tums →*Oingobaahkei*

Babbeltrabbel Schwierigkeiten, in die man gerät, wenn man sich mal wieder um Kopf und Kragen geredet hat

Babelstapler durch Selbstmotivation ständig vielsprechende Person, die fortdauernd neue Kommunikationsmissverständnisse aufeinander häuft

Babyboomerang 1) demoskopisches Problem, das 67 Jahre nach dem Babyboom negativ auf die Sozialsysteme zurückschlägt

Bad Bank 1) Altwertpapiercontainer 2) fantastischer Kurort für notleidende Wertpapiere und hoffentlich auch deren →*Broker*

Badget ein nicht wirklich gutes →*Budget*

Bafana Banana südafrikanische Gurkentruppe →*Salatbanane*

Bakschischistan noch so ein Land des vorderen oder mittleren Orients, in der sich der Fortschritt in die Taschen einiger Weniger aufgemacht hat

Baldachin Zukunftsausblick eines hessischen Zimmermanns: „Da kimmt Baldachin!" (*Da kommt bald ein Dach hin!*)

Balkonmacht eher auf Wort denn auf Tat basierende Macht, weswegen ja das Ohnmacht phonetisch schon mit angedeutet ist

Ballackaff ein auf Werbeträger geschniegelter Fußballspieler

Ballimperialismus (*nach Bela R.*) Spielweise der spanischen Fußballspieler

Ballologe ein intelligenter Fußballspieler

Ballothello der Mohr von Palermo; kann kicken

bambisexuell wem das Geschlecht egal ist, Hauptsache es hat große braune Augen

Bananenkompass zur Richtungsbestimmung: Banane auf eine Mauer legen, warten; dort wo abgebissen wird, ist Osten →*GDR*

Bananosekunde die extrem kurze Zeitspanne zwischen dem Ausrutschen auf der Bananenschale und dem Aufschlag auf dem Bürgersteig

Banalyse was Nachrichtenmagazine von Privatsendern so als tiefgreifende Recherche präsentieren

Bankenzinsluder Anagramm für Bundeskanzlerin

Bankster Angestellter einer Investmentbank

Bankwart Aufsichtsratsmitglied einer Investmentbank

Barbaraber Anhänger des panarabischen Fanatikerbundes zur Überführung Arabiens aus dem islamischen 12. Jahrhundert in das crhistliche 12. Jahrhundert

Barbarettist ungehobelter Kollege vom Makabarettist

Barbiepuppenfehlpressung *(ping)* Bezeichnung für eine Blondine, die sich offensichtlich selbst für perfekt hält, es aber eben nicht ist.

Barfleisch (irgendwie aus dem englischen von *barfly* abgeleitet) nicht mehr ganz so junge Trinker, die sich schon zur Inneneinrichtung einer Cocktailkneipe hoch gemausert haben.

Bariser regelmäßiger Barbesucher

Barlehen 1) Kleinstkredit zum Weitertrinken 2) Sicherheitseinzahlung von Bargeld bei einer Bank in Höhe des gewünschten Darlehens

Bartel Effekt eigentlich: Bartelsche Baumfalltheorie; nach Holger Bartel, der die Fallgeschwindigkeit von Gegenständen in Nähe der Erdoberfläche mit 8,91 Meter pro Stunde errechnete und demzufolge bis zu 27 Minuten lang von einem etwas über viereinhalb Meter hohen Baum fallen könnte.

Bassaker 1) Spitzenbassist *(z.B. TM Stevens)* auf doppelhalsigem und teils doppelt bespanntem Elektrobass im Kampf um die triolische Vierundsechzigstel 2) Lärm

Bastelazubi junger Mensch, der lernt, kompliziert aufgebaute Dinge durch günstig Selbstgebautes zu ersetzen *(→Tüftlehrling)*

Batter Sportgerät aus dem Baseball, das hie und da gerne als Argumentationshilfe benutzt wird

Bauarbeiterdekolltée meist unerwünschter Einblick in die Rückseite einer herunter gerutschten Blaumannhose

Bauerblümchen weiblicher Teenager mit agrarwirtschaftlichem Hintergrund

Bauern München gewollter Duckfeelertäufel oder Versprecher gegnerischer Fans

Bauschmensch jemand mit leicht aufgeblähtem Geltungsbedürfnis?

Bayreuther kürzlich eingführter Titel um das Spektrum von Professor, Doktor und Master of Arts noch nach unten hin abzurunden. *(Anm. d. Red.: da man aber beim Bayreuther seine Doktorarbeit dumm abschreiben muss, darf man diesen Titel auch nicht führen.)*

bbf best bitch forever

Bedaua Schmerz der späten Einsicht, zB. „Ich hab da ein Bedaua"!

Bedenkmalschutz (*fleng*) was einen davon abhält, nochmal gründlich über den nächsten Schritt nachzudenken

bedotteln (*schadisch*) sich beim Frühstück mit Eigelb beschmieren

bedunkeln wenn man jemandem keine erhellenden, sondern nur verwirrende Dinge weitergibt; z.b.: „Ich war jetzt vier Stunden in dem Meeting, aber die haben mich nur bedunkelt."

beesthern 1) sich um unorganisierte und von der Gesamtsituation überforderte Referenten kümmern 2) vornehmlich männlichen Probanten das Sprechen durch eine vorgeneigt entgegenkommende Körperhaltung erleichtern (E.B.: *„Sprechen Sie bitte hier in dieses Mikrophon!"*)

befreundetes Inland z.B. Bayern und Teile von Sachsen

Befreundin (*bartelisch*) Eine Freundin, aber halt auch nur eine Bekannte bzw. befreundete Freundin und keine Freundin im Sinne von Partnerschaft oder anderer körperlicher Anstößigkeiten

Befürchtnistranspiration (*saba*) Angstschweiß, wahrscheinlich aufgrund von Lampenfieber

behelligen im Rahmen einer →*Lampagne* ins rechte Lichte rücken

Beihilfe zum Bankrott möglichst hübsche Begleiterscheinung aber ohne eigenes Einkommen

Beleuchtermarmelade (*wenzlisch*) Hackfleischtartar, das sich im gewöhnlichen Semmelcrewcatering ungewöhnlicher Beliebtheit bei genau dieser einen Gruppe von Technikern erfreut

Beluststoffe alles, was bei einer guten Diät verboten ist

Bembelschwenker durstiger Eingeborener in Hessen beim Versuch, den Kellner auf sich aufmerksam zu machen

Bembelstemmer Kampftrinker am Ebbelwoi (für nicht Hessen: Apfelwein)

Bembleytor erzielt gegen den FSV Frankfurt beim Auswärtsspiel beim Meidericher Sportverein Duisburg: der Ball sprang für alle ersichtlich von der Latte gut zwei Meter ins Feld zurück, Schiri und sein Linienrichter hingegen sehen den Ball hinter der Linie

Benchmarx Karl Marx als Maßstab für kapitalistische Höchstleistungen

Berätsel Was ein Berater eigentlich macht

bereutes Wohnen jahrelang mit der falschen Person unter einem Dach gehaust

Bergundtaliban (*afghan.*) Krieger, die ihr Gewehr unermüdlich bergauf bergab durch karge Hochgebirgswüsten spazieren tragen

berlusconini (*italienisch*) Fettnäpfchen

Bertismus ansteckende Krankheit bei Fußballspielern; bewirkt die sofortige Einschränkung der Bewegungslust unter Vorschützung eines taktischen Zwangs

Beschissmus allgemein gültige Version des Turbokapitalismus

beschlechtachten sich fachlich sachlich kompetent über die Leistungen der Konkurrenz äußern

beschmächtigen, sich einer Sache beschmächtigen 1) etwas verlieren 2) vergessen wie es geht

Besonnung *(fachchi.)* sich unter eine Höhensonne legen

Besserpisser Männer ohne Prostataprobleme

Besüchtigungstour *(fachchi.)* Streifzug durch das mit alkoholausschenkenden Kneipen verseuchte Geläne

Betablogger *(gax)* Typen, die versuchen sich durch sinnarme Einträge ins Internet die eigene Ruheherzfrequenz zu senken

betilgen *(axxl)* vorsichtig beginnen, einen Fehlbetrag langsam abzutragen

betitteln vulgärisiert für →*bebrüsteln*

Betrinknis sich einen bis mehrere gepflegt hinter den Binder kippen

Betty Debakley schlimme Schminke

Beuscher *(sprich: Be-Uscher! legastnetisch von Besucher)* jemand, der jmand anderen besucht und dann da voll die Usche raushängen lässt

Beutelschema Sammlung von Kriterien, nach denen eine Frau ihre Handtaschen aussucht

Beweisvernichter Kosename für Feuerwehrleute aus der Sicht von Forensikern

Bewusstseinshirsch jemand, der sein Geweih auch noch stolz herum trägt

Biathlon 1) Abbruch des Triathlons nach der Fahrradstrecke 2) sehr gemischter Dreier mit gewissen sportlichen Aspekten

Bier-Rhythmus *(alt.)* ein gewisser, von der Natur unterschwellig getakteter Trinkzwang

Bierwana *(tibet.)* Paradies der Löschwassertrinker, wahrscheinlich Oktoberfest

Bikinihilismus *(phil.)* Neigung zur übertriebenen Verkleinerung der letzten Fetzen Stoff

Bilancierung *(ökon.)* wenn Nachrichten über den finanziellen Zustand eines Unternehmens in zwei Richtungen unterschiedlich lanciert werden

Bildhirnschoner visueller Effekt zur Verhinderung der Überlastung des Sehzentrums

Bildschirmschöner 1) gelungenes Pausenbild auf dem Monitor 2) hübsche Schauspie-lerin

Binnenseemannsgarn Fabeln und Sagen aus dem Reich der allzu offensichtlichen Übertreibungen *(→Stauseemannsgarn)*

Bin Schaden Humorterroristencodename des R. Schade

Bionade-Biedermeier *(soziol.)* mittelbürgerliches Ökospießertum *(zumeist Nichtraucher und Nichttrinker)*

Biotonne *(teenagermanisch)* Vegetarier

bite-seeing kleine Touristentour durch sämtliche Delicatessgeschäfte rund um die Madelaine (Paris) →*Fresschen-Exhibition* →*site-eating*

Bitchbucht Frauenparkplatz

Bitchcraft Zauberkäfte der eher rauen und hinterhältigen Art

Bitchvolleyball Schlampensandball mit Fischernetz

Bizarraquay   südamerikanische Heimat aller Lack- und Lederfetischisten

Blablament   Volksmund für Parlament (Anm. d. Red.: das Blablament kommt aber nicht von blablare (*labern*) wie das Parlament von parlieren, sondern von blamieren)

Blablastnethik   (*gax*) Verdrehung von Buchstaben beim Sprechen

Blablate   (*chin.*) das hohle Geschwätz

Blablatsu   (*gax*) die Kunst der wortreichen Selbstverteidigung (→*Jur-Juitsu*)

Blame-Storming   wenn sich eine Arbeitsgruppe zusammensetzt um schon mal heraus zu finden, wem man nachher die Schuld zu schieben könnte

Blaubeersalz   (*saba*) was man zur Darmreinigung nun nicht nehmen sollte

Blaudonaut   durch Weingenuss schwerelos dahinschwebender Anwohner in Ländern beiderseits der Donau (meist aber Österreich)

Blauwagen   (*jelenisch*) Bezeichnung für einen ziemlich roten Krankenwagen

Blechmücke   kleines Flugzeug

Bleispucke   (*neuss*) Pistole →*Meuchelpuffer* →*Bohnenhuster*

Blickwicht   ungefährlicher, aber trotzdem ekeliger Spanner

Blindenschlag   Ort, an dem man viele Nichtseher aufbewart

Blödmannsgeselle   Assistent eines Trottels, in seiner Ausbildung zwischen Lehrling und Meister

Blödwatchers   utopische Organisation zu Vermeidung des Intelligenzverlusts durch tägliche Übungen (Punkte für Denksportaufgaben)

Blogwart   Zensor für Internettagebücher

Blondenhund   (eigentl. Blondenführhund) klug abgerichteter Vierbeiner, der zweibeinige Blondinen sicher durch den Park führen kann

Blondinnen   innen blond

Bluffet   vorgetäuschte Nahrungsmittelauswahl (oft: Crew Catering, Hotel Mama) →*Frühstücksbluffet*

Bo Derrick   dem Horst Tappert seine Frau

Body Binding   Trinkerkraftsport

Body Maus Index   Katze zu dick?

Bölke   Trinkbares mit einem Mimimum an Alkohol

Börsenmakler   für den Makel an der Börse zuständiger Mitarbeiter

Bohnenhuster   (*neuss*) Pistole →*Meuchelpuffer* →*Bleispucke*

Bonzen & Hedschfonzen   (*sozisleng*) die mit gestreiften Hosen tanzen

Bonusdreck   (*kap.*) was die Herren 1% uns anderen nachher noch zur Begründung ihrer Boni-Ansprüche an Dämlichkeiten vorkauen

booberize   (*sprich: buuhbereihs*) sinngemäß: das Gedränge in einer Bar oder New Yorker Tube (U-Bahn) ausnutzen, um eine Frau durch das wie unabsichtliche aber dennoch zärtliche Streicheln Ihrer Brüste kennen zu lernen (*Anm. d. Red.: klappt selten!*)

Borderleider   (*mojcisch*) jemand, der sich selbst oder anderen durch seine Persönlichkeitsstörung (Borderline) bedauerlicherweise Leid zufügt

Bordsteinenten   wenn's von der Grazie her nicht zum Schwalbentum reicht

Bordsteinalben   kleine, käufliche Kobolde

Bordsteinschwabe wer auch noch auf dem Straßenstrich etwas zu sparen versucht

Bornheimsuchung Entdeckungsreise durch Bornheim und Bornheimerinnen

botoxisch wohl nicht wirklich zum eigenen Vorteil mit gezielten Gesichtslähmungen versehen

Botoxolotl aufgrund von künstlich herbeigespritzten Gesichtslähmungen mittlerweile dem mexikanischen Sonderlurch ähnelnde Person (*Anm. d. Red.: meist weiblich*)

braingeneering Konstruktion durch Denken (*oder nach C. Daum: „Visionen schaffen Fakten"*)

Brainual meist fehlende Gebrauchswanweisung für das menschliche Gehirn

Braxelerator Wortfehldeutungsbeschleuniger, meist flüssig und prozentig

Bretzelwasser *(juri)* Kindermund für Bizzlwasser

Britonisch eigens von Alvaro erfundene Geheimsprache, in Form und Funktion einem eines Tages vielleicht mal zu entwickelnden Braxelisch nicht unähnlich, nur viel zufälliger

Broker 1) Papierwertvernichter →*Börsenmakler* 2) Jemand, der andere Leute pleite macht (*Anm. d. Red: he went broke!*):

brokern andere Leute pleite machen, im Sprachgebrauch: *„Immer soll ich alles zahlen. Ich glaub, du willst mich brokern!"*

Bromance *(aus dem engl. von brother + romance)* unschwules, aber trotzdem sehr liebevolles Verhältnis zweier Männer (*im Gegensatz zu:* →*no-barbi-double-ken*)

Brüsseltier verwaltungsbeamtlicher Dickhäuter in Paneuropäischen Diensten

brüsteln, bebrüsteln scheinheiliger, aber allgemein gehaltener Versuch, mit sanften weiblichen Dreingaben im Frontalbereich auf Höhe der oberen Brustwirbel Aufsehen zu erregen, z.B.: „Schau dir mal die Karla an, wie die heut wieder durch den Raum brüstelt"; *gezielter* auch: jemanden bebrüsteln, im Sinne einer speziellen Intention z.B.: „Schau dir mal die Karla an, wie die den Rüdi heut bebrüstelt" (→*betitteln*)

Brummsummsel Schmusename für Menschen mit einer hummelhaften Sexual-Motorik

Brunchsicherheit ein Gefühl der Vergewisserung über die Verfügbarkeit geeigneter Nahrungsmittel für den folgenden Vormittag (*wahrscheinlich R. Schade*)

Buddy Building *(sozial)* sich ein Beziehungsnetzwerk zur Förderung der eigenen Karriere aufbauen (→*Amigos*)

Budget 1) *mathematisch*: mit sich selbst nicht übereinstimmende Zahl 2) *psychologisch*: Zahl über deren Größe zwischen Auftraggeber und Dienstleister stets zwei völlig unterschiedliche Wahnvorstellungen herrschen

Bückenleiden meist Hüftblockade durch anhaltende Rückratslosigkeit

Bürgeranbiederungsversuch *(pol.)* was Politiker kurz vor Wahlen vorschlagen, um sich nochmal mit was Gutklingendem, aber meist Grundblödem in Erinnerung zu bringen

Bürokratten uneinsichtige Mitarbeiter des →*Finanzmysteriums*

Bürolist *(schwyz.)* etwas abgestumpfter Büroangestellter

büroloses Papier *(ernstl)* ablage- und ordnungsresistente Unterlagen aller Art, z.B. Fotoabzüge, Steuerquittungen, abgelaufene Liebesbriefe

Bugattista Anhänger der schönsten Vorkriegsrennwagen

Bukel *(gax)* kleiner, blauer Kobold mit Hang zur Geschwindigkeit, lebt gerne in Gesellschaft von Ochs und Esel (*Weihnachtslegende aus der →Oingobaahkei*)

Bulgarische Tortenmaffia kleine Rotte pygnischer Schlaghosenträger im Billiardsalon Elbestraße mit deutlichem Hang zur Überversorgung mit Backspezialitäten

Boulevardheit *(sprich: bullewahrheit)* das Gegenteil von Wahrheit

Bullshitbingo lustiges Gesellschaftsspiel zur Überbrückung von Denkpausen in Briefing-sitzungen *(Anm. d. Red.: hierzu werden vor einem Meeting die dusseligsten Worthülsen auf verschiedene Zettel geschrieben und von jeden Teilnehmer nach Nennung ausgestrichen. Wer alle Felder durchgestrichen hat, ruft Bullshitbingo und darf zur Belohnung die Sitzung verlassen. Beliebte Worte sind etwa: Innovation, Nachhaltigkeit, Transparenz, Dialog, Netzwerk etc.)*

bummblöd wenn jemand so doof ist, dass es kracht

Bundesgrunzschutz spezielle Staatspolizeieinheit zum Schutze vor widerlichen Geräuschen in Schlafzimmern und anderen öffentlichen Räumlichkeiten

Bundessauseminister nicht gewählte, aber auserwählte Person, die im Auftrag von Weltfrieden und Handelsinteressen durch die Welt saust

Bunga-Bunga altersitalienisch für Berlusconis Freizeitbeschäftigung im heimischen →*Bunga-Bungalow*

Bunga-Bungalow italienisches Freuzeithäuschen

Burkini Badekleidung für Extremislamerinnen

Busensorgerecht Recht, das der Engländer Allen Cox für sich erstritt; er hatte seiner Frau für € 10.000.- neue Brüste modellieren lassen, die sich daraufhin nun prächtig ausgestattet einen neuen Liebhaber angelte. Cox konnte beweisen, dass er die Siliconspielzeuge angeschafft hatte und er somit allein bis zur Zahlung einer Entschädigung über die Nutzung seines persönlichen Besitzes verfügen dürfe.

Bushfeuer nächtliches Leuchten über Bagdad

Byzanzbetrug wenn die modernen Reste des öströmisch-orthodoxen Peleponnes so tun, als seien sie ein ernstzunehmendes Staatswesen

C

Calcioten   spezielle italienische Version der →*Fooligans*

Calmundraub   ansich dieselbe Straftat wie der klassische Mundraub, aber es geht um sehr viel größere Portionen

Camusutra   (*spr. Kamü:sutra*) existenzialistische Sammlung von Stellungen aller Art

Canastasi   Kiebitz beim Kartenspiel

Candlelightdöner   Kreuzberger Rendezvous mit romantischer Fütterung

Capitolverbrechen   Untaten, die im Rahmen der Amtstätigkeiten der amerikanischen Regierung verübt werden →*Bushfeuer*

caput piger   *(med.,* meist als c.p. auf Patientenblätter vemerkt) fauler Kopf (dumm)

Carmenisierung   das genaue Gegenteil von Harmonisierung

CasaKa   das schönste und leider nicht realisierte Bauprojekt Westandalusiens: das KaHouse Künstlerdorf

Cash Test Dummies   1) der gemeine Sparer 2) der noch gemeinere Börsenhändler

Catalonien   das Land, in dem Katzen alleine sind *(cat alone)*

Catapult   *(jul)* wie man die Katzen doch noch aufs Helgoländer Vogelhochhaus (Lange Anna) bekommt

Catch-as-cat-can   die beiden Katzen beim Hochgeschwindigkeitsrangeln

Catenachos   Verteidigungssperrriegel (um die Gürtellinie herum) dank mexikanischem Maisfladenzwieback

Cerbera   weiblicher Wachhund zur Ehaltung der ungestörten Wohnatmosphäre (manchmal auch: Zerbera)

Champagnerkopf   Mensch mit prickelnden Ideen, im Sprachgebrauch meist mit einem Ausdruck des Erstaunens eingesetzt: „Mensch, Du bist ja ein richtiger Champagnerkopf!"

Charakterloch   was man zu jemandem sagt, wenn man nicht direkt analvulgär werden will

Charmane   weiser, alter Mann, der Zaubersprüche kennt, die Frauen als Komplimente wahrnehmen (*z.B.: Francois Baschet* →*siehe Anhang*)

Charmageddon   wenn der aus dem Ruder gelaufene Versuch charmant zu sein, das Ende der grade anberaumten Beziehung einläutet

Charmateur   dummer, junger Mann, der sich in seiner leicht schmierigen Selbstüberschätzung für einen weisen alten Mann hält

Charmetresor   Person, die vielleicht Charme hat, ihn aber irgendwo gut versteckt unter Verschluss hält

Charmelippenlesen   →*Schamlippenlesen*

Charmepooing   (*sprich: Sha'mpuh'ing*) 1) jemanden mit seinem Charme einseifen oder 2) wenn man das „*poo*" mehr betont: jemanden mit seinem Charme zuscheißen

Charmützel wenn sich zwei Männchen äußerst gepflegt um ein Weibchen streiten

Chemische Ferien Auszeit vom Alltag dank Alkohol oder Drogen

Chickendales weibliche Posergruppe

Chicken Wing Tsun Selbstverteidigung durch das Werfen von frittierten Hühnerteilchen

Chicsal wenn die Vorsehung zu einem dann doch zumindest design-technisch recht freundlich war *(Beispiel. d. Red.: Sie findet ihren Mann mittlerweile zum Kotzen, aber in seiner Luxusvilla lebt sich's ganz nett – Chicsal!)*

Chicsalschlag wenn die Vorsehung einem dann doch noch das gute Design verwehrt

Chile Ersatzname für ein meist scharfes Mädchen, dessen Name man sich entweder nicht merken oder nicht aussprechen kann (→*chilisieren*)

chilisieren jemandem oder etwas einen Ersatznamen geben, wenn man sich die Originalbezeichnung entweder nicht merken oder einfach nicht aussprechen kann

Chillathlon großer Wettkampf unter Musikern, bestehend aus: 30 Minuten Abhängen, 140 Kilometer Faulenzen und 42 Kilometer Ausschlafen

chilli-out Entspannungsreaktion nach dem ersten Anfall von Atemnot in Folge des Verzehrs von überscharfen Chilischoten

Chilloletten extrem bequeme Schuhe zum gepflegten Rumschlürfen

Cinqueschenko (*saba*) kleines italienisches Auto, das man geschenkt nehmen würde

Chuzpe (*jiddisch*) 1) Form des listigen Muts   2) dreist vorgetragene Form der unangebrachten Selbstüberschätzung

Claquomik genau die Art von typisch deutschen bzw. deutsch-türkischen TV-Humor, der nur mit bezahlten Lachern funzt (*Klatschbefehl*)

Claudia Nacktinale Bezeichnung für eine Art von Schauspielerinnen, die mit drei Talenten vor die Kamera gehen

Cleansman (*dt.: Klinsmann*) jemand, der althergebrachte Denksysteme in Frage gestellt und bestenfalls auch bereinigt

Clockman (*engl. gespr.: klokkmän*) Comicfigur, die innert kürzester Zeit ihren „Character" um 180° gedreht hat

Clubouterman (*engl.*) Mann, der dem Klub außen vor bleiben muss; Gegenspieler des →*Tierstehers*

Comedywaran echt lustige Echse

Computergyros wenn ein Killerprogramm alle Dateien schnetzelt

conditornieren jemanden von Küchlein und Pralinen abhängig machen; meist in der Absicht die Liebe durch den Magen gehen zu lassen

Copy and Waste gängiges Recherche- und Verwertungsverfahren bei der Zeitung mit den großen Buchstaben

Couchologe professioneller Zuhörer mit Liegemöbel →*Verrücktenflüsterer*

Cretinionisten (*von frz.: le cretin*) Leute, die daran glauben, die göttliche Erschöpfungsgeschichte dauerte knapp sieben Tage, davon ein Ruhetag

Crouchologe Humormarxist

Cruel Catering grauenvoller Teil eines Veranstaltungsverpflegungsprogramms, das dem Auf- und Abbauteam zugedacht ist

CSU 1) Christen-Simulations-Union 2) charakterschwach – selbstmitleidsvoll – unbrauchbar

Cumbraviejo schwammartiger, aktiver Vulkan auf der Insel La Palma der irgendwann in diesem Millennium aufgrund des Innendrucks von erhitztem Regenwasser seine komplette Westseite auf 20 km Länge in den Atlantik werfen und mit dem dadurch hervorgerufenen Megatsunami von etwa 300 – 400 m Höhe so ziemlich genau sieben Stunden später die gesamte Ostküste der USA hinfort spülen wird

Cut Vorgang, bei dem diejenigen Agenturen aus einem Pitch entfernt werden, deren persönliche Verbindungen zur Jury nicht ausreichend untermauert waren

Cuttharr Reizhusten, der durch zu langes Herumlungern im Elektrosmog moderner Filmschnittplätze verursacht wird

Cuttharsis wenn einem mitten im Filmschnitt plötzlich auffällt, worum es in dem Film eigentlich geht

Cutterin weisungsabhängige Filmwerkschaffende, zum eigenen Missfallen oft nur sehr beschränkt eingriffsbefugt

Cutterstrophe Abschnitt eines Musikvideos oder Films, der dem offensichtlich ahnungslosen Regisseur scheinbar nicht gefällt

D

Dachbarn die Nachbarn über uns

dadapop 1) multilinguale Wortspielereien in dadaistischer Anspielung auf die Textstrukturen der Popularlyrik 2) bester Musikstil des siebten Jahrtausends ägyptischer Zeitrechnung

Dadazin Zeitung für den Liebhaber des um mehrere Ecken Abstrahierten

dahinonkeln was Belangloses mit großer Miene daherschwätzen

Dämoment schrecklicher Augenblick

Dämonerchoster Damenorchester, das umso erschreckender wirkt, je mehr es durcheinander gerät

Dämonkratie (*pol.*) Herrschaft der grauenhaften Blödmannsgeister

Dämonstration jegliche Art von Aufmarsch, bei der man dem Bösen direkt in die dumme Fratze schauen kann; (*politisch*) wenn sich durch willkürliche Glaubenshetze übelgelauntes Volk in Massen vor der internationalen TV-

Presse zusammenrottet; *(beziehungssozial)* wenn Frauen die Überlegenheit des weiblichen Geschlechts unmissverständlich zur Schau bringen

Däumling   Christoph Daum nach seiner extrem vorzeitigen Entlassung als Nochnicht-Bundestrainer *(„Keine Macht den Drögen!")*

damenstruierend   vornehm blutend

Darmspekulation   *(ernährungsmedizinisch)* Abschätzung möglichen Schadens durch unbekannte oder etwas ältlich dreinschauende Lebensmittel, *umgsprl.:* „Iss das besser nicht. Das ist doch reine Darmspekulation"

Darwin Award   jährlich posthum verliehene Auszeichnung für Verdienste gegenüber dem humanen Genpool an eine Person, die sich auf die denkbar dümmste Weise selbst aus dem Weg geräumt hat; im vulgären Sprachge-brauch auch als halbwegs eindeutig gemeinte Drohung: „Hier Du, soll ich Dich mal für den Darwin Award vorschlagen?"

Das Weise Haus   steht leider nicht in Washington D.C.

Dash Vader   *(belaisch)* schwarzer Helm, schwarzes Kape, schwarze Seele, und das alles gründlich gewaschen; das kann nur Dash Vader sein *(„Die Waschkraft ist stark in mir!")*

Datapult   gezieltes Verschleudern von Unmengen von Daten

Datastrophe   Totalverlust des digitalen Gedächtnisses

Daxelzucken   was an Reaktion auf die Bewegungen an der Deutschen Börse bleibt

DDR   *(ostsch)* där drauhrische Räst

Deimmortabilisation   1) Tod eines Vampirs   2) Plötzlicher Tod eines Mitglieds der Sekte der Unsterblichen *(Immortals)*

Delirium Clemens   wenn's mal wieder spät im Elfer wurde und der Saure so gut geschmeckt hat *(meist C. Becker)*

Delling   1) seitlicher Fluchtsprung, um auf großen Bühnen den für die Moderation ausgeleuchteten Flächen zu entgehen   2) *(nach Ballhorn)* Wortspiel ohne tieferen Sinn, das auf der bloßen Wiederholung eines Begriffs in anderem Zusammenhang beruht, meist nicht lustig

Delyrikum Tremens   im Trunkrausch wortreich dahingesponnene Gedichte →*Tremens von Cinzano*

Demen-T-Shirt   *(engl.: Dementi-Shirt)* Kleidungsstück für Politiker/Innen nach der Wahl

Demonstration   beschreibt die Phase des abklingenden Hormonstresses *(auch: PMS – postmonströses Syndrom)*

demonstrieren   entmonstern

Denkmaler   bildender Künstler, der sich dabei was gedacht hat

Denkmalpflegerin   Maskenbildnerin für gealterte Prominente

Denkmodell   eine hübsche und intelligente Frau

Denksportaufgabe   Einstellung der zentralen Hirnfunktion bei z.B. der Kapitulation vor einem Rätsel

Denkwaise   jemand, dessen Gedanken keine direkten Vorfahren haben

Deologie was man so am L'Oreal Institut für angewandten Körpergeruch studiert

Depotheke wo die Arzneimittel deponiert sind

Deppeldocker zweigeschossiges Gefährt zum einigermaßen gefahrlosen Transport von Touristen aus eher ländlichen Gegenden (i.o.: *Doppeldecker*)

Deppemess Zusammenrottung nicht ganz zurechnungsfähiger Fahrgeschäftsjunkies (*von: Dippemess, eigentlich Topfmesse*)

Deppenkarussel Kaiserlei-Kreisel zwischen Frankfurt und Offenbach

Depplomatie die Kunst, mit Idioten zu reden

Deppot Trottellagerstätte meist gastronomischen Ursprungs

deppressiv zu trauriger Dummheit neigend

Depresso Person ohne morgendliche Koffeinzufuhr

Derivater Erfinder von aus ursprünglichen Stoffen heraustaktierten Nullstoffen mit dem Anschein von Stofflichkeit zum Zwecke des Weiterverkaufs

DesAstroTV Dauerfensehsendungscall-in-shows mit esotherischen Vorsagern →*TeVauguren;* →*Orakellner*

Desportation 1) Zwangsverbringung der unsportlichen Jugend auf einen Schulsportplatz 2) Abtrainieren

Dia Betis 1) Tag, an dem Betis Sevilla wider jedes Erwarten spanischer Meister wird 2) Das Foto davon

dialektlos hannoveranischen Sprech-Ursprungs

Dialogannahme 1) Auffanglager für Mädchen mit Kaffee und Zigarette, die unbedingt reden müssen 2) Die Annahme, es handle sich dabei um ein Zwiegespräch

Dickolltée üppig ausstaffierter Ausschnitt in beliebiger Damenoberbekleidung (*manchmal auch: Appetitten*)

die chlorreichen Sieben Schwimmernationalmannschaft

Diekernkompetenz *(saba)* Besserwisser in seiner wahrscheinlich wichtigsten Funktion

Differenz Unterschied zwischen früher mal gültigen und tatsächlich geltenden Zahlen (→*Aferenz;* →*Ferenzierung*)

Digiholic 1) Person, mit Internet- oder einer sonstigen Computergebrauchssucht 2) Person, die fest überzeugt ist, dass sich alles in Ja und Nein teilen lässt

Digital Naives *(gax)* eine ganze Generation von Websurfern, die zwar unglaubliche viele Informationen hat, aber nicht mehr genug Allgemeinbildung um diese auch sinnvoll zu Gedanken zu ordnen

digitarrisieren *(gerzlich)* elektronisch erzeugte oder digitale Samples statt einer E-Gitarre in einer zeitgenössischen Tanzmusik einspielen

Dilemmanzipation 1) wenn man sich aus der Herrschaft der Zwickmühle zu befreien versucht 2) die Zwickmühle, in die man gerät, wenn man das mit der Befreiung aus der Unterdrückung durch einen Anderen nicht genau von der Befreiung aus der Unterdrückung durch sich selbst differenziert

Dilemmantizipation 1) wenn man vorher schon merkt, dass man in eine der oben genannten Zwickmühlen gerät

Dilletantizipation wenn man vorher schon merkt, dass jemand gleich was fürchterlich Ungeschicktes tun wird

Dingufaktur Fabrik, in der Zeugs hergestellt wird

Diplomexperte, Diplomspezialist vor allem auf dem Bau aber auch anderswo ins Arbeitsleben störend integrierte Besserwisser

Discokratie *(unpolit.)* Herrschaft der Tanzwütigen

dissidental Zähne betreffend, die sich gerne vom Kiefer loslösen möchten

dissen *(teenagermanisch von diskreditieren)* jemanden Übles oder schlicht Erlogenes nachsagen

Dissintegration (→*dissen*) jemanden durch üble Nachrede aus seiner gewohnten Umgebung herauslösen

distansiezen jemanden, den man mal geduzt hat, wieder aus dem Freundeskreis entfernen

Distanzmusik musikalische Darbietung, zu der man keinen Fummelblues tanzen kann

Distanzorchester Musikkapelle, die man sich sicherheits- (Ohren) oder geschmackshalber (Bohlen) nur aus weiter Entfernung anhören sollte

Dizzydent leicht verwirrter Abtrünnling

Dogma Hundemutter

Dolleranz wohlgefühlter Bereich gegenüber diversen Vergnügungen *„Ab und zu mal ne →Aktive ist voll in meiner Dolleranzgrenze!"*

Dollybasta Schluss mit lustig

Dollybastard nicht nur Drecksack, sondern auch noch dumm wie Heu

Doppeldeppenkarussel eine von zumeist suburbanen Kulturflüchtlingen genutzte, zweifache Kreiselanlage (z.B. bei bei Hanau/Weiskirchen)

Doppelpalasthälfte worin der arabische Mittelständler mit seiner Sippe einzieht

Doppelselbstmördereianordnung *(nach Ewger Seeliger)* Aufstellung zum Duell, Schlachtordnung →*Massenselbstmördereianordnung*

Dose Gattungsbezeichnung für Computer auf MS-Dos Basis

Dosenlibelle *(teenie)* Vibrator

Dosenöffner 1) Katzen- oder Hundehalter 2) Hardware-Administrator für Computer auf MS-Dos Basis 3) alkoholische oder pharmazeutische Überredungshilfe vor dem Geschlechtsverkehr

Drachmenstruation *(pol.)* Ausbluten der europäischen Gemeinschaftswährung durch griechische Sonderfinanzierungsmethoden

Drakulla, Drakusche die unvermeidlich in der Entourage des Hauptvampiers auftretende Beißzange *(wahrscheinlich vormals seine Alte)*

Dramatische Bohne *(saba)* Spitzname für die Dramatische Bühne nach Verlust des seinem Sinn nach eigentlich Dramatischen durch Trivialisierung zu etwas, das nicht interessiert *(z.B. Bohne)*

Dramatische Denkweise *(gax)* systematische Ideenmaschine zur Entwicklung von szenischer, architektonischer, interaktiver und strategischer Dramaturgie

Dramaukler *(gax)* Gattungsbezeichnung für eine gewisse Art von Theatermachern, die sich für berufen halten, große Stücke der Weltliteratur selbst zu bearbeiten und dann sich selbst laut schreiend und chargierend aufzuführen

Dramplum *(kimu belaisch)* Trampolin

Drehgeschnetzeltes mit Vampirex Döner mit Knoblauchsoße

Drittbettfahrer der beim flotten Zweier so als Dritter dazustößt und die Gelegenheit zum Liebemachen wahrnimmt

Drohgebärdensprache was man in Neapel so lernt, um sich zu verständigen

Druckinzwang *(saba)* gefühlte Verpflichtung durch Anwesenheit einer Gruppe von Menschen; wo sich ein Gruppenzwang vom Druck in Zwang verwandelt

Dubaitisierung gesteigerte Disneysierung der Landschaft durch lustige Erdbaumaßnahmen wie palmenförmige Inseln

Duftangriff biologische Kampfführung mit von der Genfer Konvention eigentlich geächteten Pheromonen (zb. Pitralon)

Duftgemüse *(teenagermanisch)* Blumen

Duma August *(pol.)* ist die Regierung noch so klein, einer muss der Putin sein

Dumakratie *(pol.)* die Herrschaft der sich von selbst auserwählten Elite über das seit Jahrhunderten bemitleidenswerte russische Volk

Dummfall ein mit dem Verstand eines Fünfjährigen eigentlich zu vermeidender Unfall

Dummiversität Leeranstalt für eh nicht gut gefüllte Köpfe

Dunkelbahnerschreckerich Horrorpuppe in einer Geisterbahn

Dunkeldeutschland Teile jener von Honecker an Helmut Kohl zurückgegebenen Exreichsteile, die aufgrund fehlender Infrastruktur lange Zeit schlecht bis gar nicht beleuchtet waren, also ein Großteil

Dunkellner 1) zwielichtiges Mitglied des Servicepersonals 2) Getränkelieferant in der Unsichtbar

„Duran-Duran!" *(belaisch)* Schraubenzieher (*Anm. d. Red: eben nicht die Pop-Band*)

Durstlöschungsbemühung der im englischen Unterhaus gängige Begriff für ein ordentliches Besäufnis

Dutzendsassa wenn's von den Fähigkeiten her zum Tausendsassa nicht langt

Duwwels die zwei Kätzchen

Dynamiten *(nach A. Rebers)* separatistische Gruppe von islamisierenden Kolatteralschädlingen (Sunniten, Schiiten etc.), die der festen Überzeugung sind, dass die Welt besser sein möge, wenn sie selbst nicht darauf wandeln

E

Eberei *(frz. cochonerie)* eine typisch männliche Schweinerei →*Wildsauerei*→*Piggerei*

echseln eine bestimmte, hauptsächlich bodengebundene, ja fast kriechende Form des Geschlechtsverkehrs *(wahrscheinlich Alkohol; nicht zu verwechseln mit:* →*exeln)*

Efeuerwehrmann Gärtner, der zuwuchernde Fenster von Grünzeug befreit

Egalisierung das Prinzip der unbedingten Gleichgültigkeit auf etwas anwenden (Is mir egal!)

Egobjektivität Innere Haltung der unbestechlichen Objektivität bei Betrachtung der eigenen Charaktereigenschaften und selbsterbrachten Leistungen →*Metabohlismus*

Egodzilla das überlebensgroße Monster der Selbstbezogenheit in seiner erschreckenden Zerstörungsleistung durch schlecht animiertes Rumtorkeln

Egogo-Tänzer Jemand, der sich selbstverliebt und zur eigenen Unterhaltung vor einem Spiegel windet

Egoistenfleze Sessel →*Einersofa*

Egolego Sammelbezeichnung für Psychobausteine, mit denen sich jemand nach eige-nem Belieben eine Persönlichkeit zusammenbaut; im Umgang: *„Mich interessiert dein Egolego nicht; ich will nur wissen, warum du sowas tust?"*

Egolem der Teil seiner selbst, der sich als gar grauseliges Monster des Nachts und von hinten an sich selbst heranschleicht

Egolution die Entwicklung des Selbst

Egomorrha der Abgrund in den Tiefen des Selbst

Egonanie die eher körperliche Form der Selbstliebe

Egonaut Erkundungsreisender innerhalb der eigenen Egosphäre, in die für gewöhnlich andere Individuen ungefragt eingemeindet werden

Egonzolation die Veralberung des Selbst durch sich selbst, auch: sich selbst an der Nase herumführen

Egopedia Nachschlagewerk eines Egomanen

Egoradio 1) wenn sich jemand selbst gerne reden hört und 2) am liebsten auch noch über sich selbst

Egoskalpie die hohe Kunst der Selbstzerfleischung

Egoskapismus die noch höhere Kunst der Flucht vor sich selbst

Egoskopie spezielle Art der Innenschau

Egotheismus *(religiös)* der Glaube an sich selbst als überhöhte Form der Selbstliebe

Egoversum das aus sich selbst gereimte Ich als vollständige Welt

Egozen auf Zen-Übungen basierende Meditation zur Stärkung der Ichbezogenheit

Egozentrifugalkraft Fluchtinstinkt anderer, wenn sich einer beharrlich in einer →*Egozentrifuge* um sich selbst dreht

Egozentrifuge Mechanismus, in dem sich das Ich ständig um sich selbst dreht

Ehehygieneladen Sexshop aus den 60ern

Eheschreit (*sozial*) lauter werdender Disput unter Verheirateten

Ehrenpodex (*klatsch*) besonders beachteter Hintern nach Nominierung für die Butt'n'Ball Hall of Fame (wahrscheinlich J. Lopez)

Eiersuchgriff beliebte Geste im Mittelmeerraum

Eigenblödler (*saba*) Mensch, der sich solange nur noch mit den eignen Anschauungen beschäftigt hat, dass er nun zu keiner intelligenten Einsicht oder Handlung mehr taugt

Eigenhandentspannung (*saba*) Liebe an und für sich

Ei-Kuh-Handel dummes Geschäft, wenn man nicht mindestens 30.000 Eier für die Kuh kriegt (→*IQ-Handel*)

Eiligenverehrung (*soziol.*) Jugendwahn in Anwendung auf termingestresste Manager

Einbaumhaus aus einem Stück geschnitzter Sarg

Eindringlichkeitsverweigerung Jungfrauenhaltung zum Arterhalt

Einersofa *(fleng)* Sessel (auch: Egoistenfleze)

Einfallspinsel Kreativling oft professioneller Art

Einfluchschneise (*märchenhaft*) Schneise, die eine böse Hexe mittels eines einzigen Fluchs in eine durchschnittliche Hofstaatsversammlung fräsen kann

eingedrückt sein aus dem anglogermanischen, eigentlich: *beeindruckt sein*; „Das ist ein schöner Haus. Ich bin sehr eingedrückt!"

Einheimling bodengebundener Einwohner sonst verwaister Landschaft oder Stadtviertel

einmädeln aus dem sachlich-praktischen, eigentlich: *sich auf weibliche Verhaltensweisen einpendeln*

Einraumpalast kleine Wohnung, aber mit Prinzessin

Einstweilige Erschießung amtliche Verfügung mit echt schlechten Einspruchsmöglichkeiten *(Anm. d. Red.: kommt meist vom Finanzamt)*

Einstweilige Vergnügung wenn man dringend was anderes, viel Amüsanteres vor hat

Einstweilige Verführung wenn daraus erstmal nichts Dauerhaftes entstehen soll

einteufeln (*tit,*) wenn man auf jemanden einteufelt, versucht man ihm einen bösen Floh ins Ohr zu setzen

Einzellmännchen Menschenmännchen, das seinen Lebenszweck einzig und allein im Einsatz eines bestimmten Zelltyps sieht

Eisdieler Händler des guten Gefrorenen

Eisenschwein Kosename für einen Schützenpanzer

Eitrige   eine Bratwurst im Brötchen mit sehr viel Senf, quasi eine Frühform des Hot Dogs

Ekellergie   emotional bedingte dermatologische Zwangsreaktion auf was auch immer

Elfenschweinturm   Gebäude von nicht unbeträchtlicher Höhe zur Beheimatung möglichst bornierter, sich selbst aber als wahnsinnig elegant empfindender Menschen

Elektive Dysfunktion   innerer Zwang, die falsche Partei wählen zu müssen

Elektrovisitenkarte   1) (*yonish*) elektronische Visitenkarte, die dem Gegenüber beim Überreichen einen kleinen elektrischen Schlag versetzt, damit dieser sich nachher besser an den Geber erinnert 2) Datensatz, den man vom Handy aus in den näheren Orbit verstrahlen kann.

El Urinal   von britischen und deutschen Pauschaltouristen besetzter Strand auf der Insel Mallorca

Emanuelita   (lat.: ex manum elitus) das bisschen, was dann dabei heraus gekommen ist (→*Manuela*)

emigsen   ein bisschen Schwarzgeld rauspressen (→*HR*)

emmapealisiert   scharfgemacht *(Anm. d. Red.: nach Emma Peal, eigentlich „M. Appeal", wobei M angeblich für Masturbation steht, was wiederum ein seltsames Licht auf James Bond wirft)*

Emonade   ein gefühlsschwängerndes Getränk z.B. Champagner, Ramazotti oder einfach nur zuviel Rotwein

Emoral   nicht vernunfts- sondern gefühlsgesteuerte Moral

emoshangranade   (*dadapop*) weibliches Wesen mit explosiver Gefühlswelt

Emotionale Weglaufsperre   wenn er bewegungslos auf der Straße verharrt, während sie eben mal schnell in einen Schuhladen gegangen ist

Empfängnisvergütung   Wurfprämie nach von der Leyen

empfindzlich   (*saba*) dünnhäutig, auch in gesteigerter Form „... ein winzlich empfindzlich"

Enddarmstadt   Bezeichnung für sämtliche Vororte der Jugendstilmetropole aus der jeweils anderen Richtung kommend

Endgetränk   letztes Bestellnis nach dem →*Last Call*, im Sprachgebrauch als Aufbruchsankündigung: „Wie nehmen jetzt noch ein Endgetränk, und dann ..."

Endschlusspanik   (*Kornblum*) was wohl eine Torschlusspanik hätte werden sollen, aber aufgrund der Panik noch viel schlimmer sein musste

energenius   (*dadapop*) Wesen, das Kraft seiner positiven Energie neue Gedanken entstehen lässt

energierig   wenn man anderen Strom, Gas oder Öl abzieht

Energiesparschlampe   1) weibliches Wesen, das ihm die Last der Lust durch alleiniges Ausführen sämtlich notwendiger Bewegungen erleichtert (Passivsex) 2) weibliches Wesen, das sich selbst die Last der Lust durch völlige Bewegungslosigkeit erleichtert

Energiespaßnahme   (*siggisch*) Tätigkeit, die möglichst humorvoll darauf ausgelegt ist, den energetischen Aufwand ihrer selbst gering zu halten

Engagament   ein aus äußeren Umständen oder einfach nur aus sich selbst heraus fragwürdiges Gastspiel

Engel   plötzlich und nur für kurze Augenblicke aktivierter Seinszustand meist weiblicher Wesen, die ihrem Herz nachgeben (*und damit ein anderes erweichen*)

Enkel   Bezeichnung für Lebewesen in zweiter Generation genetischer Fortpflanzung (*wahrscheinlich Mischwort aus Engel und Ekel*)

Enrongrafie   spezielles autografisches Verfahren zur schuldlosen Verschleierung gigantischer Fehlbuchungen in einer Konzernbilanz

entgegenknöllen   Eigenschaft hinterlistig in Hauseingängen herumlungernder Glastüren, sich zufällig vorbeikommenden Passanten schmerzhaft in den Weg zu werfen

Entheimlichung   wenn man leider vergessen hat, dass einem jemand etwas unter dem Siegel der Verschwiegenheit anvertraut hat (wahrscheinlich Klatsch)

Entkömmling   jemand, der sich mit Erfolg der Verfolgung durch z.B. unwerte Arbeiten entzogen hat

entledigen   heiraten; z.B. in „Ich hab mich meines Jungegesellendaseins entledigt"

entpetern   siehe: *regalpetern, sich ungeschickt bewegen* (nach Ikea-Katalog: *Regal Peter hat verstellbare Füße, um Bodenunebenheiten auszugleichen*); im Gebrauch zumeist als Aufforderung: *„Kannst Du Dich mal ein bisschen entpetern, bitte, die Vase war sehr teu....!"*

Entscheidungstreffer   (*rohei*) 1) Person, die Entscheidungen trifft 2) wenn eine solche Entscheidung tatsächlich mal ins Schwarze getroffen hat

Enttussiasmus   Begeisterung darüber, dass man endlich seine blöde Tussi los ist

Enttussierung   Vorgang der schleichenden Entvölkerung ostdeutscher Gemeinden und Städte durch Abwanderung der Osttussen (*18 – 25 Jahre*) nach Westdeutschland

EnzMö   (f) Kurzform für Enzyklopädia Moesneriana (*moes*): völlig unzureichendes Nachschlagewerk, das hier in seinen einzigen zwei, drei wichtigen Passagen zitiert wird, sodass diese Anschaffung mit dem Kauf des Braxels zur Gänze überflüssig wird

enzyklopädagogisch   durch Gebrauch des Braxels oder anderer Nachschlagewerke sinnvoll in die Erziehungsarbeit eingebunden

Epotheke   wo der moderne Radfahrer gern mal anhält

Erfahrungsschutz   Sicherung vor nicht auf zukünftige Handlungen anzuwendende Erinnerungen an den unguten Ausgang früherer Ereignisse: „Der ist neu hier. Der hat erstmal Erfahrungsschutz" (*siehe aber auch Anhang → „Er verfügt über einen großen Erfahrungsschutz"*)

erfräulich   durch die Anwesenheit einer Frau ins Angenehme gewandelte Situation; z.B. *„ein erfräuliches Ereignis"*

Erich   Schizo, Mann mit gespaltener Persönlichkeit oder gegensätzlicher Meinungen zum selben Thema (Anm. d. Red.: von *Er-Ich)*, meist in direkter Rede: „Was bisten Du fürn Erich?"

Erinnerungsvermögen   Geld, das man früher einmal besaß

Erlebnispuff   sexualgastronomisches Gesamtkonzept zur Steigerung des Lustumsatzes und der Umsatzlust (→*Abenteuerbordell*).

Erleichterungstrinker   *(n. Wolfgang Neuss)* jemand, der sich das Leben etwas einfacher macht, in dem er die Realität in den Hintergrund spült

Erotarmist   russischer Soldat, der uns nach Aufgabe der DDR als Händler in Sachen Sexualdienstleistungen erhalten geblieben ist (*Russenmaffia*)

Erpressekonferenz   Treffen der Öl- und Gas liefernden Staaten

Err McMeow   schottischer Name des Katers

Ersatzbank   braucht man, falls die Hausbank keinen Kredit mehr geben will oder keinen mehr geben kann, weil sie selbst keinen mehr bekommt

Ersatzinsel   Begriff aus der Planetenkonstruktion: Insel, die eine andere, leider schadhafte Kleinlandmasse ersetzt (→*Auswechselkontinent*).

Ersprochenes   hervorgewürgter Text, im Sprachgebrauch: „Der hat mich die halbe Nacht gezwungen mit meinen Ohrlappen sein Ersprochenes aufzuwischen!"

Ertappentrinker/in   jemand der in regelmäßigen Abständen beim Picheln erwischt wird

Erwachsenenfachfilm   Filmkunstwerk mit zwei- bis eindeutigen Ferkeleien *(engl.: Adult Movie)*

Eskimoflip   Glas Wasser mit Eiswürfeln

Esotechnik   allerlei Gerätschaften zum Ermessen von Erdstrahlung, Wasserlinien und geistschädlichen weil unsichtbaren Umwelteinflüssen

espedieren   *(polit. von eSPeDe)* immer den möglichst Fähigsten vor die Tür setzen und dabei manchmal auch den Richtigen loswerden →*abbecken*

Essperado   jemand der aus Verzweiflung oder Unterzuckerung auf der Suche nach Essbarem einsam durch die Gegend streicht

ertauben   wörtlich: ein durch den Eindruck paralleler akustischer Ereignisse in entsprechender Phonzahl hervorgerufener Effekt im Ohr

Erosion   1) allmähliche Zerstörung der menschlichen Oberfläche durch Sex *(Eros)* 2) allmähliche Zerstörung der menschlichen Hörorgane durch italienischen Schlager *(Eros Ramazotti)*

Europatriot   Anhänger einer arg verschuldeten Landmasse

Eutertier   alles mit hängenden Zitzen

Evanaut   *(nach Eva)* Icherkundungsreisende in Sachen Eva

Eventologe   Veranstaltungsmacher mit professoraler Attitüde

Eventualität   (sprich: *Iventualität*) ein vielleicht dann doch stattfindendes Ereignis (*Veranstaltung*)

Eventuelleuse Veranstaltungsmanagerin in größeren Unternehmen →*Hysterieebene*
Everybody'Stalin jemand, der echt keiner mag (Anm. d. Red.: quasi das Gegenteil von Jedermanns Liebling)
Everzombie & Bitch Hersteller billiger Zombie-Oberbekleidung
Evolutionsbremse eine Person, die der weiteren Entwicklung des menschlichen Geists mit ihrem Genmaterial und/oder ihren Handlungen in die Quere kommt
Evolutionsmunition Spermien und noch zu befruchtende Eier
Exe (f) ehemalige Lebens- oder Nachtabschnittsgefährtin
exeln eine meist sentimentale Form des Geschlechtsverkehrs, die entweder zur Auffrischung schöner Erinnerungen oder zur Konfirmation früherer Trennungs-gründe ausgeübt wird (Anm. d. Red.: nicht zu verwechseln mit →*echseln*; auch wenn beides gleichzeitig stattfinden kann)
Exerich (m) 1) ehemaliger Lebens- oder Nachtabschnittsgefährte 2) jemand, der früher mal Erich hieß
Exfresslähmung schnell eintretende Trägheit des Körpers nach dem übereilten Genuss vieler Nahrungsmittel
Exküssémoà Entschuldigung bei der/dem jetzigen, wenn einen der/die Ex noch mal geküsst hat (*wahrscheinlich aus Gewohnheit*)
experimentierlieb immer erfreut, wenn man was neues ausprobieren darf
exportorientiert immer mit einer Hand am Bier (*Kleinstmittelstand*)
Extizit Partydroge zur vollständigen Vernichtung bestimmter Hirnareale späterer Generationsvertragsteilnehmer
Extra Germastial Außerdeutsche (E.G.)
Extreme Buchhalting spezielle Disziplin im Bereich der Steuerberatung
extrem vielreich (*saba*) außergewöhnlich abwechslungsseitig
Experimentalpolitik was die gemeine deutsche Volkspartei so am Volke ausprobiert

F

Fäkalpakt Scheißvertrag
Färbeagentur 1) Malerbetrieb 2) Kommunikationsspezialisiererei zum Überlackieren von Images →*Schönfärbeagentur*
Fahnonist Linienrichter beim Fußball
Fahrerbeiautotür (*saba*) das Klappding zum Einsteigen da auf der anderen Seite
Falsche Tränen (*kimu*) Augentropfen
Fantasicko jemand mit einer kranken Vorstellungswelt

Fan Tom Vox (*gax*) →*dadapop-Spektakel* mit multilingualen Texten und einigen anderen wirklich netten Ideen (*Uraufführung der Rohfassung 1996 in N.Y.C.*)

FAQ frequently asked questions unanswered (*gesprochen: „fackju"*) Kürzel für moderne Beschwerdestellen →*call center*

Faschismuslimisierung wenn man einen Glauben über jedes Menschenrecht stellt

Fataliban Selbstmordattentäter in den afghanisch-pakistanischen Stammesgebieten

Fatalk, Fatalkohol der eine Drink zuviel (→*femme fatalque*)

Faule-Clown-Seuche woran so mancher Zirkus nach Verbot der circensischen Wildtierhaltung eingegangen sein wird

Fazierung eine Art Frankfurter Verallgemeinerung von gesellschaftlich relevanten Themen auf Bildungsbürgerniveau (*FAZ*)

Federmatz (*biol.*) Bezeichnung für kleine Vögel (*Piepmatz*)

Feierbiest so gut wie jeder holländische Fußballtrainer

Feiereule Keine ist eine, aber jede kennt eine

Feierwehr spaßbefreite Spießer, die z.B. die Schließung von sommerlichen Restaurantterassen auf belebten Kiezstraßen ab 22h im Sommer einklagen

Feigling jemand, der stärker ist als der Hild in sich

Fellfe, Fellfen befellte Elfe (die zwei Katzen)

Fellfreund Katzen- oder Hundehalter

Fellleckio Katzenvorspiel

Felllini (*ital.*) kleine Katze

Fellparal Katze auf Insektenjagd

Fellschatten neugierige Katze, die wahrscheinlich wissen will, wo du überall Futter für sie versteckt haben könntest

Fellsel klein zusammengerollte Katze

Femanzipation Befreiung der Männer aus der emotionalen Sklaverei durch Frauen

Femme fatalque Frau, die stets einen Drink zuviel nimmt

Femmologe 1) Frauenversteher 2) Frauenverständnisforscher

Femmomen (*neuer Duden für* →*Phämomen*) erstaunliche visuelle Erscheinung

Femmuncula was Dr. Faust, der Zweite, eigentlich im Sinne hatte

Ferenghisierung (*trekkie*) wenn man etwas nur noch unter kommerziellen Aspekten bewerten mag (first Ferenghi rule of acquisition: *„If you ever got somebody's money, never give it back!"*)

Ferenzierung (*psych.*) die fast vollständige Verschleierung intelligenter Kommunikationsstrukturen zugunsten der unbedingten Obrigkeitshörigkeit (→*Aferenz;* →*Differenz*) als Folge der →*Gefälltforschung*

Fersenporsche (*mojzisch*) Hochgeschwindigkeitsgehhilfe mit eingebautem Gepäcknetz

Ferkelkitzler (*schadisch*) in geschwisterlicher Erinnerung an die Kitzelfolter für die kleine Schweine auf Omas Bauernhof *„Ich war der größte Ferkelkitzler!"*

ferkeln immerhin miteinander Schweinisches tun (*entvulgärisiert*)

Fernsehkanalisation 1) Vorgang der Versendung ehemals fürs Kino gedachter Filme in Sendern mit Lizenz zur „Finanzierung durch Produktplatzierungen" 2) Gänge und Flure zwischen den Redaktionsbüros

Fernsehkanalratte Moderatoren bestimmter Call-In-Sendungen

Festlattenspeicher cyberdeppendeutsch für Vulva

Fettbleibigkeit wenn es einfach nicht mehr angenommen werden will

Fettischist 1) Hobbyrubens 2) Person, die es lieber etwas molliger mag

Fettmond Vollmond (→*Wechmond*)

Fettnis eine gewisse Fettnis als Voraussetzung des guten Sumo-Ringers

Fettstoffel (*fleng*) Stoffwechsel der Fette

Fettstörer Eingeblendeter Hinweis in Werbespots, der auf die Fettarmut des jeweiligen Produkts hinweist (z.B. Hertha Wurstwaren)

Feuerwassershow Feuerwerk und Wasserspiele, die nur unter groben Alkoholeinfluss zu genießen sind

Feudölstaat ölreiche Länder mit feudaler Herrschaftsstruktur

Feuilletornister (*nach J.Knör*) Behälter für Ergüsse der Schöngeistereien

Fiatsko etwas, das in seiner katastrophalen Auswirkung an einen italienischen Kleinwagen erinnert

Fickback Kickback per Naturaldienstleistung (→*Fuckback*)

Fickileaks was mancher Geheimnisträger so beim Bezahlsex ausplaudert

Fickipedia so eine Art youporn für Intellektuelle

Fickräne (andere Schreibweise: *Figräne*) plötzlich vorgetäuschter Anfall wahnsinniger Kopfschmerzen mit dem Ziel entweder den Geschlechtsverkehr zu verhindern (im Bett) oder eben zu ermöglichen (am Telefon) →*Kopfschmerzsyndrom*, →*Gedankenweh*

FIFA Finanzielle Interessengemeinschaft Fetternwirtschaft & Auslandsurlaub

Fikarus jemand, der beim Beischlaf so überhitzt, dass er *vom Pferd fällt*

Filmgegenaufnahmenprüfung (*saba*) z.Z. noch durch Regel unterdrückter Videobeweis beim Fußball

Filzstift Lehrling in der Kölner Stadtverwaltung

Finalibi letztendgültiges Anderswo im Sinne einer mehrfach korrigierten Ausrede

finalibilisieren sich endgültig absetzen

Final Wildcard (*gax*) vorläufiger Arbeitstitel (seit 1981) für einen science-fiction-Roman über Platons Phaidon und den lustigen Folgeerscheinungen der Theorien des Sokrates über die Unsterblichkeit der Seele

Finanzamt öffentliche Altbelegsammel- und bewertungsstelle

Finanzgrieche zahlt keine Steuern und wenn nur nach getürkten Zahlen

Finanzjongleur jemand der voller Freude Dinge in die Luft wirft um später enttäuscht festzustellen, dass alles am Boden liegt

Finanzkrise in der Regel im vierten Kontradieff auftretende Bereinigung von Schulden der Banken und des Staates durch Entwertung jeglichen Papiers (→*Papierkrise*)

Finanzmaxisterium (früher: *Finanzministerium*) lustige Behörde zur Vergrößerung, Erweiterung und Beschleunigung der bürgerlichen Zahlungsfreude (→*Finanz-mysterium,* →*Admaxistration*)

Finanzmysterium (ehem. *Finanzministerium*) Ort okkulter Zahlenmystik, in dem sich hochqualifizierte Wirrköpfe Steuerungsmechanismen für zunehmend uneinsichtige Bürger ausdenken

Fingerfessel Ehering

Fischpark wenn einem das Wort Aquarium nicht rechtzeitig einfällt

Flanierraupe *(fleng)* sehr entspanntes Arbeitsgerät

Fleischmütze *(hölksch)* was übrig bleibt, wenn man alle seine Haupthaare verloren hat

Flamingokart kleines rosa Auto

Fleng (auch: *Fülling Sleng*) Spezieller Sprachcode, bei dem Wörter durchaus verschiedenartiger Natur in sinnvolle Kurzbegriffe zusammengestaucht werden und oft erst dadurch sich ihre eigentliche inhärente Zusammengehörigkeit offenbaren (→*shuppen, flogisch, Frankjana*)

Flens Bier für Heulsusen

Flexibillusion Zustand, in dem man auf geänderte Anforderungen der Realität mit spontan angepassten Wahnbildern reagiert (z.B. →*uglymatisieren*)

Flexikant Praktikant mit flexiblen Einsatzzeiten

Flitztipp kostenloses Exhibitionistenfachblatt

Flogisch *(fleng)* genau: *nach Füllingscher Logik*; also: durchaus logisch, sinngemäß: weder induktiv noch deduktiv nachweisbar, aber dennoch absolut richtig!

Floskelferkel naher Verwandter des Phrasenschweins

Flotter Zweieinhalber zwei experimentierfreudige Mädchen und ein Junge, der nicht mehr so richtig zum Zug kommt (*oder umgekehrt*)

Fluchverbotszone in der Gegenwart von →*Gottespinguinen* und Erbtanten

Folienschwan 1) *(kulinarisch)* Ofenkartoffel, zweifach eingeschnitten und so aufgebogen, dass die Kartoffell nach einem Schwan aussieht 2) wenn man eine einfache Sache möglichst edel erscheinen lassen möchte, dann macht man daraus einen Folienschwan *zB. Frau im Ballkleid*

Fooligans idiotisch veranlagte Gruppe marodierender Freizeittysons (Herkunft wahrscheinlich Großes Britannien, Ost-Germanien, Baselbiet, Süditalien) →*Calcioten*

foolminant grandios unsinnig

forden *(nach H. Ford)* eine einmal erarbeitete Sache in einen routinemäßigen, robotisierten Ablauf übergeben

Fortgeschichte *(fleng)* die Fortsetzung der Geschichte

Fortschrott Sammelbegriff für lauthals angepriesene Zukunftstechnologien, die uns aber nicht wirklich weiterbringen

Forunkellner Hautarzt

Fotzhobel *(österdeutsch)* Mundharmonika (in weniger ländlichen Gegenden Österreichs auch →*Goschenorgel* genannt)

Fotofant *(gaubisch)* Veranstaltungsfotograf, der sich stets den filmenden Kollegen in tölpelhafter Art ins Bild stellt

Fozzermacker *(moes)* irgendwie verunglückter Anspracheversuch beim Gangsta-Rappen

Frästhet jemand der beim Essen zunächst auf Schönheit und dann erst auf Nährwert achtet

fraggen (aus dem engl. von fragmentation grenade) 1) jemanden total zerreissen 2) fragging: einem unbeliebten Vorgesetzten eine Handgranate in sein Schlafzelt werfen und dann behaupten, der Feind hätte nachts mit Mörsern angegriffen

Frankfurter Eintracht *(regional)* auf eine unheimliche Art und Weise der heimliche Lieblingsverein aller OFC-Anhänger

Frankiermaschine *(audiotechn.)* alles was →*MöSound* generiert

Frankochonder *(med.)* der eingebildete kranke Musiker nach Hochbelastungsphasen

Frauenflüsterer Mensch männlichen Geschlechts, der Menschen weiblichen Geschlechts durch die aufwendige Anwendung einfacher Sprach- und Bewegungsmuster zutraulich macht

Frauenfußballermann Party- und Fanmeile während der Frauenfußballweltmeisterschaft 2011 *(wahrscheinlich Sinsheim)*

Frauenschonlicht *(manchmal auch: Frauenschönlicht)* frauenfreundliche Beleuchtung in schummerigen Restaurants und Kneipen, am besten eine, die flackerndes Kerzenlicht imitiert (→*Spontanalterungsbeleuchtung*)

Frauenweltmeisterschaft *(nach Jan Hofer)* 1) wenn Freud verrät, dass einem das Fußballspiel dabei nicht so wichtig ist 2) Miss World Wahl

Fraulenzer meist weibliche Person mit Neigung zum Müßiggang

Fremdschämie ein durch das Verhalten Dritter ausgelöstes Peinlichkeitsgefühl

Fresschen-Exhibition Ausstellung diverser Delikatessen in Regalen und Vitrinen zur Erbauung

Fressdachs Person, dessen Chuzpe mindestens so groß ist wie ihr Hunger

Fressefreiheit die letztlich aus dem Grundgesetz ableitbare Freiheit, seinen Gesichts-ausdruck nach eigenem Belieben zu gestalten

Fressekonferenz Ansammlung von auch physiognomisch fragwürdigen Gesichtern auf einer Kundgebung, die eigens dazu einberufen wurde, die Ansammlung eben jener physiognomisch fragwürdigen Gesichter mit gesprochenem Wort zusätzlich ad absurdum zu führen

Fressentation 1) Präsentation vor einer Ansammlung von physiognomisch fragwürdigen Gesichtern 2) Herrichtung viel zu großer Buffets für viel zu wenige Mitesser

Fresskalation wenn das Essen mit jedem Gang immer leckerer und darum der Heißhunger immer größer wird

Fressko Bild von der Schlacht am kalten Buffet

fressophil zum Herunterschlingen großer Mengen Nahrungsmittel neigend

Fresstaurant Speiselokal, in dem es mehr auf die Größe der Teller als auf die Güte der aufgelegten Speisen ankommt

fress test dummies 1) Restauranttester am unteren Ende der Würstchen-budenskala 2) vorausgeschickte Aufbauhelfer, die das Crewcatering aus-probieren müssen, bevor die wichtigen Mitarbeiter ans Buffet gehen

Freie Marktherrschaft (*Gatismus*) Quasi-Monopolismus durch das gezielte Ausschalten oder Aufkaufen möglicher Konkurrenz

Freie Mark-Wirtschaft (*Schäferismus*) Wirtschaftssystem, in dem das Ver-sagen des Einzelnen durch das →*Solalagelingen* anderer Projekte gedeckt sein könnte

Freizeitpharmazeutika manche eignen sich auch zum Einsatz während der Arbeitszeit, die meisten werden aber nachts verabreicht

Freugabe (*wenzlisch*) erfreuliche Freigabe ohne Änderungswünsche seitens des Auftraggebers

Freulein glückliches Mädchen

Freundimfell Katze oder Hund

Freuzeit meist Teil der Freizeit, selten Teil der Arbeitszeit, aber wichtig für den seelischen Ausgleich

friedhofsblond schneeweißes Haar

Frisbeetarianismus (*alfi*) der Glaube, dass die Seele nach dem Tod aufs Dach fliegt und dort in der Regenrinne hängen bleibt

Frühmensch 1) Einwohner der Steinzeit →*Austrialopoiden* 2) Menschen die früh aufstehen und dann zu einem Zeitpunkt leistungsfähig sind, an dem sich niemand anderes auf sinnvolle Kooperation einlassen mag

Frühstückbluffet was einem so in dem einen oder anderen unambitionier-ten Hotel schon morgens als Nahrungsmittelstrecke zur Verfügung gestellt wird

frühveralkt schon mittags betrunken

Frustschutzmittel (*saba*) eine Auswahl an alkoholischen Getränken, Schnitzel und Süßspeisen zur Verdrängung unerwünschter Vorstellungen

Fuckademie 1) (*institutionell*) Schule der unzüchtigen Körperertüchtigung; 2) (*franzanglisch*) fuck-a-demi = nur bis zur Hälfte gekommen (lat.: coitus interruptus)

Fuckback echt negatives Feedback (→*Fickback*)

Fuckel (*sprich: Fackel*) was man vor 50 Jahren einen steilen Zahn genannt hätte

Fucktuation schleichender Verlust williger Sexualpartner

Fucktuationsrate wenn man versucht zu raten, woran die →*Fucktuation* wohl liegen könnte

Fuckturierung schlecht abgerechneter Leistungsausgleich

Fühlinge kleine, entfernt an Monster erinnernde Frottier-Aliens

Führerkräftetagung historisch anscheinend rückwärts gewandtes Meeting

Füllrohr *(fleng)* Einfüllstutzen fürs Füllhorn

Fünffachflecklöser 1) *(chem.)* ein völlig übertriebener chemischer Zusatz, mit dem ein Waschmittel einen Fleck fünffach entfernt, wo doch einfach ausreichend wäre 2) Synonym für alle völlig übertriebenen Maßnahmen, bei denen eine Sache fünfmal getan wird, wo einmal völlig ausreichend wäre

Füßiker *(sex.)* Mensch, der eine extreme Zuneigung zu den Füßen anderer Menschen entwickelt (→*Fußfettischist*)

Füßiognomie gestalthafte Eigenschaft, kleine Füße

fugly *(city speak)* fucking ugly, also irgendwie recht abscheulich anzuschauen

Fukkkkefühl schlechte Laune, durch unausweichliche Situationen ausgelöst (→*Sakkkkreisel*)

fummeln *(nach Emke)* sich unsachgemäß an einer Sache zu schaffen machen, sprachgebräuchlich: „Komm, Schätzchen, lass uns was fummeln gehen!"

funzen *(Kurzform)* funktionieren, im lässigen Sprachgebrauch: „Du kannst ja mal zwei nasse Finger in die Dose stecken, da siehst du, wie das funzt!"

Furopa wütender Kontinent

Furchtbarkeitstanz enthemmt tanzende Mittvierzigerinnen, meist ohne Möglichkeit auf späte Fortpflanzung

furternisieren *(von to furt)* die nähere Umgebung mit Selbstproduziertem eingasen

Fußballgeldmeisterschaft eben genau das

Fußballweltmeisterinnenschaft wie die Frauenfußballweltmeisterschaft ja eigentlich heißen müsste

Fußfettischist →*Füßiker*, der ausschließlich auf dicke Füße steht

Fußhupe ein extrem kleiner Hund, der lautstark auf jegliches Auftauchen von Füßen vor seinem Horizont reagiert

Futterluke beweglicher Unterkiefer zur Aufnahme einfacher Nahrungsmittel

Fuzzion wenn die Vereinigung zweier Strukturen zu großer Unordnung führt

G

GabiKo norddeutsche Trinkspezialität: Ganz billiger Korn

Gähnetiker langweiliger Unterhalter

Gähnikologe langweiliger Frauenarzt

Gährontologie Lehre von der Bierbrauerei

Gagala verrückte Veranstaltung

Gagazin Journallie für die etwas anspruchslose Leserschaft mit vielen bunten Fotos, auf denen Leute zu sehen sind, die der Leserschaft auf geheimnisvolle Weise ähneln

Galaschniekov kleine, schnieke Schnellfeuerwaffe für die Agentin von Welt

Galauer 1) schlechte Witze, die man hauptsächlich von Moderatoren auf Galaveranstaltungen zu hören bekommt 2) sächsische Kalauer

Garderobenungeheuer launische Diva im Lampenfieber

Gartenriesen seltene, aber dafür durch blanke Größe gerade im Gartenzwergenland gut auffallende Streber- und Vorgartenbewohner

gaslichten jemand mit falschen Informationen zu einer vorschnellen Handlung treiben (nach dem Theaterstück „Gaslight")

Gassenhauer Straßenschläger

gastralienisch eigens von italienischen Kellnerfacharbeitern für die →*Verklausulierung* von Speisen und Getränken entwickelte Sprache

Gastroenterologe jemand, der weiß, wie man in die angesagteste Disko reinkommt

Gastrokritiker eine Art Wirtschaftsprüfer

Gastrologe jemand, der vorhersehen kann, wann das Essen kommt

GAX Ideenlieferant für Veranstaltungen und Aufführungen der etwas anderen Art (→*gaxtreme eventing*).

gax- Vorsilbe vor Wörtern, die normalerweise mit dem homophonen ex-beginnen, wie z.B. bei *gaxtraordinär, gaxtreme, gaxzentrisch, Gaxtra-Wurst* u.s.w.

Gaxicon (*international*) das, was das Braxel seiner Gattung nach ist

Gaxilla das Monsterhafte am Freizeitkomiker

Gaxipedia (*virtuell*) das, was das Braxel irgendwann mal im Internet sein wird, wenn es sich aus dem vorläufig Virtuellen in das handfeste Elektronische übersetzen wird

gaxklusiv unter dem Ausschluss von ...

Gaxorzismus der verzweifelte Versuch, Veranstaltungslaien ihre seltsamen Ideen auszutreiben ...

gaxtreme eventing just in time Anlieferung verschiedener Informationen, die notwendig sind, um eine Veranstaltung durchzuführen

Gayminenz kirchliche Anrede „Eure Gaynimenz", bevorzugt gebraucht in Klöstern Österreichs

Gaywatch amerikanische Strandfilmserie, bei der eine Reihe von offensichtlichen Tunten von weiblichen Brustdarstellerinnen eingerahmt sind, deren je zwei herausragende Talente durch geschickte Kameraführung ebenfalls offensichtlich gemacht werden

g-Cloud (sprich: geklaut) man lädt seine Daten auf Server, die irgendwo auf der Welt verteilt sind und erspart so den Internetdieben die Mühe, unseren heimischen Rechner zu hacken

GDR Germanien der Rechtskommunisten

G.Dudel (*mojcisch, sprich: GePunktDudel*) schlechte Hintergrundmusik (Anm. d. Red.: analog zur Suche nach dem G.-Punkt hier die ebenfalls so oft erfolglose Suche nach der schönen Melodie)

Gechefpartner Mitinhaber einer Firma, der den anderen sagt, was sie gefälligst zu tun haben

Gedankenweh (*med.*) Migräne für Männer

Gedankenstricher kritikloser Angestellter; jemand, der genau das denkt, wofür man ihn bezahlt

Gefälltforschung langsames Abtasten des Geschmacks des Vorgesetzten

Gefängnisverhüterli Rechtsanwalt in der Schweiz

Gefahrbahn Schlaglochreiche Serpentinenstrecke

Gefahrenhorst Jemand, der genau das Gegenteil dessen tut, was er tun soll (Anm. d. Red.: *nach Fußballspieler Frank Fahrenhorst; Verteidiger mit Neigung zur Panne, sorgt für Gefahr vorm eigenen Tor statt dort abzuräumen*)

Gefahrennerd selbsternanntes Computergenie, der dann doch nicht alles so gut im Griff hat wie geglaubt

Gefühlsdusselei manchmal auch Gefühlseselei; die kleinen Trottelig- und Peinlichkeiten, die man begeht wenn man allzu hoffnungsvoll verliebt ist

Gegenüberstellung Einladung zur Polizei wegen Verdachts auf Ähnlichkeit

Gegrillte (*nach Alex Stoll*) wer wohl zuviel Hitze abbekommen hat

Gegut das gleiche wie Geschlecht, nur besser (*manchmal auch: Getoll*)

Geheimrat guter Rat, dem man jemanden besser vorher hätte geben sollen, den man aber dummerweise für sich behalten hat; auch: Strenggeheimrat

gehimmelt verstorben, dahin gegangen, nicht mehr existent, im Sprachgebrauch: „Du brauchst im Kühlschrank nicht mehr nach dem Schnitzel zu suchen. Das hab ich längst gehimmelt!"

Gehirnfrost (belaisch) „kriegt man wenn man zuviel Eis ist. Da passiert nix, nur das Gehirn wird halt kalt"

Gehirnhumor lustiger Schaden am Denkapparat

Gehirnverschüttung Mitleidenschaft der für Erinnerung zuständigen Gehirnteile, verursacht durch heftiges Anklopfen an den Schädel

Gehpferd ältliches Fortbewegungsmittel von niedriger Geschwindigkeit (*manchmal unter neuer Schreibweise: Gefährt*)

Gehtmaganichkasse die final gesteigerte Version vom →*Floskelschwein*

Gehwegschäden (Verkehrschild) Achtung Trennungsschmerzen

Geilchenbeschleuniger Runde Prosecco für die Frisösen

Geilpraktikerin nicht medizinische Masseurin mit happy ending →*Streichelbordell*

Geilzeitkraft Frau oder Mann für gewisse Stunden →*Tollzeitkraft*

Geisterstadtrat Beamter ohne genau beschriebene Funktion aber mit gesichertem Rentenanspruch

Geisterpfarrer Exorzist auf der falschen Spur

Geisteskröse jemand, bei dem sich die Hinwindungen zu Hirnverwindungen (Gekröse) verschlungen haben

Geizhals 1) unangenehmer Zeitgenosse 2) angenehmer Vorfahre

Geländedepression tiefe Traurigkeit über die Hässlichkeit der Umgebung

Gelbenauze die Katze mit dem gelben Sternchen auf der Nase

Gelbling Einwohner des fernen Ostteils des Planeten

Gelbnasenschwarzfußindianer die Katze

Gelduntergang die durch wahnsinnige Finanzprodukte eingeleitete → *Apokapitalypse*

Gelgeier Broker der 90er und Minister der 00er Jahre mit zurückgegelten Haaren

GEMA **G**esellschaft zur **E**rschaffung **M**athematischer **A**usnahmerechenarten zur Anwendung bei Fragen des Musikurheberrechts

Gemagogie Rechtfertigungsargumentation der →*GEMA* zu ihren jährlich wechselnden Abrechnungskatalogen

Gemöcht wo es zum Gemächt nicht langt

Gemüht wenn die Einrichtung der grundsätzlichen Stimmungsanlage des Charakters stets großer Mühe bedarf

Gemüsekirche Frankfurter Stadtsleng für die ehemalige Großmarkthalle (*jetzt EZB*)

genasführen an der Nase herumführen *(meist intransitiv: genasführt werden)*

Generalamnesie wenn sich die Heeresführer nicht mehr genau an den Verlauf des Krieges erinnern können

Genickologe Halswirbelsäulenchiropraktiker

Genialbereich bei manchen Leuten über der Halskrause, bei andern unter der Gürtellinie

Genialzheimer tolle Ideen, aber ein schlechtes Gedächtnis

Genitale Dilettante meist unfreiwillige Anhängerin einer bestimmten Art der Liebeskunst, die Mangel an Handwerk durch große Authentizität wettzumachen versucht

Gen-Mob konter-evolutionäre Leute, die sich aber unbedingt vermehren wollen (Seid furchtbar und mehret euch!)

Genpoolbilliard einlochen und dann mal sehen, was bei rauskommt

Gentlemanführerschein (*saba*) erhält ein Mann, wenn es ihm regelmäßig gelingt eine gewisse Höflichkeit aufzubringen

Gentlemenstruation leichte Blutung

Genüse gentechnologisch verändertes Gemüse

Gephälligkeit etwas, das zu Gunsten eines männlichen Geschlechtsorgans ausgeführt wird

Germanko schlechte Deutschkenntnisse

Germinator jemand, der dafür sorgt, das Andere am deutschen Wesen genesen

Geruchsseparée *(dbil)* dreisitziges Kleinabteil gegenüber dem stets defekten Klo in Regionalzügen

Geruchsvollzieher *(hyg.)* jemand, der sich länger nicht gewaschen hat

Gerüchtsdiener jemand, der eine üble Nachrede weiterverbreiten hilft

Gerüchtsvollzieher Amtsperson, die mit allen Mitteln dafür sorgt, dass wahllos oder bösartig in die Welt gesetzte Gerüchte in Tatsachen umgewandelt werden

Gesäßgesicht gemäßigte Beleidigung

Gesamtbetrüg gleichsam verwirrender und verräterischer Begleitkommentar bei Unterschrift unter EC-Lastschrift „Hier der Gesamtbetrüg und hier auf der Rückseite unterschreiben, bitte" *(wahrscheinlich Bauhaus-Kassiererin)*

Geschlauchtmagenversäufer jemand, der weiter trinkt, obwohl ihm schon längst schlecht ist

Geschnattergeschwader mit weiblichen und/oder betont feminin aufgesetzten Personen besetzte Gesprächsrunde *(wahrscheinlich Kaffeekränzchen)*

Geschwätzführer Vorsitzender eines Teammeetings

Geschwindelgefühle Empfindung leichten Taumels, wenn man sich selbst bei zu offensichtlichen Flunkereien oder Entschuldigungen ertappt; z.B. *„Ich war eingeparkt und musste eine halbe Stunde hupen, bis jemand kam, der dann noch seinen Autoschlüssel verloren hatte, während ...!"*

Geseilschaft ein in gegenseitige Abhängigkeiten verstrickte Gesellschaft innerhalb einer Gesellschaft

Geshiftsführung derjenige Teil eines Unternehmens, von und in dem die Gewinne geshiftet werden

Gesichtstourette Augen, Ohren, Nase, Mund, Augenbrauen; jedes Teil eine Beleidigung

Gesichtsverkehr einseitige Vorbereitung des Geschlechtsverkehrs

Gesichtsverleiher Darsteller oder Models, deren wesentlichste Eigenschaft die Einwilligung in die Abfilmung ihrer Gesichter ist

Gesprüch Unterhaltung zwischen zwei Aufschneidern

Gestapo Gestenpolizei für schlechte Pantomimen

Gestophon mobile Kommunikationseinheit für Südländer

gesundschlumpfen kleinere Erkältungen oder allgemeines Unwohlsein durch nachlässig begrenzten Alkoholgenuss durch eintägiges Herumgammeln bekämpfen

Getierfruhe gut gekühlter Schrank, in dem sich allerlei Getier bis zum endgültigen Verzehr aufbewahren lässt

Gewaltenteilung *(Gewalt-Enteilung)* wenn sich die Staatsmacht mal wieder selbst legitimiert

Gewaltgaukelbau *(nach Ewger Seeliger)* prachtstrotzendes Gebäude mit hohen Fluchtlinien oder Säulenvorbau zur Einschüchterung vorbeiflanierenden Gesindels *(Schloß, Tempel, Dom, Reichstag etc.)*

gewebushen einen an sich einfachen Kontext durch das sinnlose Aneinanderreihen von Wörtern völlig verdrehen, wobei erst durch zukünftige Forschung und hoffentlich Rechtssprechung bewiesen werden kann, ob dies aus a) schierer Dummheit oder b) mit raffinierter Hinterlist geschieht. (→*kohlisch*)

Gewichtstsunami *(auch: Gewichtszunahmi)* 1) Bugwelle, die durch den Einschlag einer rundum wohlgenährten Person in einen handelsüblichen Einfamilienswimmningpool verursacht wird 2) wellenartige Zunahme des Gesamtgewichts

Gezwitscherze kleine Witze, die über den online-Dienst Twitter veröffentlicht werden

Ghetteo Gattungsbezeichnung für eine bestimmte Art von Musikvideos, in denen grundsätzlich brennende Mülltonnen in dunklen Slums (*wahrscheinlich N.Y.C.*) zu sehen sind

Ghettogether Treffen an brennenden Mülltonnen

Giggle Lachsuchmaschine auf →*girliepedia* und →*zikipedia*

Girlypedia Internetportal mit Allem, was frische und verlängerte Mädchen so interessiert (→*giggle*, →*zikipedia*)

Giro d'Italia 1) übliche Finanzierungsmethode für italienische Fußballklubs 2) von Berlusconi genutzte öffentliche Konti

Giropraktiker Jemand, der mit Schulden gut umgehen kann

Gitanaschnitzel gastrospanisch und politisch korrekt für Zigeunerschnitzel →*Sinti-und-Roma-Schnitzel*

Glasnost Fensterputzerfirma im Löwenhof

Glatter Leberdurchschuss 1) hartes Getränk →*Gabiko* 2) Vereinsname einer Trinkergemeinschaft

Glaubkrafttriebwerk Einrichtung zur überraschenden Bewegung großer Objekte (*Glaube kann Berge versetzen*)

Gleitbild wenn ein Leitbild unter dem Druck der Ereignisse in Bewegung gerät („*Ehrlichkeit muss man sich auch leisten können!*")

Gleitkremerodeo Fortsetzung heftigen Geschlechtsverkehrs in der postlibidonösen Phase mittels geeigneter Schmierstoffe

Glööckler von Notre Dumm *(gax)* selbsternannter Kitschdesigner, der sich zu allem Überfluss auch noch ständig Strassglas in die Gesichtskarikatur klebt

Glückself *(esbergisch)* männliche Lottofee

Glücksfink *(saba)* wohl das Gegenteil vom Schmutzpilz

Glücksschweinepriesterin Lottofee, weibliche TV-Fassade der staatlichen Glücksgaukelei

Glühpilz *(esbergisch)* was man so an Außenheizung vor Restaurants zu stellen pflegt

G.m.be.harrlichkeit der fortwährende Versuch eine Gesellschaft vor dem Ausbluten durch die Finanzbehörden zu bewahren

G.m.b.Ho. Gesellschaft mit beschränkter Holding

G.m.b.V. ein *Gesellschafter mit beschränkter Verhaftbarkeit* hat den Braten gerochen und sich rechtzeitig abgesetzt

Gnadenstuss der letzte Kalauer des Abends; wenn man heillosen Blödsinn erzählt und dann von jemandem erlöst wird, der noch dümmeres Zeug daherschwätzt und so von einem ablenkt, dann erhalt man von dem den Gnadenstuss

Godspellchor gesungener Buchstabierwettbewerb zu Ehren eines Höheren

Godzilla-Instinkt *(gax)* Charaktereigenschaft, die man beim Fußball oft vermisst

Godzilla-Marketing *(gax)* Kommunikationskonzept der Marke: mach es groß und laut!

Göttingen-Status *(gerzl)* Frauen in der Schwangerschaft haben einen gewissen Göttingen-Status

Goldbarrenturnen Freizeitsport für den den echten Investmentbänker

Gomer *(med. von engl. Get out of my emergency room)* Bezeichnung für jemanden, dem nicht mehr zu helfen ist, mit der versteckten Aufforderung gefälligst woanders zu sterben. Auch im privaten Sprachgebrauch für z.b. jemand der nervt und verschwinden soll

gonzoid (alt-gr.: *zum grenzwertigen neigend*) wenn zum Beispiel ein öffentlich rechtlicher Sender einen einäugigen Farbenblinden für die Erstellung der Wetterkartengrafiken einstellt, dann ist das echt gonzoid

Goodluck aus dem Englischem; wörtlich →*Gutglück*; anglisches Phonomym für Gundlach

Googlehupf wenn man beim Internetsurfen von Thema zu Thema hüpft

Googleschreiber digitaler Stift, mit dem man Fragen aufschreibt - und der dann willkürlich Antworten vorschlägt

Gorilla-Marketing Kommunikationskonzepte, mit denen man entweder seinen Kunden oder sich selbst zum Affen macht

Goschenorgel *(österdeutsch)* Mundharmonika (*in ländlichen Gegenden Ös auch →Fotzhobel genannt*)

Gott *(saba)* Handlanger des Universums, zuständig für die Erde

Gottespinguin Nonne

Gottzilla schlecht gelaunter Gott der japanischen Mythologie

Go Turkey! Werbespruch der Türkei, anscheinend für Urlaub mit kaltem Entzug

Gourmettwurst sehr leckere Fleischware zur Verköstigung in ausgewählten Restaurants

Gräfenbergpunkt ja, so heißt der berühmte Punkt mit vollem Vornamen

Graf Kakula Spitzname für den Kater mit Durchfall (→*Sir Scheißalot*)

Granadengepahden extrem schnelle Hauskatzen auf der Jagd

Grapparett *(behnkisch)* Die Art von politischem Schauspiel, das einem nach dem Genuss von zu viel italienischem Weinbrand (durch Schauspieler) geboten wird

Grasgrundbesitzer Garteninhaberinnen, vorzugsweise in der Sauren Wiese →*Krassgrundbesitzer*

Graskasper 1) Platzwart 2) schlechter Fußballer

Grauentausch Fernsehformat im FreeTV, bei dem Menschen gezwungen werden einzusehen, dass sie zwar im Leben den Kürzeren gezogen haben, es aber auch hätte noch schlimmer kommen können

Grimmigrant ein mal woher eingewanderter, aber irgendwie auch schlecht gelaunter Mensch

Grinsling ein ziemlich kleiner und darum schon aus genereller Vorsicht überfreundlicher Mensch

Grinzessin auf denkbar einfache Art und Weise beglücktes Mädchen, die Opfer eines zu Recht wenig berühmten rheinhessischen Trinkliedes geworden ist (→*Winzessin*)

Grobalisierung Vorgang der Vergröberung sozialmarktwirtschaftlicher Benimmregeln im Nachzug einer weltweiten Vernetzung von Industrieunternehmen

Grobrhetoriker Redner mit nicht sehr fein abgestimmten Formulierungen

GröKAZ größter Kanzler aller Zeiten *(ziemlich sicher Gerd S. aus H. und wahrscheinlich der einzige, der sich nie wirklich für Politik interessiert hat)*

GröKOZ größter Kanzler oller Zeiten *(ziemlich sicher Helmut K. aus O.)*

Grölötzi sich lautstark beschwerender Rentner

GröSchAZ größter Schriftsteller aller Zeiten (*wahrscheinlich B. Casas*)

Groschenjongleur Person, bei welcher der Groschen nicht fällt, obwohl er schon auf der Kante liegt (→*Klemmleuchte*)

Große Koalation Zusammenschluss der Schmusebärchen →*Koala*

Großkotzbrocken selbsterklärende Beleidigung

Grundiertes Fundwissen *(nach Simone Solga)* ministeriale Lach- und Sachkenntnis

Grundschuld Schuld, die man an den Fehlern oder Erfolgen anderer hat, weil man mal vor Jahren was Dummes oder Kluges zu einer Sache gesagt oder getan hat (*füllengl. „bearer of the main blame"*) →*Urheberschuld*

Gruppenhydraulik Heben und Senken der Stimmung durch gemeinsames Weinen

Gsangtippe (von >Gesangtippe) Sängerin, klingt schön, nervt trotzdem

Guanomo Bay illegales Gefängnis für Pinguine

Guerrulant wahrscheinlich aus dem spanischen: Mitwirkender in einem Konflikt, Kriegsteilnehmer (*Schreibweise nach neuem Duden: Kwerulant*)

Gummiversum das dehnbare Universum

Gurkamole wenn's mal wieder für die Avocado nicht gereicht hat

Gurkenstaat wo's wegen landwirtschaftlicher Überbeschäftigung nicht zur Schurkerei langt

guttenbergen etwas aus dem Internet kopieren, abschreiben

GUS Gemeinheit Undemokratischer Staatsreste

Gyrosinfektion nächtlicher Heißhunger, im Sprachgebrauch: „Er hat sich am Drehspieß ne Gyrosinfektion geholt!"

H

Habeguttentee *(saba)* wenn der Hagebuttentee gut schmeckt
habibisexuell *(orient.)* egal, ob Männlein oder Weiblein, hauptsache lieb
Hackfleischbescheinigung 1) amtliche Bescheinigung rohes Fleisch verarbeiten zu dürfen 2) Boxlizenz für die unteren Ligen
Hacktivist *(tec.)* Internetderegulierer auf privater oder verschwörerischer Basis
Hädsch-Fond umgangsprachlich: *„Häd'sch blos net investiert, wo Fond isch kei Aanung net hätt!"*
Hämeroiden missgünstige Menschen, die dazu neigen, jeden kleinen Misserfolg eines anderen mit Schadenfreude zu kommentieren
Hängeratze Abk. f. Hängematteschlafmatratze
Haftladen Untersuchungsgefängnis
Hahakiri 1) tödlich schlechter Witz, mit dem sich ein Komiker auf der Bühnen „umbringt"; 2) tödlich guter Witz, der das Publikum „killt"
Halbmarathon *(für historisch gebildete Intellektuelle)* die vollen 42 km und ein paar Zerquetschte laufen, aber am Ziel die Nachricht vergessen haben
Halbnull 1) Beleidigung für jemanden, der noch nichtmals eine richtige Null ist 2) wenn einem mal nicht rechtzeitig einfällt, wie man Null Komma Fünf ausspricht
Halbzeitkraft *(axxl)* 1) wenn die Teilzeitkraft nur die Hälfte der Tage anwesend ist 2) Fußballspieler, der sich in der Pause zwar warmlaufen darf, aber dann doch nicht eingewechselt wird
Hallominium-Batter *(frz.)* Begrüßungsstock aus veredeltem Metall
Halltechniker Sound-Ingenieur *(→Machmahall)*
halsen 1) Wendemanöver beim Segeln; 2) jemanden verärgern
halslose Ungeheuer *(slo)* Kleinstkinder bis zur Ausprägung eines Halses
halterlose Brille *(saba)* 1) die randlose 2) Kontaktlinsen
Hammamselle unerlaubte Handtuchkellnerin in einem osmanischen Badehaus
Hamsterdam *(ogee)* heimliche Hauptstadt der Schmuseratten *(Vermutung d. Red.)*
Handschmeichler 1) Schön abgerundeter Gegenstand aus Metall, Stein, Holz oder sonst was 2) Schön abgerundeter Körper aus organischem Material
Hanoia Angst vor der vietnamesischen Haupstadt

hanselsüblich alle Bemerkungen, die von jeweils berufstypischen Hanseln so verfasst werden

Hansguckindendarm (*med.*) Proctologe

Hansjörgskammer 1) kleine, schalldichte Kabine zur Aufnahme von Geräuschen aller Art 2) nicht parlamentarisch festgelegte Institution zur Bestimmung der richtigen Reihenfolge von Verkabellötarbeiten

Happy Aua Kopfschmerz in Folge verbilligter Drinks am Vorabend

Hardcore Mikado ruhige Tätigkeit, die man bis zum Exzess ausweitet

Haremsfeminist jemand, der Frauenrechte gerne persönlich verteilt

Hartgas (*teenagermanisch*) alle Arten von hochprozentigem Alkohol zum inwendigen Gebrauch

Haschspray (*anupi*) hornadhäsiver Duftträger zur Verbreitung von Kifferromantik „Mhm, Du riechst gut, hast du ein neues Haschspray?"

Haselschnupsnaps (*saba*) Name des Haselnussschnapses nach dem vierten ebensolchen (→*Konsenswasser*)

hassanisieren sinngemäß: jemanden etwas solange erklären, bis dieser überhaupt nicht mehr weiß, worum es am Anfang mal ging

Hastemanemack (m/f) sinngemäß: Bettler, Schnorrer

Hauchler wenn ein Heuchler einem was ins Ohr haucht

haudegeneriert wenn jemand so oft auf Mitmenschen eingeschlagen hat, dass er sich eine andere Kommunkationsform kaum noch vorstellen kann

Hauptbecheftigung wenn man sich nur noch um die Meinung seines Chefs kümmert

Haustierschlüssel (*lota*) eine Art Gerät zum händischen Öffnen von Futterdosen (*wahrscheinlich Buhbatzi*)

Havannarie einen Inselbruch erleiden (*wahrscheinlich Fidel Castro*)

Heavy Catting engl. f. Heftiges Knuddeln und Kraulen der Katze (wahlweise Muschi)

Hechelkurs Geburtsvorbereitungspaaratemübungen

Heftifechte (*quasi-fleng*) heftige Gefechte

Heiliger Bernhard exilösterreichische Technikerlegende, der Telefone repariert, während er mit ihnen telefoniert

Heimbärgeist Stimmung beim letzten Getränk der Nacht kurz vor Abfahrt nach Daheim

Heimwehgefahr Gefühl, das einen überkommt, wenn es einem anderswo doch nicht so gut gefällt

Heldenker so eine Art intellektuelles Gegenteil vom Actionheld

Helltechniker Beleuchter (→*Machmahell*)

Helmerphantomprämie Lohn, den man für eine Leistung erhält, die man eigentlich nicht wirklich erbracht hat (nach T. Helmers Phantomtor)

Hempelsmahlzeit wenn's auf dem Teller so aussieht wie bei Henkers unterm Sofa

Hengstpissigkeit das lang vermisste Gegenstück zur Stutenbissigkeit

herausschnellen (*fleng*) wenn sich etwas wirklich sehr zügig herausstellt

herbeidöringeln etwas um jeden Preis billiger selber machen wollen

Herdtier *(nach Daniel Kohl)* kochende Frau

herumdummpeln wenig intelligent in der Gegend verharren, gleich ob nur physisch oder auch verbal

herumfuckeln (sprich: *herumfackeln*) sich unnötig lange mit ein- und derselben Person sexuell beschäftigen, z.B.: „Ich würd' da nicht lange herumfuckeln."

herumschallwenzeln stundenlanges Herumdrehen an Fadern und Knöpfen

herumstöckern stundenlanges Herumreden um den heißen Briefingbrei, um ein dreizeiliges e-mail durch ein möglichst mehrstündiges Gespräch zu ersetzen; auch: im Dunklen herumstöckern

Herzbold jemand der die Angelegenheiten der Liebe etwas grob umgeht

Herzkeks jemand der die Angelegenheiten der Liebe einfach nicht richtig ernst nehmen kann

Hessination die allmähliche Verhessung Eingeplackter durch permanente Vergiftung durch Stöffsche, Grie Soß oder Handkäs mit Musik

Hessenkexel *(manchmal auch*: Hessenkessel) ein Hexenkessel voller Hessen, bezeichnet die Commerzbank Arena *(ehem. Waldstadion)*

Heuchelmörder vom Charakter her wie ein pazifistischer Außenminister, der seine Soldaten auf Friedensmissionen an den Hindukusch versendet

Heulschrecke 1) weibliches Nervenbündel, das nah am Wasser gebaut hat und damit ihre genervten Lebensabschnittsgefährten ins ebensolche treibt 2) internationaler Finanzinvestor nach der zehnten Fehlinvestition

Heultranse männliche Heulsuse

Heurekatze ich hab die Katze gefunden!

Hierngespinst Illusionen fürs Hier und Jetzt

Hilflosenorganisation was eines Tages die Hilfsorganisationen obsolet macht

Hilfskoch Angehöriger einer früheren hessischen Landesregierung

Himmelskörperson Mensch mit einem himmlischen Körper

Hindergedanken geistige Vorbereitungen für Ausreden

hinreizend wenn der Reiz zwar groß, aber für einen völligen Hinriss noch nicht groß genug ist

Hinstellsel alles, was man von Bekannten zu Feiertagen an Unvermeidlichem oder vermeintlich Dekorativem geschenkt bekommt

Hintergrundbemurmelung *(aud.)* Musik, die so schlecht und beliebig ist, dass sie in Kaufhäusern auch nur kaum hörbarer Lautstärke abgespielt werden darf

Hintername *(niederländisch)* was hinter dem Vornamen kommt

Hinterngedanken 1) rückenmarksherkünftige Ideen, die den Weg bis hinauf ins Hirn nicht geschafft haben 2) nationalistische Gefühle für ein Land wie zum Beispiel →Arschentinien

Hinternhorizont wenn Mann nicht weiter denken kann als bis zum Rückenende der Frau 2) andere Schreibweise)

Hintern Horizont Schmähtitel für das ähnlich lautende Udo-Lindenberg-Huldigungsmusical

hintertürken etwas geschickt vorspielen und sich selbt ein Hintertürchen offen lassen

Hirnachten Feiertag gedenks funktionierender Neuronen, im Sprachgebrauch: *„Wennde das dann endlich begriffen hast, kannste Hirnachten feiern!"*

Hirnbüchs Schädel

Hirnhautverkrümmung *(esbergisch)* wenn es dann doch nicht an den Augen liegt

Hirnichtel geistiger Zwerg

Hirnschmelze wenn sich die grauen Zellen so allmählich mit steigenden Temperaturen unter der Schädeldecke verabschieden

Hirnskorbut geistige und intellektuelle Unterversorgung

hirnüber geistig kopfüber

Hitler Speed Metamphitamin, in Erinnerung an das tausendjährige Reich, dass seine Soldaten damit gefüttert hat, damit sie tagelang durchhalten, von jungen Leuten jetzt gerne genommen um nächtelang durchzutanzen →*Panzerschokolade*

Hitlerwäldler jemand, der nicht nur örtlich, sonder auch historisch zurückgeblieben ist

hoch-sterilisieren *(fußballerdeutsch)* etwas oder jemandem soviel Bedeutung beimessen, dass es aus dieser Überbewertung heraus jede Glaubwürdigkeit verliert

hoecker sein 1) mit etwas oder jemandem nichts mehr zu tun haben 2) von einer Sache ausgeschlossen sein, im Sprachgebrauch: „Da bin ich hoecker! Ich bin raus!"

Hohlroller außen viel Bewegung, aber drinnen nur gähnende Leere

Hollywutz eitel wie ein Filmstar, aber Benehmen wie ne Sau

Homoglobin *n(med.)* Rosa Blutkörperchen

Hooliban die Taliban unter den Fußballterroristen

Hooltras *(flengartig aus Hooligan und Ultras)* die gefährlichen Sondertrottel unter den übermotivierten Selbstfans („Der Fußball gehört uns!")

Hormontag wenn die weibliche Woche schon schlecht beginnt

Horrario, Horrorio Tagesplan des Schreckens

Horrente eine horrende Rente

Horridge Basisschleim der englischen Frühstücksküche (brit food basic slime)

Horrormone körpereigene Stoffe, die für viel Unglück verantwortlich sind

Horrorwichteln *(nach Silke Mühl)* wie man zu Weihnachten all den schrecklichen Nippes von letztem Weihnachtsfest wieder unters Volk bringt

Hotel Inkontinental Altersheim

Hotelcatraz besonders deprimierendes Businesshotel mit fensterlosen Gängen

Hotel Orient   ergreifend schönes Stundenhotel in Wien (*Innerer Burggraben*), in dem jedes Zimmer in einem anderen Stil eingerichtet war und in dem man sich außerhalb der →*Stoßzeiten* zwischen 04.00 und 10.00 Uhr morgens für ca. € 35.- einmieten konnte, um verdächtig seriös zu übernachten

Hot Saffer   Mischgetränk aus Saft und heißem Wasser →*Saffer*

Howtobeografie   (*spruch: Hau-tuh-bih-o-gra-fie*) Buch, das vornehmlich Anderen erklärt, wie sie besser zu sein hätten →*Unratgeber*

HühnerKZ   Massentierhaltung, Abt. Geflügel

Humanfauna   Menschengruppe, in dem das Tierische überwiegt, *im Sprachgebrauch: „Sag mal, welcher Humanfauna bist denn Du entsprungen?"*

Hummelhüfte   das Gegenteil von Wespentaille

Humorakel   Autorenhilfe zur Voraussage über den zukünftigen Erfolg eines Witzes

Humorang   Witz, der unerwarteter Weise auf einen selbst zurückschlägt

hundumzufrieden   gib jemandem was zu essen und klare Befehle, dann ist er es

Huntstunt   auf wilder Jagd professionell vom Dach fallen, möglichst ohne sich dabei was zu brechen

Hustergehege   die mit gelben Strichen auf den Bahnhofsboden gemalten Absperrflächen für Raucher →*Nikotinlaufstall*

Hybride Persönlichkeit   *(med.)* jemand mit mindestens zwei unterschiedlichen Antriebskonzepten

Hydrama   schicksalshafte Geschichte, in deren Verlauf mehrere Köpfe rollen, um schon wenig später in noch größerer Zahl die Bühne zu bevölkern (Anm. d. Red.: wahr-scheinlich Zombiefilm)

Hyperling   *(grebsch)* aufgedrehter Schnellerleber

hypnotittisiert   *(fleng)* durch wahrscheinlich zu langes Starren auf ein Decollté in die willensfreie Bewusstlosigkeit abgeglitten

Hypothetischer Eid   *(med.)* die heutzutage durch diverse Gesundheitsreformen stark eingeschränkte Erklärung, die Ärzte abgeben um zu versichern, dass sie alles zum Wohle des Patienten unternehmen, was noch in die Fallpauschale passt

Hysterieebene   jenes Zwischengeschoss in der Hierarchie eines Unternehmens, in dem man die Verantwortung für Dinge hat, die man selbst nicht entscheiden darf

Hysterisiko   Gefahr, dass sich jemand über alle Maßen aufregt, meist weil er oder sie so gar nicht verstanden hat, worum es eigentlich geht

Hysterror   Schrecken, der durch unkontrollierte Panik kontrolloser Beteiligter noch sehr viel größer erscheint, als er wahrscheinlich ist

I

Ideenhehler eine Art von Agenten oder Agenturen, die mangels eigener Schöpferkraft die Ideen anderer unter der Hand an Dritte verscherbeln (*z.B. Martini Music*)

Ideothek Ort mit lockerer Cafehausbestuhlung, an dem sich ideologisch Verbrämte zur gegenseitigen Sympathiekundgebung versammeln

Idiol Mensch, der solange Ideale verfolgt, bis er zum Idiot verkommt

Idiolzustand seligmachender Zustand (→*Don Quixote*)

Idiothek Ort mit meist fest im Boden verschraubter Barbestuhlung, an dem sich der leichtköpfige Teil der Nachtbevölkerung zuzimmert

Igel! Hilferuf gen Himmel, wenn man von sinnlosem Geschwätz oder unerquicklicher Gegenwart befreit werden möchte (eigentlich: eagle! Anm. d. Red.: geht auf *Epic Rap Battles of History: Romney vs. Obama* zurück)

Igittarre ekliges Saiteninstrumentenspiel

IHK Innereien und Hackfleischkammer

Ikealist jemand, der aus tiefstem Herzen überzeugt ist, die Dinge werden nachher schon irgendwie zusammen passen (sogar unabhängig von ihrer Vollständigkeit); nach J. Malmsheimer: *„Der Deutsche ist eine Bastler und der Schwede hat's gemerkt!"*

Ikeater eine Art Aufführung, die eigens für die Angestellten am Umtausch- und Reklamationsschalter eines schwedischen Möbelhauses eingeprobt wurde

Immobilienkrise 1) Erdbeben 2) reale Folge des lustig virtuellen Finanzierungssystems amerikanischer Hypothekenbanken

Implatante ältere Dame mit künstlich aufgebauten Rundungen

Implantologe Softwareentwickler in einer Silikonkissenfabrik

Indscheniehh (*nach York Beickert*) Fertigungsknowhowlist *„Früher wusst isch nit amol, wie man Indscheniehh schreibt, heute bin ich einen!"*

Indernet toll programmierter, aber größtenteils unnutzbarer Teil des Internets, da komplett in Sanskrit geschrieben

Individualki jemand, der seine herausragenden persönlichen Eigenschaften nur im Suff zu erkennen glaubt

Infarktstruktur eine bis an ihre Grenzen ausgereizte Infrastruktur

Inflagran-T-Shirt, Inflagranti-Shirt Kleidungsstück wegen dessen, aber ohne welches man bei was erwischt wird

Infosion Ergebnis übertriebener Redseligkeit, zB:" jemandem eine Infosion legen" (jemanden lauter Zeugs erzählen, das ihn nicht interessiert)

Inkubationszeit Zeit, die Chavez benötigt, um aus Venezuela ein zweites Kuba zu machen (→*Verrückständigung*)

inländerfeindlich überzeugt gegen die Bewohner des von einem selbst bewohnten Landes

Innernet der Teil des Internets, der vollständig von Robert Stein-Holzheim kontrolliert wird

Inpufferabilien 1) Puffer, den man in Budgets für besondere Ausgaben einbaut (Imponderabilien) 2) Hinweis auf die Ausgabenstelle

Insel im roten Meer Kosename für die lustigste Halbstadt der Menschheitsgeschichte

Insolvenzbordell Kosename für die Stadt London, in deren Rechtsgebiet Weißkragenkriminelle stets mit erstaunlich viel Nachsicht rechnen dürfen

Insolvenz in Gründung schlechtes Geschäftskonzept →*Start-up*

Insolvenzverrater (*nach: Jan Hofer*) Jemand, der anderen steckt, dass es um eine Firma nicht mehr besonders gut steht

Instrumenteilzeitkraft Mietmusiker

Insultier Tier, das der Evolution spottet

inszensieren etwas so aufregend und mitreißend anders darstellen, dass bestimmte Informationen bewusst unterdrückt werden können (*Berliner Opernstreit*)

Intellektourette Beleidigungen, die man erst zwischen den Zeilen verstehen kann

Intelligenzallergiker Jemand, der sich instinktiv von jeder Art des eigenständigen Denkens fernhält

Intelligenzzettel historische Bezeichnung für Zeitungen

Intention (*in-tent-schön*) Jemand, der eine Jemandin schön in ein Zelt bringen möchte

Interkatzionale Beziehungen was die Katzen so untereinander zu verhandeln haben

Internationaler Männchengerichtshof 1) Ausgleichsgericht für Pantoffelhelden 2) Pranger für unangenehm auffällig gewordene Brüderles

Internetzionalisierung (*louis*) digitale Globalisierung

Interimsgebirge (*aus der Planetenkonstruktion*) spontan angedachte Anhäufung von extremen Erhebungen, die eigentlich nur kurzfristig als Weg- und Wetterscheide dienen sollen

intrapretieren etwas in etwas anderes unbedingt hineindeuteln

Investment was man jemandem oder jemand sich in die Veste steckt

Investmenthenker Totengräberzuarbeiter an internationalen Finanzplätzen

Inzestmentbanker jemand, der solange Geschäfte mit der eigenen Brut gemacht hat, bis am Schluss nur noch etwas sehr Verunglücktes dabei rauskommen konnte

Inzüchtigung wenn Vater seine Töchter oder Mutter die Söhne am liebsten auf genetisch schädliche Weise bestraft

iPadophil wenn man seinen kleinen Apple echt mag

IQ-Handel sone Art intelligenter Kuhhandel (→*Ei-Kuh-Handel*)

Iranie feiner, hintergründiger Witz auf Kosten der bekennend Humorlosen (Anm. d. Red.: wahrscheinlich Achmadinedschad)

Irreal Madrid Kosename der spanischen Steuerbehörden (und Uli Hoeness) für einen bekannten castellianischen Fußballklub

Irrgärtner jemand, der sich in seinen Pflanzen nicht mehr zurechtfindet

Irokäse gut fermentierte Ironie der zweiten Generation

Ironie 1) eiserner Humor 2) etwas, das einem beim Bügeln einfällt *(Anm. d. Red.: versteckter Anglizismus)*

Irrgärtner jemand, der sich in seinen eigenen Gedankengebäuden verläuft

Irrtumskaninchen *(wissenschaftlich)* ein Versuchskaninchen, das den Versuch nicht überlebt hat (→*Vernunftskaninchen*)

Is'so-Zertifizierung *(für RoHeid)* wenn die Realität einer Sache ihren offiziellen Stempel aufgedrückt hat: „*Tja, ich würd' sagen, das is'so!*"

Itakeria *(bartelisch)* Sammelbegriff für italienische Eiscafes und Pizzerien

Ivan Standupgonow Ei, wann stehste denn auf und gehst? (siehe Anhang: Aufstehen)

Izmirwurstwaren *(türk.)* gequirlte Tiere mit viel Knoblauch - aber eben egal

J

Jaaberach! Generaleinwand

Jajamann Leute, die einfach nur tun, was man ihnen sagt

Jammerlappenoffensive wenn wieder mal alle nur am rumnörgeln sind

Jammer & Pichel Herrschaftszeichen des spätsozialistischen Untergangs (erst nörgeln, dann was trinken)

Jammersänger wenn im Liedtext schon auf Mitleid gemacht wird, der Vortragende es in seiner Interpretation aber noch locker übertrumpft

Jammerschade *(kulinarisch)* Verhaltensdisfunktion, die mit der Erkenntnis eintritt, in den nächsten Stunden nicht adäquat versorgt zu werden *(in Anspielung auf den stets hungrigen R.S.)*

Jaschentacke *(nach Tilmann Birr)* etwas, dessen Existenz sich nur aus einem verunglückten Schüttelreim erklären ließe

Jederismus Denkschule, die darauf ausgerichtet ist, möglichst nur das für angemessen zu halten, was möglichst viele Leute zu tun pflegen

jeinsehen etwas einsehen, aber doch nicht so richtig, eher nur halb (ja+nein=jein)

Jengel *(katrisch)* einen Jengel nach etwas oder jemanden haben: Lust oder Begierde verspüren; auch: jengelig sein

Jetztmir *(nick)* Spitzname für einen etwas desolaten Fußballer, der immer und unbedingt den Ball haben wollte, jetzt als Unehrentitel für jede Art von Egoisten benutzt

Jido Fister-Filly irgendwie missglückte und trotzdem auch passende Übersetzung der Vor- und Familiennamen des deutschen Außenministers Guido

Westerwelle *(wie erschienen in: The Democrat, südsudanesische Tages-zeitung)*

JoJo-Effekt wenn man zwei gegenläufige Fragen rapjargonmäßig bejaht: „Hattest Du nicht abgenommen?" „Jo" „Hast aber dann wieder gut zuge-legt!" „Jo"

Junges Gemöse Hauptzielgruppe alternder Spieljungen

Jurassic Porc ein altes Schnitzel (wahrscheinlich Autobahnraststätte)

Jurikratie absolute Herrschaft der Rechtsgelehrten; eine Staatsform, die sich nach einer gewissen Zeitspanne durch →*Verwaltungspartenogenese* zwangsweise aus der Demokratie entwickelt, z.B. Europäische Kommission

Jur-Juitsu *(gax)* Selbstverteidigungskunst der Rechtsverdreher →*Blablatsu*

JVA Jugendversuchsanstalt *(wahrscheinlich Disko)*

K

Kabballistiker jemand, der die Flugkurve eines abgefeuerten Projektils aus der hebräischen Mystik heraus erklären kann

Kachelmanko Charakterfehler, der leicht zu →*Passionsspielen* führt

Kachelmann Chefstecher der Tagesschau

Kacktik Vorgehensweise, bei der *„nachher nichts als Scheiß bei raus kommt!"*

Kadabra-Gehorsam wenn man macht, was der Zauberer sagt („Ziehen Sie ein Karte")

Kaderdemokratie Staatsform von Ländern, in denen man oft nur eine Wahl hat

Kadreiokratie besonders ausgefuchste Form der Veranstaltungsbürokratie

Käfigfleisch *(schwyzerdütsch)* alles, was so jung ist, dass es einen direkt in den Knast bringt

Käsensation *(kuli.)* besonders leckerer Käse

Kafkalauer ein echt ausgefuchster Witz von tiefer Symbolik aber flacher Pointe

KaFORismus Sinnspruch, mit dem die Anwesenheit unschuldiger Blau-helme in einer ölreichen, aber sonst recht öden Region der Erde begründet werden kann

Kah *(aus dem altägyptischen):* the inner light that shines!

Kahbarettist jemand, der an der Hadsch teilgenommen, aber seinen Humor gerettet hat

Kakaffee extrem teure Kaffeebohnen, die zuvor in Katzenmägen vermentiert werden

Kakanien *(nach R. Musil)* Österreich in der K.u.K.-Version

Kakao Bezeichnung für dunkelhäutige Mädchen; im Sprachgebrauch nach Supermax Hauenstein (⌘): „Wenn du oanmoal aan Kakao g'trunke hoast, braochst du nie wieda oa Mülch"

Kalachnikov Sammelbegriff für schlechte russische Komiker *(Putin, Medwedjev)*

Kalaunerie launischer Umgang mit unwitzigen Witzen

Kalautor Schreiber unschlüssiger Pointen

Kameleon farbwechselndes Trampeltier

Kamerad freundlich gesinnter Kameramann, der eine Aufnahme aus lauter Menschenliebe mal so gemacht hat, wie sie von der →*Cutterin* gemacht worden wäre

Kamerasutra ziemlich artistisch angelegte Unterhaltungssexualität zum höherem Zwecke der Aufzeichnung und Vervielfältigung

Kamikatze zu leicht selbstmörderischen Balance-Akten neigender Freundimfell

Kammplize Friseurhelfer

Kampangnero 1) in einer Werbeagentur für die Durchführung regelmäßiger Maßnahmen verantwortlich 2) *–nero* der eine, der die Kampagne verbrennt

Kampflinienreiter sportlich übersteuerter Autofahrer

Kampfkrall *(flengartig)* Lachkrampfanfall

Kamuflasche eine echt schlecht getarnte Person

Kanackedei nacktes türkisches Gör

Kanndition eine Vorbedingung, die kann, aber nicht muss

Kannitzeenboot *(afrikaans)* Unterseeboot, ein Schiff, das man nicht sehen kann (*auch: Kannichtschauenschiff*)

Kantersieg wenn man sich für eine Lächerlichkeit auf Bewährung verurteilen lässt und damit die eigentlichen Verbrechen tarnt (*nach Kanter, ehem. hessischer Minister*)

Kantry-Band philosophische Combo, die stets das Lied der reinen Vernunft spielt

Kapellner Mitglied einer Tanzmusikerversammlung

Kapette *(fleng)* eine kaputte Kette *(Anm. d. Red.: die entscheidende Wortverschmelzung von Andrea Fülling, mit der das BRAXEL dereinst seinen Anfang nahm „Oh, meine Kapette; 20 Jahre später nochmal im leicht benebelten Dialog zweier Besäuselten assoziert. SG: Oh, meine Kette ist kaputt! NK: Nein, die machen wir morgen kaputt!)*

Kapiermasens 1) Stadt mit hoher Intellektuellenquote 2) *(hessolatein)* „Versteh mal den Sinn!"

Kapiertiger eine echt schlaue Person

Kapitalar Umhang eines bestechlichen Anwalts

Kapitalent jemand, mit dem man noch viel Geld verdienen können wird

Kapitalismuslim Sheiks, die ihre Ölkohle bei Christenbanken parken, weil die mehr Zinsen zahlen, als die muslimischen Banken dürfen

Kapitalusche   jenach Betonung der Anbindung 1) *Kapital-Usche* weibliches Wesen mit manisch-materialistischer Fixierung 2) *Kapita-Lusche* jemand, der nicht viel im →*Portemonee* hat

Kapitalypse   der durch den Kapitalismus in Zyklen produzierte Untergang

Kapitotalismus   der totale Kapitalismus

Kaputte   ein aus dem Nest gefallenes Kleinengelchen

kaputtieren   eine Sache nachhaltig ihrer Funktion berauben

Kaputtistan   noch so ein Land im mittleren Orient, das sich selbst zerstört

Karaffgier   wenn man einfach nicht abwarten kann, bis der Rotwein genug Sauerstoff bekommen hat

Karlmaydroppe   (*hessisch für „Karl May Tropfen"*) Tränen, die bei jeder Wiederholung von N'tschotschis Tod vergossen werden

Karmageddon   Ende des ewigen Wiedergeburtskreislaufs

Karmasochist   jemand, der in diesem Leben mit voller Absicht Böses tut, wohl wissend, dass er im nächsten Leben dafür mit einer miserablen Existenz belohnt wird

Karriereknickerbocker   eindeutig mit der falschen Hose ins Büro des Vorstands gegangen

Karriereschubs   was später vielleicht noch mal ein richtiger Schub für den Aufstieg sein könnte, jetzt aber noch zu sanft ist, um einen in die Bildzeitung zu hieven

Karrierror   dummer Fehler, der den eigentlich angedachten Aufstieg verhindert

kartenspielgesichtern   ein Pokerface aufsetzen

Kartoffelgen   K. in der Erbmasse; Bezeichnung für Menschen, die aufgrund knollenartiger Ausbuchtungen an Hals und Gesicht als inzestuöse Landbevölkerung identifiziert werden können und auch sonst nicht als Leuchten auftreten (*in Frankreich: Baguettegen*)

Kartoffelheld   jemand, der seiner Frau auf beliebiges Geheiß die Erdäpfel schälen muss

Kartoffelkautschuk   Adhäsionskraft, die die Couch-Kartoffel am Aufstehen hindert

Kartoffelkretin   dummer Bauer oder einem dummen Bauern sehr ähnliche Person, der in logischer Folge die größten Knollwurzeln erntet

Kashmirhooligan   Fußballproll aus höheren Kreisen

Kasinokommunist   mit vom Kaviarbrötchen vollem Mund gleiche Boni für alle fordernd!

Kassenclown   Vertreter der hiesigen Krankenkasse

Kassenklampf   fürs Ohr zwar schlechtes, aber für die Kasse gutes Gebrauchsgitarrenspiel bei Schlager- und Werbemusik

Katastrophelia   Sammelbegriff für vom Liebesentzug verrückte Mädchen, die daraufhin versuchen, ihr Schicksal mit der Androhung von Selbstmord bzw. Selbsttötung im Affekt zurecht zu rücken

Katzaltraz   (von Katzen-Alcatraz) Katzenhochsicherheitsgefängnis

Katzendisneyland was vorher mal die Wohnung des noch Katzenlosen war

Katzentriker Katzenmenschen, meist von übertriebener Tierliebe beseelt

Katzenwurf Beschreibung für eine Distanz irgendwo zwischen Steinwurf-weite und Katzensprung (→*Steinsprung*)

Katzilla *(engl. Catzilla)* große böse Katze

Kayanarismus Abbruch und Verleugnung sämtlicher freundschaftlicher oder auch nur diplomatischer Beziehungen zur Aufhellung der eigenen finanziellen Aussichten

Kayanarstan Land, das K.Y. exklusiv für sich hat

Keaton, Harry eigentlich Dr. Harald Kurz, größter, da hoffentlich einziger Zauberer des Landkreises Offenbach (*jetzt Hanau*)

Kehrserker mit Besen und Blech bewaffneter Nachbarschaftler mit Putz-zwang

Keksfriedhof körperlich leicht aus den Fugen geratene Person

keuschen *(saba)* sich zugeknöpft geben, z.B. „Ich hab immer gemacht, was ich wollte, da werd' ich doch jetzt nicht mehr ins Keuschen kommen"

Kevinismus innerer Drang wehrlose Kleinstkinder mit seltsamen Mode-namen fürs Leben zu zeichnen →*Schackelinismus*

Khòe Khòng *(viet.)* vietnamesische Begrüßung, wörtlich etwa: Gut? Nicht gut?

Kicherling aufgrund von niemals wieder genau zu rekonstruierenden Gedankensprüngen in der Kicherfalle gefangene Wesen meist weiblicher Natur; Kicherlinge treten zumeist paarweise auf und sind leicht zu erkennen an zugekniffenden Augen und Schnappatmung

Kickbackschisch vom Kundenanwalt in den generellen Liefervertrag ein-gebrachter Legalisierungsversuch von Bestechung (Kickback bei Über-schreitung bestimmter Umsatzgrenzen)

Kickers Offenbach das Beste, was ein Fußballclub noch werden kann, der auf einem Berg von Biebern spielen muss

Killadelphia Bezeichnung für die Stadt mit der höchsten Mordrate in der usamerikanischen Gewalttatenstatistik

Kilorien große Massen von Kalorien auf den Hüften

Kinderkoks *(teenagermanisch)* Zucker

Kindermulch was Herodes auf seine Beete hat streuen lassen

Kinderschreiwettbewerbe *(teenagermanisch)* Veranstaltugnen mit haupt-sächlichen präpubertären Publikum wie Boygroupkonzerte oder MTV-Awards

Kindheit 1) glückliche K.: breitangelegte Erfindung der Bürgergesellschaft, leider noch nicht in allen Gesellschaftsschichten und Ländern der Erde *(Indien, Fernasien, Lateinamerika)* eingeführt 2) unglückliche K.: oft ange-führte Entschuldigung für die Verfehlungen Ausgewachsener

Kirigami *(nach R. Giobbi)* lebensgefährliche Papierschneidekunst, zusam-mengesetzt aus den japanischen Origami und Harakiri

Klabuntermann Chef Andi vom ehem. Klabunt (jetzt *Henscheid*), wo er bei Gelegenheit *"Welle macht"*

Klamaukermann lustiger Bruder vom Klabautermann, der die Seeleute mit groben Späßen ablenkt, damkit sein Bruder Schiffe versenken kann

KlamAuckland guter Titel für ein neuseeländigsches Slapstickfestival

Klampfansage der unvermeidliche Aufruf an jeden, der nachts noch Gitarren rumstehen lässt

Klappsandwich alles was der gemeinen Stulle ähnelt, aber Salat hervorquellen lässt

klarshitmachen eigentlich das genaue Gegenteil zu "klar Schiff machen"

Kleingebabble Smalltalk →*Nanobla*

Kleiner Ohne Poppen Indianername des Jesus

Kleiniberien Portugal

Kleinkunstfehler nicht gut durchdachte Kabarettdarbietung

Kleinkonterkariert auf spießigem Niveau widersprechend

Klein und Weich Microsoft

Klemmleuchte Person, bei der es etwas klemmt, sodass "das Licht nicht so richtig aufgeht" (→*Groschenjongleur*)

Kleptokratie in Afrika, Mittelamerika und den abtrünnigen Sowietstaaten übliches Geschäftsmodell zur Verlagerung des Staatseigentums in die Hände weniger

Klickster Paparazzo

Klimakterrier (*biol.: canus panik*) strubbeliger Kleffapparat (→*Fußhupe*), der stets in Begleitung älterer Damen auftritt, um deren Unzufriedenheit mit der Gesamtsituation lautstark auszudrücken

Klimasterie (*pol.*) massenhysterisches Verhalten angesichts des nahenden Klimaoptimums *(Anm. d. R.: Warmphase zwischen zwei kleinen Eiszeiten)*

Klimawandel (*relativ negativ*) wenn sich die Gesprächstemperatur zwischen ihr und ihm deutlich absenkt

Klockertisch Tischfussballkicker, der bei jeder Bandenberührung unüberhörbar klockt

Klonokel die einäugige Brille *("draufsetzen statt aufsetzen")*

Klingelklopf vor-elektronisches Bemerkbarmachgerät an Türen und Toren

Kluchkaninchen ein Versuchskaninchen, das durch dauernden "Versuch" endlich "kluch" geworden ist (→*Vernunftskaninchen*)

Klugoid Person, die durch Neugierde erworbene Information mittels eigenen Nachdenkens in so etwas wie Wissen umarbeiten kann. *adj.* klugoid = zur Klugheit neigend

Klugschiss eine für alle offensichtliche Wahrheit, die mit Übereifer an den Mann gebracht wird *(tritt oft in gefährlicher Kombination mit →Postismus auf)*

Klumpfußball wenn einer Mannschaft die Füße zu dick geraten sind

kmh 1) Maßeinheit für Geschwindigkeit eines Körpers, Angabe in zurückgelegter Strecke in der Stunde 2) Maßeinheit für die mangelnde Geschwindigkeit des Geistes, alle Angaben in Nullkomma, da von jedem anderen Menschen der Welt maximal 1 kmh (Katrin Müller-Hohenstein) erreicht werden kann

Knallerina ein mitreißendes Mädchen

Knallwasser alkoholhaltiges Gerstenbräugetränk wie Bier (*wahrscheinlich in Anspielung auf den vorgeblichen Effekt der Luststeigerung*)

Knatterwiese *(kalköfisch)* Doppelbett

Knautschuk 1) gummiartige Materie, die man schon zusammendrücken kann 2) Ersatzplastiken aus Silicon

Kneippkurdistan Land für pseudomedizinischen Erholungsurlaub

Kniebeißer *(teenagermanisch)* Kleinkinder bis zur Grundschuleinschulung

Knochenmark *(jensisch: Knochen-Mark)* flapsige Bezeichnung für skelettöse →*Azubildißeiner*

Knölliard besonders ausgefeilte Spielform des Carambolage-Billiards, bei der es darauf ankommt, das eigentliche Spielziel möglichst nervenzerfetzend knapp zu verfehlen

Knutschzone um den Mund herum

Knutschzonendrängler jemand, der ungebeten die Nähe eines Anderen sucht

Koala *(austraboriginal: koala – Tier, das nicht trinkt)* niedlich dreinblickende Kuschelbär-vorlage, die aufgrund der Besetzung einer biologischen Nische mit Verzehr und Verdauung der giftigen Eukalyptusblätter selbst hochgiftig ist und dessen Hirn sich bar sämtlicher Fressfeinde auf Vollfraß und Verdauungsschlaf spezialisiert hat

Koalation Vereinigung zweier Parteien zu einem Bündnis, das ziemlich blöd wirkt, aber wenigstens nicht trinkt (→*Koala*)

Körpertapete *(teenagermanisch)* etwas spießbürgerliche Oberbekleidung

Kohleffekt einsetzende Akzeptanz gegenüber Dingen und Personen, die sich auf dem kleinsten gemeinsamen Nenner präsentieren

Kohlenhändler *(teenie)* Koksdealer

Kohlisch einzigartiges, volkstribunenhaftes Sprachmuster, das durch unzulässige Vereinfachung und Verniedlichung von sachlichen Inhalten Volksnähe sucht (→*Kohleffekt*)

Kohllosseum das vom Größten Kanzler aller Zeiten (→*GröKAZ*) in Auftrag gegebene „*Weiße Haus*" der Wiedervereinigten Germanischen Emirate

Kollateralschade das, was R. Schade von einem Buffet übrig lässt

Kollateralschädling jemand, der bei seiner Selbstvernichtung (→*Selbstmordattentöter)* in Kauf nimmt, auch anderen den Spaß am Leben zu nehmen

Komando Befehl, der einen augenblicklich in einen todesähnlichen Tiefschlaf versetzt

Komet automatische Lustspielgruppe um Bruder Tack und König Stefan

Kommilitante Mitstudentin, die sich lieber mit Demonstrieren beschäftigt

Kommilitonne zu gut ernährte Mitstudentin

Kommloch 1) Abk. f. Kommunikationsloch; Mensch, in dem wie auch immer geartete Informationen spurlos verschwinden 2) pornografisch: geeignete Körperöffnung für Naheinstellungen gen Ende des Films

Kommunikationsprojekt Versuch eines Mannes im Zwiegespräch mit einer Frau einen grammatikalisch einwandfreien Satz zu formulieren und in Gänze auszusprechen

Kommunikaze *(nach Wiglaf Droste)* Mensch, der sich bei jeder Gelegenheit um Kopf und Kragen redet

Kommunikatyonas unser Fachmann für bildhafte Sprache

Kommusikation mit gut sortierten Tönen kommunizieren

Kompatibillyregal wenn es tatsächlich mit einem anderen Billyregal zusammenpasst

Komplikante weibliches Wesen, das selten den Weg des Einfachen sucht

Komplikationsharmonika 1) Instrument mit wahnsinnig vielen Knöpfen 2) so gut wie jede Monika, die einer politischen Partei angehört

Komplimentalist hellseherisch begabter Mann, der immer ganz genau weiß, welches Kompliment eine Frau als nächstes hören will

Konfliktherd einer kocht, der andere muss es essen

Konfußball meist in der E-Jugend, bei manchen Vereinen aber bis in die Bundesliga bevorzugte Spielanlage

Konsenswasser alle unter Wässerchen, Vodka (→*Whatka*) und anderen Bezeichnungen zu subsumierenden Alkoholika, deren systematischer Einsatz dazu führt, dass sich möglichst viele Beteiligte auf eine allgemeingültige Grundstimmung einigen

Konterevolutionär *(gesprochen: Konter-Evolutionär)* 1) jemand, der auch in Darwins Augen nicht viele seiner Gene weitergeben sollte 2) jeder, der eine überfällige Entwicklung aufhält

Konterfeist meist dickliches, vom übermäßigen Konsum teurer Lebensmittel oder billiger Schnäpse geprägtes Gesicht

kontergenial einfach ziemlich dumm

Kontergetränk *(bartelisch)* was man am nächsten Morgen einnimmt, um die bösen (*Wein-*)Geister der Vornacht zu bekämpfen

Konterpersonal Leute, die man einstellen muss, um selbst den unsinnigsten Verwaltungsanforderungen seiner Kunden mit gleicher Niveaulosigkeit entgegentreten zu können

Kontinuierleiche Schauspieler, der regelmäßig für sein Ableben in Krimis gebucht wird

Kontinuitäter jemand, der fortwährend dasselbe tut

Kontromiss bestimmte Art von Kompromiss, der dem eigentlichen Ziel der Einigung entgegenstrebt

koordienern wenn man einen Dienst leistet, der einem Anderen das Gefühl gibt, er hätte tatsächlich etwas koordiniert

Koseschmäh etwas, das als Beleidigung gemeint war, aber dafür viel zu süß war

Kostennote Beweis für die musikalische Grundveranlagung von Medien-Anwälten

Kotstange Bauteil an einem Automobil, anscheinend eine Mischung aus Kotflügel und Stoßstange

Kotzen-Mussten-Analyse meist nachträgliche Aufdeckung der Gründe, die letztlich zu einer plötzlichen Frontalentleerung führen mussten

Kotzenplotz eklige Person, die schon rein äußerlich an den berüchtigten Räuber erinnert, aber noch viel ekelerregender

Kotz-Koch berühmter freudscher Versprecher Angela Merkels im Bundestag *(Anm. d. Red.: gemeint war Roland, der Kommissarische von Hessen, 2008)*

Kotzilla Monsterauswurf nach Genuss von reichlich kalten Reiswein und rohen Fisch

Krakorakel *(bio.)* Paul, das Krakenorakel, auch →*Okrakel*

Krassgrundbesitzer 1) Steigerung von Grasgrundbesitzer *(eigentlich: Großgrundbesitzer, wahrscheinlich aber Strebergarten)* 2) Jemand, der „*echt krass viel*" Grund hatte, irgendwas zu tun

Krawallfahrt Ausflug zu den heiligen Stätten der Hooligans →*Hooltras*

Kreditklemmpner *(finanz.)* der, den man ruft, wenn der Kredit klemmt

Kreischsaal *(med.)* wo nach Lust und Laune gekrischen werden darf

Krisenherd 1) was sich unter den Kochkünsten so manch moderner Frau so entwickelt 2) alle Kochsendungen

Krisenherdentrieb was Soldaten vieler Herren Länder in Bewegung versetzt

Kritikerle *(schwäbisch)* kleiner Wichtigtuer am Werk Anderer

Kröske *(norddt.)* Geliebte, Gspusi

Kruzifixer *(rel.)* Glaubensabhängiger

Krokodildo besonders fein ummanteltes Sexspielzeug, symbolisch für alles, das so edel wie unnütz ist

Kucke Aussichtspunkt auf einer Bergkuppe; im Verkehrsfunk: „*Achtung, das Stauende liegt hinter einer Kucke!*"

kuckuxeln einer mit einem Andren verheirateten Frau ein Kind machen oder auch nur den Versuch als solchen zu unternehmen

Künstlersozialkasse intensives Bemühen der Bundesregierung aus egal ob un- oder talentierten Künstlern unfähige Buchhalter oder zumindest normal verwaltbare Arbeitslose zu machen

Künstling Künstler, der hauptsächlich durch die Gunst eines vermögenden Sammlers zu Ruhm gelangen

Kürbiss Biss an eine künstlerisch frei zu wählende Stelle *(Kür)*, im Gegensatz zum Pflichtbiss gemäß Vorschrift *(wahrscheinlich Kamasutra)*

kulinarrisch 1) verrückt nach Essen aller Art 2) verrücktes Essen betreffend

Kulturschaustall Kunst-Galerie

Kululumbu *(→Komet)* so eine Art Nelson Mandela der Musical Comedy

Kulyrik kulinarische lyrische Textform vom aufschneiderischen Caterern, die ihr trauriges Speisenangebot verbal aufpeppen wollen →*Menyrik*

Kummerang ärgerliches Problem, das je weiter man es von sich zu weisen versucht, umso beharrlicher zurückkehrt

Kummerkarsten gutherziger Karsten, dem alle ihren Kummer anvertrauen

Kummerkarte unterste Schicht im indischen Gesellschaftssystem

kummerrund Figurform nach wochenlangem Frustfressen

Kundenboxen fachchinesisch für besonders große und auffällig gestaltete Boxen, mit denen man in Tonstudios Musik für Kunden sehr laut abspielen kann (*die aber während der tatsächlichen Arbeit aus Gehörschutzgründen niemals benutzt werden*)

Kurlaub gesundheitsfördernde Freizeit

Kuriostdeutschland merkwürdige Landesteile

Kurzzeitbrautschau meist nächtliche Suche nach einer Lebensultrakurzzeitabschnittsgefährtin

Kuschelkoma sonntags vormittags gemeinsam bettmagnetisch

Kuscheln auf Rädern ambulanter, für ausgewählte Freunde stets abrufbarer Streicheldienst (*falls Schokolade aus ist!*)

Kuschelruck wenn einen jemand mit Zärtlichkeiten übermannt bzw. überfraut

Kuschelruckzuck wenn's auch noch schnell gehen muss

Kybernethik die moralische Integrität von bewegten Systemen

L

Labarett pseudosatirisches Geschwafel

Laberinth wenn jemand durch ununterbrochenes Schwätzen ein so undurchsichtiges Gedankengebäude errichtet, dass dem Zuhörer kein erkennbarer Ausweg gelassen wird

Lachablösung neues Publikum bei einer Open-Mike-Night

Lachette (*schadisch*) kleiner Kellerraum, in dem man sich zum Lachen zurückzieht

Lachhose (*utull*) komisches Keidungsstück, das man sich morgens vor allem mental überstreifen sollte, um die welt besser zu ertragen

Lachhose-Intolleranz (*schadisch*) wenn man das Herumlaufen in Lachhosen irgendwie nicht so gut verträgt

Lachkräftemangel das Fehlen eines für das intellektuelle Kabarett geeigneten Publikums

Lachsuse das Gegenteil der allseits bekannten Heulsuse

Lachtwache (*gax*) an ein berühmtes Gemälde angelehnte Szene eines einsam vor sich hin Lachenden in der Nacht

Lachyoga (*utull*) meditative Übung bestehend aus 15 Minuten Lachen und 15 Minuten Stille →*Lochyoga*

Lackaffaire wenn Frauen sich mal wieder an einen geschniegelten Idioten verschwenden

Lackirrung falsche Farbe für Auto- oder Nagellack gewählt

Ladenhüter kurzfristig angelerntes Sicherheitspersonal in Sherriffkostümen

Ladyklappe große Lade in der Außenmauer von psychiatrischen Sanatorien, durch die man „seine Lady" kurzfristig abschieben kann

Lächelhilfe, die japanische zwei leicht konisch länglich geformte, lackierte Holzstäbchen, mit deren Hilfe man auch in vermeintlich ernsten Situationen die Mundwinkel nach oben drücken kann (werden oft auch zur Aufnahme asiatischen Essens benutzt)

Lächerling (*saba*) jemand, der durch Fremdverschulden oder durch eigenes Tun der Lächerlichkeit preisgegeben ist

Lähmokratie (*res publica*) gut gemeinte Regierungsform, die sich manchmal irgendwie selbst im Weg steht

Lätin Lacher (*schadisch*) mit aufgesetzt südeuropäischem oder – südamerikanischem Machogehabe aber ohne Erfüllungsmöglichkeit →*Lächerling*

Laichgewichtsstörung nach Abwurf frischer Nachfahren

Lala 1) syn. f. Musik, im Sprachgebrauch: „Ich hab keine Lust, mir da stundenlang die Lala anzuhören!" 2) in Einzelfällen umgangssprachlich für Anrufbeantworter: „Sprich mir doch auf die Lala"

Lamateur 1) Liebhaber von zotteliger Andenfauna 2) schlechter Spucker (*wahrscheinlich Frank Rijkard*) 3) Anhänger des Dalai Lama

Lampagne Arbeitsphase der Lichttechniker während Verkauf, Aufbau und Einleuchten eines Events

Landstreicherei farbintensive Geländekunst (meist an französischen Autobahnen)

Landstreichler Hobo mit zärtlichen Anwandlungen

Landweile Gefühl der sich ereignislos dahinziehenden Zeit bei Landausflügen

Langnesiozän kleine Eiszeit

Lappelito kleines Handtuch zum Unterlegen auf Strand oder Wiese

Lassmichel typisch deutsch beleidigte Leberwurst meist jugendlichen Alters

Lastafahri LKW-Fahrer auf Jamaika

Last Call der verzweifelte Ruf nach Swingorchestermusik der 70er Jahre

Lastenrott verrotteter Lattenrost

Latichte (*nach A. Merkel*) erleuchtetes Laternenlicht „Gehn'Se mir ma aus der Latichte!"

Lattenknaller 1) sportdeutsch: Schuss an die Querlatte des Tores 2) Typ, der den Fehler macht, nur mit dürrschlanken Mädels zu echseln (*gilt manchmal auch umgekehrt*) 3) schwules Fußballteam aus gleichnamigem Film

Lattent abhängig von Milchcafe, irgendwie „auf Latte" (*Macchiato*)

Latteschorsch (*Ursten*) auf ein Lattenkreuz genagelte Jesusfigur

Laufendes Einkommen eine andere Bezeichnung für recht einträgliche Bordstein-schwalben (*aus Sicht des Begünstigten*)

Laufende Kosten Bezeichnung für eine *recht teure* Freundin, die (*aus Sicht des Entgünstigten*) auf Stöckelschuhen die Blickachse kreuzt

Laughterworkparty humoristisches Treffen nach Büroschluss

Laupensum Faulpelze bei der Arbeit

Lausemädchen kleines Luder, oft zu sexuellen Streichen und Scherzen aufgelegt, →*eine durchgetriebene Schlampe*

Lebensgefährt liebgewonnenes Fahrzeug, von dem man sich nie wieder trennen möchte

Lebensgefahrzeug Mobil ohne erkennbare Bremswirkung oder andere fehlende Sicherheitseinrichtungen

Lechze haben (*katrisch*) Lust auf etwas Bestimmtes im Lukullischen Sinne haben

Leckerbömbchen (*fachausdrücklich*) kleine, sehr nett anzusehende Sexbombe

Leberplacebo alkoholfreies Bier

Leergeld (*effi*) so ne Art Pfand

Leergeschäft geschäftliche Transaktion, die eigentlich nichts zum Inhalt hat, aber trotzdem die Taschen leert, und damit etwas lehrt

Legastnethiker Person mit vorgeblicher Leseschwäche, dem es eben mehr um den ethischen Inhalt des Geschriebenen geht

Legdichmännchen resignierender Kumpel vom Stehaufmännchen

Legende Leg-Ende, Tod eines Huhns

Legonaut Erkundungsreisender im Reich der dänischen Plastikklötzchen

Legozentriker Klein- bis Großkind, bei dem sich alles ums Bauen mit Legosteinen dreht

Leichtenöter wenn's dem Knutschzonendrängler an Schwere mangelt

Leichter Seier (*fränggisch*) ein schwerer Schwipps

Leidkultur seit langem angestrebte, endlich erreichte gesellschaftliche Übereinkunft, dass jeder jedem etwas Leid tun, zu Leide tun oder sich selbst Leid tun soll (*engl.: light culture*)

Leinwandheld 1) Malerfürst 2) Mitmaler bei PuzzlePicturePaintings

leistungsträge (*gax*) nicht gerade übertrieben fleißig, z.B. „Ich bin ja schon faul, aber du bist noch viel leistungsträger als ich!"

Leitkulturfolger braver Staatsbürgerling ohne allzu viele Bedenken und Skrupel

lemmingen 1) keine Ahnung, wo es hin geht, aber einfach mal hinterher laufen 2) sich an eine wildfremde Clique anhängen

Licherkette Mischung aus stiller Gedenkfeier und Protestaktion, die sich zwischen zwei bis mehreren Büdchen (*Wasserhäuschen*) erstreckt

Lichtlust was Motten so antreibt

Liebelle eine liebe Schöne

lieberal --- (aus Chronik – Geschichte online: „Per Verordnung wird den bayrischen Pfaffen die Teilahme an lieberalen Veranstaltungen verboten")

Liebhader wenn's zum Liebhaber nicht reicht

Literatten selbstschriftstellernde Kritiker anderer Schreiber

Literaturglutamat bestimmte Art von Formulierungen meist aus dem sexuell anzüglichen Bereich, mit dem hauptsächlich Frauenliteratur geschmacksfreundlicher gemacht wird

Literaturminarette Architekturprojekt: innenstädtische Türme, von denen sonst arbeitslose Schauspieler fünfmal am Tag Gedichte und Aphorismen aus der Hochliteratur verlesen, um die vorbeigehende Bevölkerung mal für ein paar Augenblicke zum Nachdenken zu bewegen

Littlelenien *(geol.)* Land, in dem alles sehr klein und übersichtlich gestaltet ist; Heimat der süßen →*Winzessinnen*

Lochyoga *(utull)* ähnlich dem →*Lachyoga*, nur halt mit Lochen statt Lachen

locklackiert mit eindeutiger Absicht stark geschminckt

loddappisch unfreiwillige Komik ehemaliger Fußballer im Alltagsleben

Logorrhoe *(M.Beltz)* Sprechdurchfall

Lokoschade 1) verrückt nach Schokolade *(span.: loco)* 2) leider verrückt

löwsen ein Rätsel löwsen: bei Finanzierungsschwäche eines Unternehmens nicht Erträge durch externe Aufträge generieren, sondern ein Geschäftsführergehalt durch gerade eben erfundene Mitarbeiterabgaben zu finanzieren *(nach H. Löw).*

Lousitania Torpedierung der L. *(oder so ähnlich)*; Grund für den Eintritt der USA in den ersten Weltkrieg und vor allem die richtige, letzte Antwort zum historischen Sieben-Fragen-in-einer-Würfelrunde-richtig-beantwortet-Trivial-Persuit-Sieg durch APG (→*Klugschiss*).

Lovner ein Zwitter aus Lover und Partner (→*Befreundin*)

Luderphalle wenn man sich von einer hauptberuflichen →*Silikonkubine* in eine zwei-deutige Situation bringen lässt

Luftfische *(gax: lyrisch)* sehr fischosophische Fische, die ebenso leicht in der Luft wie in ihrer Gedankenwelt treiben

Luftgansa 1) Fluglinie mit extrem wachsamen Personal (H. Erhard: „Großer weißer Vogel") 2) Lufhansa auf Russisch (Olga)

Luftkellnerin fliegende Sandwich- und Getränkelieferantin (→*Saftschubse*)

Luftmäträsse aufblasbare Spielbekanntschaft

Lustrisiko Treffen mit schönen Frauen/Männern bergen ein gewisses L.

Luststreitkräfte Besatzung der Wehrmachtsbordelle

Lustwarze menschlicher Körperteil, wenn von seiner Säugefunktion befreit

Luziferien 1) Urlaub des Bösen 2) Urlaub vom Bösen

Luziferienhandel Laden, in dem man alles bekommt, was man benötigt um offenes Feuer umher zu tragen

M

Machmahall Tontechniker

Machmahell Lichttechniker →*Lampagne*

Mackenschalmei *(neuss)* Blockflöte

madammisch etwas étépétété

Mängelleere Zustand der Beanstandungslosigkeit

männchenscheu schüchtern gegenüber Wesen männlichen Geschlechts: „Ist nicht so, dass meine Schwester dich nicht mag, sie ist nur ein bisschen männchenscheu!"

Männermagnet 1) tolle Frau, die jede Menge Kerle nach Belieben und zum Belieben anzieht 2) Lesbianerin (→*Magnet*)

Männermangel Frau, die ihre Kerle so lange durch die Mangel zieht, bis sie komplett ausgequetscht sind oder keiner mehr da ist

Märklinik 1) Reparaturwerkstatt für Modelleisenbahnen 2) Scriptdoktorei für kaputte Märchen

Mäusejagd nutzlose Hatz nach wahrscheinlich Illusorischem *(wie die Katze, die dem kleinen Pfeil der Bildschirmmaus hinterher jagt, aber ihn doch nie erreichen wird)*

Mafifaosi Fußballfunktionäre, meist mit Teilzeitwohnsitz in der Schweiz, die ja bekannt-lich ein Problem mit organisierter Kriminalität hat

Magnet 1) Ausdruck spontaner Ablehnung eines eingebrachten Vorschlags oder einer dargebotenen Speise „Ich mag net!" 2) Stück Metall, das die wunderbare Eigenschaft hat, sich an Kühlschranktüren festklammern zu können

Mahatma Mahatmaniggs indischer Scheinheiliger

Maikeier eine Kaimauer, die viel zu schnell ausgesprochen wurde

Makabarett Aufführung schwarzen Humors

Makaberglauben Aberglauben mit negativem Ausgang

Makromad *(analog. superstupid)* Name des ersten deutschen Rapprojekts 1982 – 1985 mit GAX als Sänger, Texter, Kokomponist und Koproduzent *(erschienen bei RCA: 1000 Tage Fete)*

Maladesack *(hessisch)* →*Marottekopp*, der an einer seiner Vorlieben er-krankt ist

Mal-Asia *(frz.)* das schlechte Asien

Mamalappen Mischung aus Muttersöhnchen und Jammerlappen

Mangelwirtschaft Kneipe, in der es viel zu wenig oder einfach nichts mehr zu essen gibt (*wahrscheinlich Karlsruhe*)

Manitourist Ausflügler in die ewigen Jagdgründe

Mankoalition Zusammenschluss mit deutlichen Mängeln

Mankollaps Zusammenbruch aufgrund fehlender, aber unverzichtbarer Elemente, *z.B. Lehmankollaps aufgrund fehlender Hypothekenzahlungen*

Mankooperation fehlende Zusammenarbeit

Mannsch *(m)* evolutionärer Ableger des Menschen

Mannzipation *(m)* soziologisch regressive Bewegung zur Widereinsetzung des Mannes in frühere Rechte wie z.B. Stehpinkeln

Manträtsel sich ständig wiederholende, aber irgendwie nie richtig beantwortete Frage

Mantragödie übles Schicksal, dass sich ständig wiederholt

Manuela *(umgangsspanisch)* sich etwas selbst oder durch jemand anderen mit der Hand besorgen bzw. besorgen lassen (→*Eigenhandentspannung;* →*Emanuelita*)

Manuelnoia *(nach Manuel Neuer)* latent empfundene Angst des Stürmers oder des Ersatztorhüters vor dem Torwart

Mao-Masoschismus wenn man sich trotz Fluchtmöglichkeit freiwillig in ländlichen Regionen der tollsten →*Kaderdemokratie* aller Zeiten aufhält

Marcolepsie allmähliche Betäubung durch eine uninspirierte Erzählweise

Marionette 1) an Fäden oder Stäben geführte Spielfigur 2) Mädchen in blauen Latzhosen →*Supermarionette*

Marihuanalogie Vergleich, der einem nur einfällt und höllisch gut gefällt, wenn man was geraucht hat, aber nüchtern betrachtet eigentlich nicht funktioniert

Markenwelpen gutdeutsch für start-up-brands

Markenseuchen *(kommunikationswissenschaftlich)* 1) wenn eine Marke irgendwie unglücklich oder eben zurecht in Verruf gerät 2) wenn eine eigens angestellte Agentur für →*1* verantwortlich ist

Markenzeuchs *(pl. Markenzeuchen)* Krams mit Logos

Marquis de Schade eine Art Mr. Hyde, der als Alter Ego in Rüdiger Schade schlummert und dann erwacht, wenn man ihm dem Weg zum Buffet abschneiden wollte

Marottekopp spleenige Person hessischer Herkunft

Masograph 1) Gerät zur Aufzeichnung von Schmerzen 2) eine bestimmte Art von Schriftstellern

Ma'so-Ma'soismus wenn sich zwei Personen durch jeweilige Wankelmütigkeit gegenseitig quälen und das womöglich auch noch gut finden: „Ja, des is halt ma' so, ma' so!"

Massenmenschhaltung Wohnsilos in den Suburbs

Massenselbstmördereianordnung *(frei nach Ewger Seeliger)* großflächige Aufstellung zum Duell, Schlachtordnung →*Doppelselbstmördereianordnung*

Massepanik wenn man Angst hat zu dick zu werden

Masslshirt hebräisches Glückshemd

Masterknabe im Tonstudio für das Mastering zuständig

Materialist derjenige, der die Materialbesorgung für Krax-Kunstaktionen erledigt

Mathematik *(girliepedia)* Geheimwissen, dass die Kreditkartenunternehmen anwenden, um herauszufinden, was Vater zu bezahlen hat

Mattitüde eine gewisse aber besonders dumme Art sich zu geben

Maunzter Kosename für Katzenmonster (nicht zu verwechseln mit Monster-katzen)

Mausgangssperre Katzenarrest

Maustragungsort geheimes Versteck für durch mittelgroße Säuger halb-wegs erlegte Kleinstsäuger

Maus- und Clownseuche nächtliche Katzenkrankheit

maximal pigmentiert von dunkler Hautfarbe

Maxisterium *(res publica)* wenn ein Ministerium der großen Aufgabe nicht mehr gewachsen ist, kommt das Maxisterium und hilft, bzw. tut das, was staatliche Stellen für Hilfe halten

mean dishes wahrscheinlich echt harte Speisen *(aus der Menükarte des „IF Jazzcafe" in Budapest)*

Medikamentalist *(gax)* kann ohne Pillen keine Gedanken lesen, nicht mal die eigenen

Mecklenburg-Vorporno *(behnkisch)* teilentvölkertes aber wohl sehr freizü-giges Bundesneuland *(Wiedervereinigte Spermanischen Emirate)*

Meinungsfreiheit wenn man zu einem Thema oder einer Person keine Mei-nung haben muss

Meinungsverstärker Megaphon

Mehrfachbelustung alles oberhalb eines →*flotten Zweieinhalbers*

Mehrfachidiot wenn jemand in mehreren Disziplinen gleich verblendet ist

mehrfachsimpeln doppelt klugscheißen

Mehrtürium Lebensphase, in der man sein zweisitziges Cabrio gegen eine mehrtürige Familienkutsche mit Heckklappe eintauschen muss

Melankolik Magenschmerzen, die ihren Ursprung weniger im Organischen denn im Sentimentalen haben

memmenhafter Oberschullehrer ehrabschneidende Betitelung für gallig nörgelnde Besserwisser

Memmentaler Frühstückskäse für Weicheier

Memmokratie Herrschaft der ängstlichen Weicheier

Memorysiko die Gefahr, sich zu gut zu erinnern

mendeln Gene vermischen; umgangssprachlich für: mit jemanden fortpflan-zungsrelevante Arten von Geschlechtsverkehr ausüben, umständehalber sogar ohne sich für die Folgen zu interessieren

Mennopause wenn Frauen nichts mehr zu meckern haben

Mennorandum wenn man schriftlich bekommt, was Frauen zu meckern haben

Mennotekel wenn man vorausahnt, dass Frauen wieder was zu meckern bekommen

Menyrik *(sprich: Menürik)* kulinarische lyrische Textform von Caterern, die ihr Speisenangebot immer gerne zumindest verbal an das eigentliche Kon-zept des Abends anpassen wollen →*Kulyrik*

Merkeliavelli Regierungssvorsitzende in Tradition radikaler Fürstenghostwriter

Merkwürdenträger Person, bei der sich einfach niemand erklären konnte, warum und wofür sie eine Auszeichnung oder eine gewisse Position erhalten hatte; z.b. Arafat und der Friedensnobelpreis, Kissinger und der Friedensnobelpreis

Metabohlismus *(med.-psych.)* krankhafte Steigerung des Selbstwertgefühls aufgrund der Zerstörung bestimmter Hirnareale durch schlechte Musik (*D. Bohlen*)

meter maid Stundenmädchen auf dem Straßenstrich (weil sie an der Straße stehen und man Geld rein wirft, z.b. Beatles „Lovely Rita Meter Maid")

Methadonis diesen schönen Körper hat die Ersatzdrogensucht geformt

methanieren →*furternisieren* in gebildeten Kreisen

Methankammer Toilette, im günstigsten Fall mit eingebauter Entlüftung

Mettgesicht freundlich für Hackfresse

Meuchelpuffer zur Entfranzösisierung der deutschen Sprache erfundenes Ersatzwort für Pistole *(le pistolet)*.

Meshuggi leicht überdrehter Waffenhändler aus Zeros Abenteuer

Messalliance (Messi-Allianz) Verbindung mehrerer zur Schaffung einer Unordnung, die ein einzelner so nicht hinbekommen würde (z.B. Kunde, Controller, Verwaltungsjurist und zentraler Einkäufer)

messern Volksmund für: abstrafen; „wenn der besoffen nach Hause kommt, wird der erstmal gemessert!"

Messlatte katholische Erektion

Messiphus (Messsyssiphus) kann gar nicht so schnell aufräumen, wie er Unordnung schafft

Messypotanien echt unaufgeräumtes Land

Meuchelpuffer deutsches Kunstwort, kreiert als Ersatz für das französischstämmige Pistole anlässlich der Entfranzösierung der deutschen Sprache nach 1871

Meuchelstäbchen Zigaretten

Meufel *(belaisch)* Maulwurf

Miau Tze Tung die chinesische Katze

Michelwichtel deutscher Zwerg

Microsoft großer Konzern, der hauptsächlich Dinge herstellt, die „klein und weich" sind

Microsoftie MS-Dos-User

Midwifecrisis wenn Engländer mitten in der Ehefrau in eine Krise geraten

mies-en-bouteille *(frz.)* Korkenaufdruck, aus dem frz. etwa *„schon mies in der Flasche"*

Mietgefühl innere Regung in Folge einer bezahlten Kurzzeitbekanntschaft

Mietgliedschaft Zugehörigkeit, die eintritt, wenn Männer außengelegene Körperteile gegen Bezahlung verleihen (aus Chronik – Geschichte online:

„Der Radikalen-Erlass verbietet Beamten die *Mietgliedschaft* in politisch extremen Organisationen")

Migrantintegration fortlaufender Prozeß der Einbürgerung junger Ausländerinnen durch zB. Eheschließung

miketysoln (*sprich: meikteiseln*) jemandem in unangebrachter Situation ein Stück des Ohrs abbeißen

Mikrokini sehr kleiner Tanga

milchfreie Milch laktosefreie Milch

Milkaholic schokoladenabhängige Person

Millimetarismus wenn das Denken nicht für einen Zentimeter reicht

Mimikritiker gut getarnter Nörgler

mindelligent minderintelligent

minimalligent minimal intelligent

Minister kleiner Mister

Minnepfiff melodieartiges Blasgeräusch zur Anlockung möglicher Gespielen respektive Gespielinnen

Mienenarbeiter Schauspieler oder Darsteller, beherrscht verschiedene Mienen zum bösen Spiel →*Gesichtverleiher*

Misses Next Match (*uefa*) Einblendung nach gelber Karte, sinnbildlich: verheiratete Frau wartet auf den nächst Passenden

Miss Piggy Flu (*slanglish*) Schweinegrippe

Mister Bummbastisch (*shaggish*) Coverversion des Shaggy-Hits mit GAX als Übersetzer und Sänger (*erschienen bei BMG Coconut 1996*)

Mitleidcrisis (*sprich: Mitleidkreisis*) wenn die eigene Midlife-Crisis zu allem Übel auch noch von der Umwelt unbeachtet bleibt

Mittelständer (*n. Jan Hofer*) nicht klein, nicht groß, aber aufrecht!

Mittelstand (*bankdeutsch*) Alles, was Pleite gehen kann

MMID (*sprich: Emmid*) Bezeichnung für Westernwomen, die freiwillig mit einem Araber zusammenleben (Abk. f.: My Mohammed Is Different!)

Mobile Ethnische Minderheit polizeilicher Fachausdruck für nicht sesshafte Kleinst-völker in Deutschland (z.B.: Sinti, Roma, Holländer etc.)

Moderner Eindruckstanz Tanzen, um sich selbst zu gefallen

Möbelapotheke überteuerter Designerladen

Möbelzucht Schreinerwerkstatt

Möhren-Erbsen-Sperre (*saba*) kulinarische Verweigerungshaltung aus Ekel vor dem Dosengemüseklassiker

Moesnerace (*sprich: Mohsnäratschi*) mit elastischen Fingern sanft auf Molldur dahin gleitend; das kann nur unser lieber Moesnerace sein

Mö-Sound (*wenzlisch*) bestimmtes, leicht mittenlastiges Hintergrundgeräusch, das in unterschiedlichsten Musikproduktionen beruhigend auf Kunden und Zuhörer wirkt (→*Atmoesnere*)

Mohrleiche toter Afrikaner ohne Migrationshintergrund

Molekularküche wo es extrem kleine Portionen gibt

Molekular-Triologe Autor eines echt kurzen Dreiteilers

Molekulator 1) Koch für spezielle Anwendungen 2) Feinstzerstäuber

Monopollist List, die jemand ganz für sich alleine hat

Montagstier Tier, das von Gott offensichtlich an einem Montagmorgen nach einem äußerst anstrengenden Wochenende etwas lustlos gestaltet wurde (*z.B.: Mastinos, Rehpinscher, Pekinesen etc.*)

Monteur de la Fresse Zahnarzt, Gesichtschirurg

Moppelzirkus Weightwatchertreffen

Morbus Bahlsen *(med.,* meist als m.b. auf Patientenblätter vemerkt) adipöser Patient →*Keksfriedhof*

Mordenland *(geogr.)* vornehmlich von Kittelträgern besiedeltes Teilgebiet des Planeten, in dem man es mit dem Menschenrecht auf Leben nicht immer so ganz genau nimmt →*Selbstverteilungsattentäter*

Morderator Mensch, der zu allem Unglück auch noch oft mit einem Mikrophon bewaffnet, jede akzeptable Form von Sprache und Grammatik hinmordet bzw. gründlich vernichtet (z.B.: Kiesbauer, Brehmer etc.)

Mordkorea ostasiatischer Schurkenstaat

Morgenfrauen (n.) das Morgenfrauen überkommt einen parallel zur Ausnüchterung

mormoneller Stress zu viele Schwiegermütter

Mormontherapie Behandlungsmethode gegen Langeweile im häuslichen Eheleben durch gezielte Vermehrung von Schwiegermüttern

Motherfugger geldgieriger Kredithai, der sogar von seiner Mutter Zinsen nehmen würde

Mottokiste Ansammlung hülsenartiger Sprüche und Merksätze zur Benamsung meist ebenso inhaltsknapper Veranstaltung *(→Bullshitbingo)*

mottieren eine Veranstaltung unter ein angemessenes Motto stellen und dementsprechend betiteln *(→Mottokiste)*

Muckefuck Malzkaffee; bohnenlose Gemeinheit *(nach Otto Reuter)*

Mudscheibe *(sprich: Mattscheibe)* Bezeichnung für Fernsehröhren, vornehmlich in den Nachmittagsstunden benutzt, wenn sich das →*Prekäriat* in Talkshows gegenseitig mit Schmutz bewirft

Mülch *(österdeutsch)* Bezeichnung für hellhäutige Mädchen *(→Kakao) nach Supermax: „Hörst Oalda, wennde oanmoal en Kakao g'trunke hoast, dönn broachst ni widder oa Mülch!"*

Mültikültürkei *(pol.)* utopistische Version eines Osmanenstaats, in dem auch Christen und Kurden frei leben können

Münzmallorca *(teenagermanisch)* Solarium

Muh-Barack ägyptisch für Kuhstall

mulimedial soviel Fernseher, wie der Esel tragen kann

Multartist Multimediakünstler

Multiple Erektose *(medizinisch)* massive Schwächung des sowieso nicht stark ausgeprägten männlichen Widerstandswillens durch zu häufige Stimulation des Sexualzentrums

Mumienschieber 1) alt gewordener Gigolo 2) Tanz zweier älterer Damen, denen der alt gewordene Gigolo auf natürliche Weise abhanden gekommen ist

Mundartistik schön oder schnell sprechen

Mundraubtier alles, was sich verbotenermaßen vom Menschenteller bedient

Mund-zu-Ohr-Propaganda die viel effektivere Werbemothode

Murksolini der schlechteste aller möglichen Diktatoren, wahrscheinlich Berlusconi

muschebubu (*sächsisch*) schummerig, dämmerdunkel (→*Frauenschonlicht*)

Muschelschubser (*clemisch*) Küstenbewohner (*wahrscheinlich Friesland*)

Muschik speziell komponierte Eröffnungsmelodie für den Gynäkologenkongress

Muschikal Cats und Aristocats

Muschikatzenpuppen singende Hüpftruppe knapp bekleideter Animierdamen aus Lost Angeles *(engl.: Pussycat Dolls)*

Muselmaniakke fundentamentaler Vertreter einer orientalischen Religion →*Aberglaubenskasperverein*

Musical (*Musik Theater*) die gelungene Mischung aus Story, Musik, Gesang, Tanz, Kostüm, Bühnenbild, Lichtspiel und Video, mit denen das KaHouse seine Kunden am allerliebsten inszeniert

Musicko Audiomaniakke

Musickologie fanatische Lehre von der guten Musik

Musikalauer schlechter Bühnenwitz mit Musikbegleitung *(wahrscheinlich D. Bohlen)*

Musiksöldner (*moes*) Bezeichnung für die üblich flüchtigen →*Instrumenteilzeitkräfte* bei Unterhaltungsorchester

Muskelgürtel der sich um eine Stadt ziehende Ring von Anrainergemeinden, in deren Industriegebieten zwar günstiger versteuert wird (Speckgürtel), die aber der Stadt trotzdem einen Mehrwert bringen

Muslimex eine Art Semtex, das letztlich mehr Muslime als Ungläubige erledigt hat

Mussaka-Massaker das, was jemand anrichtet, der griechische Nationalgerichte aus dem Gedächtnis nachzukochen versucht hat

Mutantenstadl Fernsehstudio im Holzalmhüttenimitationslook zur talentfreien Darstellung angeblicher Volksmusik →Volkslärmscheune →*Vollblödback*

Mutterbrot völlig aus der Mode gekommenes, persönlich von der Mutter geschmiertes Pausenbrot

Mutti Staat hat dank Merkel und Konsortinnen „Vater Staat" durch das Matriarchat abgelöst

Muttitasking lass das mal die Mama machen

Muttivation   Wenn man den leicht beschleunigten Ehrgeiz der Mutter zu erfüllen hat (*wahrscheinlich Eiskunstlauf und Lesewettbewerbe*)

N

Nachbarschaftsbredouille   wenn des nachts brave Bürger üm die Häuser streifen um sich in Schwierigkeiten zu bringen

Nachbevölkerung   Alles, was ein junges Ehepaar zur Familie macht und früher ins Bett muss

Nachgeburtstagsfeier   (*natschisch*) wenn man aus beruflichen oder anderen Gründen an seinem Geburtstag erst ein paar Tage später feiern kann, kann man das mit diesem sehr missverständlichen Wort tarnen

Nachnachbarn   die Nachmieter der Nachbarn

Nachnüchterung   (*von Nachhernüchterung*) wenn einem am nächsten Tag klar wird, was man im Suff so alles angestellt hat

nachschlauen   etwas in einem gewöhnlichen Lexikon oder eben besser im Braxel nachschlagen oder nachschauen, um dann möglichst schlau zu wirken (*schmutzige kleine Erinnerungsfetzen*)

nachtaktiv   üblicherweise im Dunkeln zu Werke gehend; Grzimek: „Eulen, Fledermäuse und Barkeeper sind nachtaktiv!"

nachvollstehen   etwas, das einem anderen passiert ist, im Nachhinein intensiv intellektuell verstehen und emotional vollziehen

Nackaturtastrophe   (*nach Thomas Wenke*) Person, nackig nicht sehr ansehnlich

Nacktäffler   (*biol.*) ihres Fells großteils verlustig gegangener Nachfolger der Australopoiden →*Frühmensch* →*Austrialopoiden*

nacktaktiv   nicht nur im Dunkeln zu Werke gehend

Nacktschwärmer   begeisterter Nudist

Nähklischee   allgemein verbreitete Vorstellung, nach der stoffsparende Bekleidungen für den Aufenthalt in sowieso verdunkelten Zimmern hergestellt werden

nah am Schlauch   begriffstutzig, von „*steht zwar immer noch nah genug am Schlauch, kapiert es aber noch nicht.*"

Nannykratie   Herrschaft einer stets gutmütigen, aber besserwisserischen Kindergärtnerin

Nanochtel   1) winzigkleiner Wichtel 2) Mitarbeiter unterster Hierarchiestufe im Finanzamt

Nanotel   Hotel mit sehr winzigen oder sehr wenigen Zimmern

Natschismus   Bewegung, die sich zum detailreich gedeckten Tisch bekennt

Natscho   (*natschoman*) ein Kerl, dessen weibliche Seite ihn zwingt, Tischdekorationen entweder zu basteln oder einfach nur gut zu finden

Nationaleiertag Ostern →*Eiersuchgriff*

native eater jemand, der zum Beispiel indisches Essen besser verträgt, weil er aus Indien kommt

NATO *(nach Miro)* Nordatlantische Terrororganisation

NATOderfahrung was man so hat, wenn man ein aufgeblasenes Militärbündnis unnötig reizt

naturtrüb nicht ganz klar, kann aber nichts dafür *„Komm, lass'en gehen, der ist doch naturtrüb!"*

Nebelkatze kleine in der Art einer Nebelkrähe krächzende Katze *(auch: Nebelkratze)*

Nein! Lernstoff der ersten zwanzig Doppelstunden des Frauenrhetorikkurses

negageil (von negativ + geil) antisuper

negal wenn es eben nicht gleichgültig ist

Negarier Deutsche mit stark pigmentierten Migrationshintergrund

negative Empathie Schadenfreude

Negativ-Irokese Frisur eines Mannes, dessen Vegetationsgrenze bei einer Körpergröße von 1,80 bei 1,78 liegt (Beispiel im Einzelfall bitte selbstständig umrechnen)

Negermane Afrikaner mit deutschen Migrationsvordergrund; oder umgekehrt

Negermanien Kamerun, Namibia, Tansania, Sansibar (Kaiserreich)

Negropolis schwarzes Ghetto in den Großstädten der USA

Nerde parallelweltlicher Planet in den Köpfen von →*Digiholics*

Nerdic Walking der Trendsport für echte Nerds: mit zwei Netzwerkkabeln in der Hand durchs Haus laufen

Nerdling Bewohner einer digitalen Parallelwelt

Nerdmännchen kleiner IT-Spezialist (wahrscheinlich DOS)

Nervensäbel das langvermisste männliche Gegenstück zur Nervensäge

Nervenkostümdesigner eine Art Psychiater, der aber statt vergangenheits-eben zukunftsbezogen vorbehandelt →*Nervenköstümverleih*

Nervenkostümverleih 1) Apotheke für Psychopharmaka 2) Bar, in der man sich Mut antrinken kann

Nettiquette Höflichkeitsregeln im →*Weltweitgewebe*

Networking (moes; aus dem hesso-anglischem: net=nicht, working=arbeitend) Networking beschreibt die Fähigkeit, die Arbeit anderer unter eigenen Namen zu vermarkten, ohne dabei selbst zu arbeiten.

Netzbeschmutzer Blogger zu Überflüssigkeiten wie Hobbies und Adelsschicksalen

Neureich Bimbeshausen Spottname für die TSG Hoffenheim *(jetzt erste Liga)*

Neuropäer alle, die aus Angst Pleite zu gehen sich plötzlich als Europäer fühlen

Neuronaut Erkundungsreisender im eigenen vegetativen Nervensystem

Neurosenbombe Kriegseröffnungswaffe, meist zusammengebraut aus Schmähungen, Erniedrigungen und Rücksichtslosigkeiten aller Art

Neurosi leicht verwirrtes Nachwuchsdirndl

Neurosicki durch emotionales Umfeld leicht zu beeindruckender Fußballer *(früher Prag, Dortmund, jetzt England: Neurosicko)*

Neurosweeta immer noch überdrehtes Alpenumlandmädchen, aber irgendwie süß

Nich *(n.)* das Nich umschreibt all die ins selbstbestimmte Ich nicht integrierbaren Teile der Seele

Nichtsdestotrotzkopf ein wirklich sehr uneinsichtiger Trotzkopf

Nicoletten Zigaretten

niedergebayert werden *(groeb)* von einem bauernschlauen Lederhosenträger ganz ohne Fingerhakeln über den Tisch gezogen werden

Nikeletten amerikanischer Gegenentwurf zum deutschen →*Volksduschschuh*

Nikotinkonferenz Treffen vor Hauseingängen

Nikotinlaufstall Glaskäfige auf Flughäfen →*Hustergehege*

Niveaulimbo der gegenseite Versuch sich in Anspruchs- und Geschmacksfragen doch noch zu unterbieten

no-barbi-double-ken rosa Pärchen ohne Prinzessin

Nölenauze der nörgelnde Kater

Nolita (Abk. No Lolita) nicht mehr ganz tauschfrisches Mädchen

nonsensationell eigentlich nicht komisch, aber dann doch irgendwie

nonsensibel empfänglich für Quatsch

Nonsensorium 1) wenn man nichts mehr spürt 2) Selbsterfahrungsausstellung des gehobenen Bewußtseins

norddeutscher Promillehumor aus →*Gabiko* geboren und nur mit Gabiko zu ertragen

Nordic Posing auf einen Skistock gestützt lässig im Bild rumstehen

Nord-Lüdenscheid Dortmund für Schalker

Normaliban jemand, der seine Umwelt mit seiner nervtötenden Durchschnittlichkeit terrorisiert

Normopath jemand mit pathologischer Sucht nach Regelwerken und Gleichförmigkeit

Nudelstreifenhemd Nadelstreifenhemd, nachdem es mit R. Schade beim Italiener zum Essen war

Null Null Zero – Im Geheimdienst Ihrer Mayonese *(krax)* Titel einer Geschichte, in der Zero als eine Art versehentlicher Doppel-Null-Agent die Welt der Geheimdienste durcheinander bringt

Null-Plus-Ultra totale Fehlleistung; das eigentlich für unmöglich gehaltene Maximum an Versagen

Nummernschildbürgerstreich *(pol.)* Ramsauers →*Bürgeranbiederungsversuch* mittels eines Romantisierungsvorschlags zur freien Vergabe von Kennzeichen

Nuschelhilfe Mobiltelefon
Nutsis *(eng. Gesprochen: Nazis)* völlig durchgeknallte Faschos
Nuttella *(ital.)* kleines Flittchen
Nuttensportschuh sehr hochhackige Schuhe, nicht zum Laufen gemacht
Nuttivation *(nach York B.)* wenn man wenig Lust verspürt, wegen dem bisschen Sex vorher auch noch zu reden oder womöglich ein Essen zu spendieren

O

Obama Ersatzkasse aktuell geplantes Krankenversicherungssystem in den USA
OB-Arena Stadion für Frauensportarten
o.b.e. *(mysteriös)* out of body experience; in besonderen Fällen auch als „out of brain experience" zu beobachten (→*p.o.b.e.*)
Oberjammergau Heimstatt von Weh und Klagen
Odehrlichkeit *(psych.)* die Wahl zwischen zwei Wahrheiten haben und dem anderen die Entscheidung überlassend
oder? *(fleng gram.)* grammatikalische Sonderform der Rückversicherung feststehender Behauptungen, z.B. Fü: „Jetzt erinnere ich mich wieder an dich, oder?"
odern *(fleng)* einen Satz od. eine Behauptung odern; Spekulationen über bereits gesicherte Erkenntnisse neu entfachen
O.E.O. *(abk.)* Ortenberg Eckartsbronx Oberdorf, der Luftkurzufluchtsort in Osthessen schlechthin *(Anm. d. Red.: weil man kommt schlechthin)*
Öffentlicher Personensehrnahverkehr *(sex.)* eben genau das *(nach John Lennon: „Why don't we do it in the road?"*
Ökel *(unpolitisch)* anwiderndes Gefühl gegenüber einer bestimmten Art von Personen und deren ideologisch verbrämten Öko-Fanatismus
Öligarchie *(neu-arabisch)* vorherrschende Regierungsform in allen Staaten, die dem Petrolismus anheim gefallen sind; alternative Schreibweise: *ÖligArschie*
Ördöflerör *(neu-türkisch)* Sammelbezeichnung für verschiedene türkische Vorspeisen
Ohne-Oben-Bar *(mojzisch)* Ort für kopfloses Betrinken
Ohnomoment der Augenblick, in dem man merkt, dass man einen Riesenfehler gemacht hat
Ohrakel *(audio)* Man hört was, aber man weiß nicht, was es bedeuten soll
Ohrkäster *(audio)* echt schlechte Kapelle
Ohrtist *(med.)* Musiker, der nur und ausschließlich seine eigene Musik mag

Oingo pragmatischer, kommerziell geleiteter Bewohner des kleinen Tums Oingobaahkei (→*Baahkie*)

Oingobaahkei kleines Tum, dessen exakte geografische Lage aufgrund mangelnder Größe leider nicht zu bestimmen ist

Okrakel *(bio.)* Paul, das Krakenorakel, auch →*Krakorakel*

Olfaktorno Geruchsporno

Oldtimercorso wenn die Rentner in z.B. Büsum mit ihren →*Fersenporschen* über die Promenade ziehen

Ollinklusive was man so alles mit einem Olli mitgeliefert bekommt

Omannografie genervt gemalte Bilder

Omik, Omedy der herzliche Humor der Großmütter

Onanie 1) Liebe an und für sich (→*Egonanie*) 2) Sex „mit einem Menschen, den ich sehr liebe!" *(nach Woody Allen)* 3) sinnvolle Gesprächsvorbereitung vor einem Rendezvous mit einer viel zu gut aussehenden Frau *(Anm. d. Red.: weitere Bedeutungen in der Bibel unter Onan googlen)*

one-pack kugelbäuchige Bierplautze

Ondolette Haarchemikerin zur Herstellung von Komikerfrisuren z.B. Atze Schröder

ongarnieren nach Jess Jochimsen und der ist auch der einzige, der genau weiß, was es heißt

Opanik Angst vor dem Großvater

Opel Mantra Gebetsformel vor dem Anlassen „Spring bitte an, spring bitte an, ..."

Optimistkerl jemand, der sich einer schönen Frau mit unverfrorener Chuzpe und eindeutigen Absichten nähert

Optopussy optimal gut aussehenede Schmusekatze

Orakellner vor verschiedenen esoterischen Hintergründen vor sich hin plappernde Zukunftsvorsager →*TVauguren;* →*DesAstroTV*

Orang Pedeng fabelhafter Waldmensch auf Madagaskar, der Sage nach das missing link zwischen Homo Sapiens und Orang Utan

Ordnungsstrafe wenn man was aufräumen muss

Organigram innerer Ärger über alle Tätigkeiten, die ausschließlich zur Aufrechterhaltung der Hierarchie erledigt werden müssen

organisationsbefreit unbekümmert in einem übergreifenden Sinn

Organisatisfaction *(dadapop)* 1) eben genau das 2) Genugtuung, die jemand empfindet, nachdem er endlich mal wieder seinen Schreibtisch aufgeräumt hat

Orgasmuslima zu Allahs Freude sexuell ebenso befreite wie in dieser Angelegenheit erfolgreiche Orientalin

Orientierungs-Aids *(fleng)* Ortsfindungsschwäche

Oritation *(sinaisch)* geistiger Grenzzustand genau zwischen Orientiertheit und Irritation; auch intransitiv: „Ich bin oritiert"

Orkanisator Person, die hauptsächlich viel Wind macht, aber wenig erledigt bekommt

Oropalak *(spotsch TuT)* Europapokal

Orthodochsentour Wallfahrt in Griechenland und Russland

Osamabin Runterladen *(nach Prinz Pi)* Bezeichnung für Internetterroristen, die Musik parasitär kostenlos aus dem Netz ziehen

Osama war Laden Vergangenheitsform nach Abschuss des Terroristenführers

Osk *(saba)* Trinkhalle, der aber die gute Energie „Ki" abhanden gekommen ist und nun nur noch ein schnöder Ort der Versorgung ist

Ossimist jemand, der glaubt, die Wiedererichtung der DDR wäre sinnvoll *(→Wessimist)*

Ossitation Abschluss in DDR-Wissenschaften

Osstess männerfreundliches Wesen mit Geleitfunktion, hauptsächlich aus Russland, Rumänien und der Ukraine bzw. was davon übrig ist

Osteria DDR-Pizzaria

Ostmose ewig fortwährender Finanzausgleich zwischen alten und neuen Bundesländern

Oxymoron ein Kombination aus scheinbar widersprüchlichen Wörtern, z.B.: Herrenlose Damenunterwäsche

P

paarungsverhaltensauffällig 1) rollig 2) locklackiert 3) überparfumiert (Anm. d. Red.: meist alles gleichzeitig)

Packbank öffentliches Sitzmöbel meist in der Nähe von Kiosken

Packistan Land, aus dem Pack kommt *(Anm. d. Red.: also fast jedes Land der Welt)*

Packtikant Seilschaftsanlernling *(wahrscheinlich VW oder Siemens)*

Pädophilister kinderliebe Anhänger des katholischen Stellvertreters *(Carr: King of the Pedos)*

Palim Palim (Hallervorden) 1) Lautmalerei, die einem anderen zu verstehen geben soll, dass er die gerade stattfindenden Vorgänge nicht wirklich verstehen möchte 2) gesprochene Ersatztürklingel

palimpieren jemanden von den eigentlichen Vorgängen hinter seinem Rücken ablenken

P.A.M. paar aufs Maul!

panloyal durch Gültigkeit in eigentlich alle Richtungen *(pan-)* irgendwo dann doch leicht entwertete Loyalität

Panoramabad orientalische Naherholungsstätte *(wahrscheinlich irgendwo in der Nähe von Bagdad, Islamabad und anderen solchen Orten)*

Panaroma universell einsetzbare Gewürzmischung zur Zerstörung fast aller Gerichte *(wahrscheinlich Maggi)*

Panikraum wirklich schlimm eingerichtetes Zimmer voller schrecklicher Möbel →*Albraum*

Panzerschokolade Metamphetamin für den kampfverpflichteten Landser →*Hitler Speed*

Papagay schwuler bunter Vogel

Papierkrise Erschütterung des Glaubens an den Wert bedruckter Papierchen (jetzt plötzlich toxisch) durch Banken und Staat durch Entwertung jeglichen Papiers (→*Finanzkrise*)

Papiernavi Stadt- oder Straßenplan der herkömmlichen Art

Paprikanten (schrö) Kosewort für Paprikaschoten

Parcourdistan Land für spaßgetriebenen Hindernislauf

Paradieckmann was der Herr Bildchefredakteur so zu vermelden hat

Paradiesseits Garten Eden im Hier und Jetzt

Paradiesvollidiot *(olijay)* exzentrischer Trottel

Parallelshalom Frieden auf beiden Seiten der Israelischen Mauer

Paranirvana also irgendwie das genaue Gegenteil vom Nirvana

Paranoidee großartiger Angsteinfall

Paraoke (*gr.-jap: gegen die Kehle*) improvisiertes Singvergnügen mit unzureichenden Textvorlagen vorgetragen von kaum musikalisch vorgebildeten Spontansängern

Paraplüschtier regenbeschirmte Teddybären

Parasithar (*gr.-ind: gegen die Gitarre*) was der Gitarre Strom oder Klang abzieht

Parisiten Taxifahrer in Paris

Parkuhr neumodische Straßensportart, bei der man sich nah an geparkte Autos stellt und Groschen einsammelt, oder so ähnlich *(französisch: parcours)*

Parter of Choice *(dschänisch)* der die Wahlmöglichkeiten zerteilt

Partnerschaft röhrenförmiger Hohlkörper, der nur einem bevorzugten Partner →*zur Verführung gestellt* wird

Partyna *(kosmetisch)* die Spuren der Nächte auf der Haut der Übernächtigten

Partyontologe (party-on-tologe) jemand, der weiß, wo man weiterfeiern kann *(spanisch: Dondeconiovamologe)*

Parüdie Selbst-Imitiation durch Rüdiger Schade

Parüdies Garten Eden in Form eines ebenso ein- wie ausladenden Frühstücksbufftets (*wahrscheinlich Parkhotel Bremen*)

Passionsspiele wenn man so tut, als ob Leidenschaft im Spiel wäre (*Anm. d. Red.: Frauen können Orgasmen vortäuschen, Männer ganze Beziehungen →Kachelmanko*)

Passivdenker jemand, der von den Gedanken in seiner Umgebung in Mitleidenschaft gezogen wird

Patschscreen taktilempfindliches Handydisplay für dicke Finger

Pazifisting 1) Befriedung mit Mitteln der körperlichen Gewalt 2) wirklich ungehörige Foltermethode

Pauschalterrorismus Organisationsform von Billigflugreisen, mit denen Massen von benimmlosen Menschen an einen anderen Breiten- und Längengrad verfrachtet werden können, um die dort Einheimischen mit teutonischem Brauchgut zu erschüttern

Pauschalterrorist zum Fanatismus neigender Mensch, der sich zum Selbstmordattentäter ausbilden lässt, um sich dann für billig Geld und 40 Jungfrauen an irgendeiner Ecke der Welt für irgendetwas Beliebiges in die Luft zu jagen.

P.E.D. Post Event Depression 1) als Gast: wenn man am nächsten Morgen aufwacht, und nichts mehr besitzt als ungewisse Erinnerungen 2) als Mitarbeiter: wenn man in der Entschleunigungsphase nicht rechtzeitig was zu trinken bekommt, bzw. wenn das schon auch nicht mehr hilft

Pedalomat son neumodisches Elektrofahrrad

Pellegrigio italienische Weißweinschorle

Pelztrusche *(esbergisch)* Katze aus der Sicht von Vögeln *(→Federmatz)*

Pelztruschenusche Katzenbesitzerin

Pennerpauschale Kleingeldspende an Berber

Permanenstruation unerwünscht lang anhaltender Dauerzustand der hormonellen Unausgewogenheit *(→Mennopause)*

Persönlichkeitsgespaltung *(schrö)* wenn man aktiv an seiner Schizophrenie arbeitet

Persona non gata wörtlich: Jemand ohne Katze, im übertragenenn Sinne: Jemand, den man nicht mag, weil der keine Katzen mag

Persona non Grappa wer sich beim Italiener so unbeliebt gemacht hat, dass er nach dem Essen keinen Traubentresterschnapps mehr angeboten bekommt

Perückenkarpfen *(kalköfisch)* Chefschlagersänger Florian Silbereisen

Pet-a-Pet Rendezvous eines Haustierbesitzers mit einer Haustierbesitzerin, die ihren Tieren beim ferkeln zuschauen müssen, weil sie sich selbst nicht trauen

Petbull *(gax)* Streicheldogge

Petty Dejoyner *(anglo-frz.)* kleines, für Amerikaner in Paris recht freudloses Frühstück

Pettiköter germanisierter Plural von Petticoat

Pettiküre Füße an aufregenderen Stellen eines anderen Körpers reiben

Pfählverhalten irgendwie unangepasst übertriebenes Strafverhalten gegenüber einer schuldigen Person

Pfaffengürtel Landstrich in Bayern (ähnlich dem Bible Belt in den USA)

Pfaffentempo also eher langsame Geschwindigkeit wie z.B. in „Er schlendete mit einem Pfaffentempo um die Ecke"

Pferdtuschung wenn man versucht ein Gaulgesicht mit viel bunter Schminke in etwas Ansehnliches zu verwandeln

pföteln wenn die Katze ihre Pfoten mit eingezogenen Krallen in das Gesicht ihres Dosenöffners drücken

Pfostenvoranschlag (*saba*) eine mit Hilfe eines kräftigen Balkens vorgetragene Ankündigung

Phämomen erstaunliche visuelle Erscheinung weiblicher Art

Phänomemesis wenn man sich mit bestimmten Erscheinungsformen identifiziert

Phallokratie *(dt.: Schwanzokratie)* politisches System unter Kasberlusconi

Phallosophie Schule des Denkens mit anderen Körperteilen

Phallstudie Untersuchung bestimmter Körperteile zum Zwecke des Größenvergleichs

Pharmasutra Stellungsvariantenlehre nach Genuss blauer Diamanten

Pharmer Bauer, der gentechnologisch verändertes →*Genüse* anbaut

pharmidabel wenn es einem aufgrund der richtigen Medikamente wieder gut genug geht, dann „*geht es mir pharmidabel!*"

Phonekel schlimme Stimme, schlimmer Dialekt oder schlimmes Geräusch, bzw. das Gefühl, das eins von dreien auslöst

Photosynthese 1) biologischer Vorgang bei der Verwandlung von Licht in Zucker 2) medialer Vorgang bei der Verwandlung von Wahrheit in Lüge durch Manipulation in Photoshop

Phrasenmäher Sprechblasenhersteller

Physiktherapeut jemand, der mit der scheinbaren Sicherheit physikalischer Erkenntnisse beruhigend auf seine Patienten einzuwirken versucht (Angela Merkel, Physiktherapeutin der Nation)

Pianotorte wahrscheinlich junge Sängerin, die sich mit der festen Absicht der Erregung entweder des Pianisten oder des öffentlichen Ärgernisses auf einem Flügelklavier rekelt.

Piggerei *(frz. Cochonerie)* eine Schweinerei eben →*Wildsauerei*→*Eberei*

Pille *(med.)* wichtiger Teil des Zeugenschutzprogramms

Pilsrahmsuppe Suppe von Budweis, Becks oder Jever (*Geheimrezept*)

Pilssuche nächtliches Abklappern der näheren Umgebung nach einer immer noch geöffneten Schänke

Pips *(nach: Klappmaul Sofa-Trilogie)* das Ding, das am Reißverschluss-Zipper dran ist, um daran zu ziehen

Pissness eine Art *Scheiß*geschäft, aber nicht ganz so schlimm, da nur ein kleines Geschäft

Pitch Vorgang, bei dem Unternehmen die kreativen Ressourcen von Agenturen aussaugen, um sich dann nachher doch für die falsche Idee zu entscheiden (→*Cut*)

Pitchbull 1) Werber, der kämpferisch und verbissen an einen →*Pitch* geht 2) Werber, der kämpferisch und verbissen an einen Pitcher geht

Pitschepampe *(saba)* echt leckeres Handgestampftes bei dessen Anblick einem direkt das Wasser im Munde zusammenläuft (Pitsche kriegen)

Planet der Pfaffen Horrorvision für den gesundeten Menschenverstand (*wahrscheinlich nie Hollywood*)

Plapperatschik Mensch, der aufgrund seiner hohen hierarchischen Stellung straflos Blödsinn daherreden darf

Plapperschlange zweibeiniges Sprechreptil, meist auch an gespaltener Zunge zu erkennen

Pluspamverquatsch jede Art von Geschwätz, das noch dümmer ist als das, was das leider weltweit bekannte Silikondenkmal Pam Anderson so von sicht gibt

PMS Post Media Sklerose; Krankheit, bei der die Muskelmasse durch permanentes Fernsehen extrem geschwächt wird

p.o.b.e. (*gax*) permanent out of brain experience; Steigerung der →*o.b.e.* in einen ständigen Zustand; gesprochen „Sorry, aber wenn du das ernst meinst, dann bist du leider pobe!"

Pogonauten Springtanzteufel im Blauefleckenuniversum

Pointenmechanik Lehre von der zwanghaften Wirkweise des Witzes

Pointensprung wenn ein Gag oder Witz plötzlich aus seinem angestammten Umfeld verschwindet und anderorts unvermutet (Anm. d. Red.: und meist auch unerwünscht) wieder auftaucht

Polaräusch (*fleng*) typisches Austrittsgeräusch eines belichteten Sofortbilds aus einer billigen Polaroid-Kamera

Polenta Italienische Sättigungsbeilagenpolizei

Politioten Berufspolitiker aller Couleur, deren Fachwissen sich auf politische Formate statt auf Inhalte beschränkt

Politik der Umgang von Menschen untereinander, die stets Kooperation als Deckmantel für Kompetition ausbreiten

Polizyste die uniformierte Eiterkeit in meist weiblicher Person

Polkaoten wildtanzende Volksmusiksfreunde

Pollitiker jemand, der seine politischen Entscheidungen vornehmlich nach Umfragewerten (*engl.: polls*) trifft

polyreligional (*katrisch*) gleichzeitig auf mehreren Wegen ein und denselben Gott huldigend

Pomanschetten extrem kurze Hotpants

Pomenadenmischung Jungs mit echt viel Gel in den Haaren

Ponte inside Bezeichnung für den akuten Vorgang des Vergessens

Popolarität allgemeine Bekanntheit durch einen besonders hübschen Hintern, z.B. Shakira, Jennifer Lopez

Popperette 1) Musikalisches Bühnenstück mit durchgängigen 4/4 Takten und leichten Stimmen (→*Rockerette*) 2) weiblicher Popper 3) (*pseudofrz.*) einvernehmliche Sexualpartnerin, im Sprachgebrauch: „Nee, das ist nix Ernstes, das ist nur meine Popperette!"

Poppmmonnaie Sammelgeldbörse für Sonderausgaben (→*laufende Kosten*)

Popprechte 1) durch Heirat oder Bestechung erworbene Ansprüche auf sexuelle Dienste 2) Betonung solcher Ansprüche „Ich poppe auf mein Recht als Frau!" (*Versprecherin der Redaktion bekannt*)

Poppweite Minimalentfernung zwischen zwei Menschen, die unterschritten werden muss, um Körpersäfte miteinander auszutauschen; oft in Negation gebraucht als Außerpoppweite, z.b.: „*Bei der kommst Du nicht zum Schuss, da hast Du Außerpoppweite!*"

Porisma Ausstrahlungskraft eines wohlgeformten und/oder sich extrem geschickt bewegenden Hinterteils

Pornitologe studiert irgendwas mit Vögeln

Porno Doornkaat deutsches Pendant zu *(ital.)* Eros Ramazotti oder *(yug.)* Ficki Slivowitz; also Getränke, die im allgemeinen als Dosenöffner eingesetzt werden

Pornophonie 1) Kunst der Hörbarmachung all jener Dinge, die in der bildgebenden Pornographie nicht gezeigt werden dürfen 2) hörbar spezielle Atemtechnik mit leicht asthmatischen Anklängen

PortemoNee! kleines Stoff- oder Lederbörse ohne Inhalt; im Sprachgebrauch: „Hast Du noch Geld dabei?" „Nee!"

Portugiesela kleiniberische Hausfrau mittleren Alters

Postismus 1) Heftige Neigung, auf eine peinliche Art und Weise perfekt sein zu wollen, um dann umso gründlicher zu scheitern 2) Neigung einer klebrigen Masse (z.B. Bauschaum) ihre klebrigen Eigenschaften auch gegen die Erwartung des Nutzers tatsächlich zu erfüllen

Postituierte Gelegenheitsbriefträgerin meist mit Verspätung

Postleitzahlenneid wenn man gerne in einer besseren Gegend wohnen möchte, es den anderen aber nicht gönnt

postnatale Abtreibung spät eingeleitete Entsorgung ärgerlicher Nachkommenschaft

Postraubtier alles, was einem eigentlichen Raubtier an Hausgefährte genetisch nachgefolgt ist (Katze, Hund)

Potentrepzept wenn man eine Anleitung hat, die einem sagt, wie es gehen könnte, wenn man kann

Powerplayboy Schwerenöter, der die Damen gerne in die Defensive treibt

prämonstruös *(fleng)* nerviger Zustand einiger Frauen, bevor die Indianerwoche eintritt (Rothaut)

Präsenzbibliothek drei bis fünf Bücher anwesend, aber allesamt ungelesen

Prallinée alles was an einigermaßen Geschmackvollen mit dem Schuhlöffel in den Ausschnitt gestopft wurde

Prax will wie die iPhone Stimme Siri das Braxel versteht

Prekäriat jene prekäre Volksschicht, die durch ihre geistige Regensarmut unbedingt das demokratische Modell auf die Probe stellen will

Premierenbinladen *(saba)* jemand, der möglichst uneingeladen auf einer Premierenfeier erscheint und dem Ensemble die Feier vermiest

Presenile Wortflucht   wenn einem der alltägliche Alzheimer so allmählich die Fachbegriffe aus dem Gedächtnis stiebitzt

Pretty in Punk   hübsches Mädchen, dass an der Umwelt testet, ob sich ihre Schönheit auch gegen vergammelte Kleidung und Frisuren durchsetzt

Prima Fellerina   die elegant tänzelnde Katze

Primatfernsehen   1) Fernsehen unter dem klaren Primat der Verdummung 2) Fernsehen für Primaten

Primatonna   1) gewichtige Vortänzerin   2) erst in die Keksdose und dann aus den Fugen geratene Ex-Ballerina

Primo Ballerino   Michael Ballack (fast 100 Länderspiele)

Primitivmaßnahme   (*lota*) rabiate Maßnahme, die im Gegensatz zu einer Präventivmaßnahme auch noch im Nachhinein eingesetzt werden kann, um ein unliebsames Ereignis zu verhindern

Prinz Flo   (*saba*) Spitzname für Florian Hering (*ja, das kommt davon, wenn man sich mit „Ich bin übrigens Flo" vorstellt und dabei ziemlich nuschelt*)

Privatfähre   (*nach W. Volkmer*) Schiff, dass möglichst unbemerkt zwischen Schlafzimmer und Bad hin- und herpendelt

Privatverstaatlichung   Übernahme der Selbstbestimmung des Bürgers durch das für ihn zuständige Finanzamt

Problem-BER   Kulturflughafen im Süden Berlins, an dem alle aktuellen Methoden der Steuergeldvernichtung ausprobiert werden (Anm. d. Red.: in Anspielung auf den bayrischen Problembär, der einfach erschossen wurde)

Produktpoulette   Kunsthühnchen

Profilaxxl   Probleme in Anmarsch? Lieber vorher mit Axxl reden

Profistuierte   eben keine Amateur-Liebhaberin

Prognasen   die, die ja vorher schon alles gerochen haben (aber leider nichts gesagt haben)

Programma   (*sex.*) brasilianischer Fachausdruck für eine Dame, die für Geld Liebe macht

Prolet-Arier   deutschtümelnder Angehöriger einer selbst eingebildeten Rasse, die sich komischerweise unter einem gewissen Bildungsniveau ansammelt; manchmal auch *Präkarier*

Prollblutentertainer   Unterhalter, dessen Humor sich hauptsächlich zwischen „fäkal" und „fatal" abspielt

Prollette   Frau, die sich offen zum Konzept der Vereinfachung jeglichen Niveaus bekennt (*Anm. d. Red.:* meist ohne es zu wissen)

Prollinée   Unterschichtsmadame, die sich vor dem Nachtausflug mit dem Schuhlöffel ins Glitterkleidchen intubiert hat

Prolocaust   die Endlösung vom Ideal der Bildungsbürgergesellschaft durch sinnfreie und bildungsferne Lebensgestaltung

prolografisch   gestaltet für den eher einfachen Design-Geschmack

Prominiment   jemand, der dann doch nicht ganz so prominent ist

Promoteus stahl dereinst die besten Street-Promotion-Ideen von den Werbegöttern und wurde zur Strafe im „Goldenen Adler" an den Tresen gekettet, wo er nun täglich aufs Neue seine Leber zerstören muss

Prosexiniste *(franz.)* entweder von der sinnlichen Haltung oder vom ausgeübten Beruf her *„für Sex"*

Protestuierte bezahlte Demonstrantin

Protocall Anruf zur Sicherstellung einer Absprache, die eben nicht schriftlich festgehalten werden soll

Protzlöffel narzisstischer Selbstverherrlicher mit Hang zu Luxusprodukten

Prophylaxetütchen Kondom

Psalmhütte kleine Kapelle oder Kirche

Psalmabtrieb Ausmarsch der Kirchgänger nach dem letzten Vers des Pfarrers

Pseudobama zweitklassige Politker, die jetzt auch irgendwas „ja, wir können"

Pseudozent jemand, der sich für lehrfähig hält und dies bei jeder Gelegenheit in fremde Ohren trainiert

Psychatom *(gax)* kleinstes unteilbares Teil des ewig göttlichen Reichs der Vernunft (*nach Sokrates*)

Psychik *(gax)* Leere von der Gestalt und dem Verhalten der Psychatome sowie ihrer gegenseitigen Anziehung und Abstoßung unter verallgemeinerbaren Prinzipien zwischen →*Relativitätspraxis* und →*Quantenpsychik*

Psychhose Beinkleid, das nur ein Verrückter in der Öffentlichkeit tragen würde

Psychonder, Psychochonder eingebildeter Geisteskranker

Psychontology *(sekt.)* pseudo-religiöse Vereinigung, die sich auf den Verkauf von Gehirnwäschen spezialisiert hat

Psystole *(freudiana)* Hirnfeuerwaffe, die zwar nur in der Einbildung existiert, aber eben dort großen Schaden anrichten kann

Puberti Teenager mit offensichtlichen Anzeichen der dermatologischen Veränderung

Publikumslieblich was laut der *Frankfurter Neuen Presse* der Spieler Alex Meier ist (mit vollem Namen im Stadion: Alex Meier Fußballgott!)

Puderluder Schminckhilfe, Maske

Pützfrau 1) französische Putzfrau 2) Frau, die sich zu oft die Hobbythek angeschaut hat

Pulloverschwein *(agrar.)* gemeines Wollschaf

Pulverosion plötzliche Beschleunigung einer ansonst allmählichen Zerstörung durch die explosive Kraft der Chemie *(wahrscheinlich Nobel)*

punkedelic wenn man beim Pogotanzen buntge Farben sieht

Pupenstube private →*Methankammer*

Puppenpopper *(sex.)* Bezeichnung für Leute, die tatsächlich 8000€ (ohne Versandkosten) für eine Silikonreplik eines weiblichen Körpers samt geeigneter Öffnungen ausgeben, um vor und nach dem →*Schlechtsverkehr* keine Konversation treiben zu müssen

Puppenzwang wenn *mann* das Gefühl hat, etwas machen zu müssen, bloß weil eine hübsche Puppe anwesend ist

puscheln Tätigkeit zwischen zwei schmusebedürftigen Personen mit bestenfalls uneindeutigem Ausgang

Puschelschweiffrettchen andernorts auch Aichkotzerl oder Eichhörnchen genannt

Pussystem 1) Ordnung von Schwächlingen (Pussys) unter einem starken Führer 2) verweichlichtes Matriarchat →*Tussystem*

Pustelblümchen weiblicher Teenager mit massiven Hautproblemen

pusten so was ähnliches wie blasen, nur viel niedlicher

Putenpickel, Puterpickel Gänsehaut, Ganterhaut

Putinade der Rochade nicht unähnliches Manöver, bei dem Regierungschef und Präsident die Position wechseln, was bei der Putinade im Gegensatz zum Schach öfter erlaubt ist →*Tandemokratur*

Putin (*russisch*) irgendwie das Gegenteil von Input, aber auch nicht Output

Putinfos speziell veränderte Informationen zur Irritation der Öffentlichkeit

Putinfusion militärisch-medizinische Hilfe, die der Kreml nur ganz speziellen Freunden zukommen lässt

PuzzlePicturePainting (*krax*) ergreifend schöne Kunsthappenings mit Bildgrößen von bis zu 30 x 12 Metern, bei denen bis zu 2000 Teilnehmer auf kleinen Leinwänden malen ohne zu ahnen, dass alle Einzelstücke hernach ein großes Gemälde ergeben

Pygnic Untersetzungsbuffet für untersetzte Freilandfreunde

Q

Qatar mittelalterlicher →*Feudölstaat*, zum Glück aber auf Sand gebaut

Qatarlysator finanzielle Entscheidungshilfe (z.B. Hamas, Blatter)

Qualiber, Quäliber beschreibt die Größenordnung des Nervpotentials; z.B.: „*Das ist aber eine Frau/ein Kerl/ein Kunde von einem ganz anderen Qualiber!*"

Quantenfüßik wissenschaftlicher Ansatz zur Klärung pheromonischer Prozesse in abgelatschten Schuhen

Quantenpsychik das plötzliche Verschwinden und Auftauchen von Psychatomen in den verschiedenen Aggregatzuständen der Seele (*Ich, Nich, ewig göttliches Reich der Vernunft*)

Quantensprung 1) *physikalisch* kleinstmögliche Zustandsänderung, meist von einem höheren auf ein niedrigeres Niveau 2) *politisch* größtmöglicher Erfolg, meist ohne jedes Niveau

quantitöten etwas durch massenhaften Gebrauch oder Verzehr entwerten

Quarkarsch für den Geschmack der meisten →*Afroiker* etwas zu bleich geratener und womöglich südseits auseinander gegangener Kaukasier

Quasimosi *(nach Hans Gerzlich)* eine buckelige und Mooshammerhafte Person

Quassimilation Anpassung durch fortwährendes Gequatsche

Quattrick vier Tore in einem Fussballspiel *(von Hattrick)*

Queerleader Tanzmännchen in Mädchenklamotten

quengeln aktiver Versuch einer Frau, einem Mann beizubringen, was eine Frau eigentlich will oder noch lieber hätte

questeln defensiver Versuch eines Mannes herauszufinden, was eine Frau eigentlich will

Quetzalcóatl 1) Vertriebener Gott der Inkas, der aus Rache Columbus die Entdeckung Amerikas ermöglicht hat 2) Schlechtgelaunter Gott der Inkas, der wohl heraus gefunden hat, was seine Frau wirklich will.

Quintifferenz der Unterschied an sich

Quiztro *(lota)* Kantine oder Restaurant, wo man sich fragt, was man grade gegessen hat

Quotilde Quotenfrau

R

Radetzk im Arsch *(gebunden gesprochen: Radetzkymarsch)* Gattungsbezeichnung für eine Musikrichtung, die das Hören von Musik auf wenige markante Signale reduziert

radio- durch die Vorsilbe radio- soll assoziiert werden, dass etwas so hässlich ist, dass man es besser nicht zeigen sollte.

Radiogesicht bös gemeintes Kompliment: *„Du hast doch das typische Radiogesicht!"*

Radiometer Maßeinheit, in der die Entfernung gemessen wird, die ein Autoknacker mit einer gerade gestohlenen Autostereoanlage zurücklegen kann, bevor ihn der Pitbull des Autobesitzers einholt.

Raffgarnixstan Land, aus dem man kommt, wenn man so gar nichts verstehen will

Ragoulasch Eintopf, der nicht weiß, ob er Franzose oder Ungar ist

Rambeau hübscher, aber irgendwie auf Krawall gebürsteter Jüngling

Rammelfleischskandal peinliche Enthüllungen, die zu einem öffentlichen Naserümpfwettbewerb führen

Rampensau Schauspieler oder Redner, der erst auf der Bühne und vor Publikum so richtig exaltiert

Rampensauna wenn man zwei oder mehr Schauspieler oder Redner gleichzeitig auf der Bühne hat (Anm. d. Red.: denn dann wird es meistens heiß)

Rapsölscheich Bauer mit gelben Feldern

Raptoren Narren mit Neigung zum Sprechgesang

Rapusalem *(hiphop)* echt alter Rapper, wharscheinlich Old School

Raputat *(hiphop)* Reimlexikon für Nachwuchsrapper

Rastafahndung ältere Frauen machen Jagd auf willige Jamaikaner

Rastasafari willige Frauen machen Urlaub auf Jamaika

Rating *(mobster)* von rat die Ratte: Geheimnisse ausplaudern

rattig sein auf irgendetwas oder irgendjemanden dummgeil sein

raubvögeln die Frau eines abwesenden Gatten begatten

Realistengras was man raucht, um die Welt dann so einzuschätzen, wie sie tatsächlich ist

Realluzination eine besonders perfide Form der Sinnestäuschung

regalpetern sinngemäß: sich ungeschickt bewegen *(nach Ikea-Katalog: Regal Peter hat verstellbare Füße, um Bodenunebenheiten auszugleichen)*

Regierig *(schwyzerdütsch für Regierung)* wo der Dialekt den inneren Bezug zu Tage fördert

Reichenfledderei Sondersteuerpläne für Wohlhabende aus Sicht der Wohlhabenden

Reinkarnationsaufwandsentschädigung Abschreibungsmodell für Wiedergänger

Reinkarnationskarussel Wiedergänger in permanenter Schleife

Reinvestition Schmiergeld, dass man ausgeben muss, um eine „reine Veste" zurück zu bekommen; nicht zu verwechseln mit *Reinwestition*

Reinwestition Solidarbeitrag zu Gunsten der alten Bundesländer, vom Osten zu entrichten ab ca. 2032

Reisparteitag Jahrestreffen der Nahrungsmittelkommission der chinesischen KP

Reiszähne was der gemeine Fernostasiate so im Kiefer hat

Reklementierung gesellschaftliche Umkehrbewegung zur Emanzipation, mit dem Ziel, dass Frauen sich endlich wieder so verhalten wie in den (Waschmittel-)Werbespots der 70er Jahre

Relativitätspraxis was sich sogar Einstein so nicht vorgestellt hätte, aber trotzdem ständig stattfindet

Religioten jene, bei denen die unverstandene Übernahme von Glaubenssätzen zur einer so deutlichen Vereinfachung des Denkapparats geführt hat, das der praktisch zu gar nichts mehr taugt

Remannzipation gesellschaftliche Umkehrbewegung zur Wiedereinsetzung althergebrachter Rechte des verwirrten Geschlechts *(→Mannzipation)*

Renderwahnsinn Gefühl von Hilflosigkeit und Stumpfsinn, das einen überkam, wenn man einem Bildschnittcomputer aus dem letzten Jahrtausend *(wahrscheinlich AVID)* beim Rechnen von Effekten zuschauen musste

Rentner-Bravo *(nach Jan Hofer)* die Apotheken-Rundschau

Resozialisierung *(soziol.)* 1) als Massenphänomen: Verdrängung aus der Mittelschicht 2) Kinder nach der Schule oder Kriminalle nach dem Knast wieder sich selbst überlassen

Ressenseste *(saba)* was man vom Essen gerne noch zusammenkratzt, wenn man mit dem Trinken schon weit gekommen ist

Retrofiktive 1) Dinge, die in Bezug auf die oder gar über die Vergangenheit nachträglich erfunden werden 2) Rückschau auf ficktiefe Ereignisse

retromantisch rückwärts gewandte Haltung dem Leben gegenüber, meist einem nicht ganz so gut funktionierendem Gedächtnis zu verdanken *(„Früher war alles viel mehr ich!")*

Rettungsschirmherrschaft wer die Kohle für die Schulden hat, hat auch das Sagen

Rheuma-Kay holländischer Torjäger mit Gelenkschmerzen *(früher mal: Roy Makaay)*

Rhythmische Wortgymanstik was der Rapper so Mikrophon macht

ridicool lächerlich unterkühlt

Riesenpygmäe jemand, der annähernd normale Körpergröße erreicht

Rinderlimonade Kraftbrühe (vorzugweise beim Katerfrühstück gegen die Entsalzung des Körpers durch Alkohol)

Rindermulch *(saba)* gehexelte Kühe zum Verstreuen auf frisch angelegten Beeten

Risikoalition eine gefährliche Verbindung (meist politisch)

Risikobra 1) eine gefährliche Schlange 2) eine bestimmte Art von Frau

Risikola Limonade, die man besser nicht trinken sollte

Risikontrolling 1) wenn das Controlling droht zu versagen 2) wenn es genau das verhindern soll

Ritz aus Kissen symbolisch für luxuriös vergammelte Sonntagvormittage

Ritzenputzer *(teenagermanisch)* Stringtanga, der aufgrund von akuter Stoffknappheit zu nichts anderem mehr taugt

Rockerette operettenhaftes Rockmusical *(→Popperette)*

rogenabhängig kaviarsüchtig

Romantikentzug tritt oft gegen Ende von Beziehungen auf, wie z.B.: „Ich schick dich ohne Abendrot ins Bett!"

Röststoffzentrifuge Rotationsgrill für Gyro und Dönerfleisch

Rosa Rössl Kerl in Lederhosen, der auf andere Kerle in Lederhosen steht

Rose Bonbon legendärer Club in Paris *(unter dem Olympia)*, der 1982 von verärgerten deutschen Musikern und Roadies bis ins Letzte aller seiner Schrauben entledigt und komplett →*verkabellötet* wurde.

Rosenator Schlagersänger mit aufdringlicher Vorliebe für Rosengewächse *(R. Schade: „Rosen soll'n es sein nur für Dich allein")*

Roschade austauschende Verschiebungsbewegung zweier Teller auf dem Frühstückstisch *(mal wieder: R. Schade)*

Rosstess vornehmlich auf Veranstaltungen eingesetzte, weibliche Hilfskraft, die entweder vom Gebiss, vom Geläuf oder vom Charakter her Ähnlichkeiten mit einem Ross hat

Rostross Eisenross (*Lokomotive*) mit Oxydationsproblemen

Rote Wolke blutige Austrittsgischt nach Durchschuss

Rotzweiler sabbernde Töle

Roy-Blackout wenn jemand unter dem Eindruck von zuviel Schlagermusik seine Hirn-funktionen nicht mehr so richtig an den Start kriegt

Rüdhello jemand, der sich vor Eifersucht schwarz geärgert hat

Rüdichèr der liebste aller Rüdiger

rüdicule etwas lächerlich, aber doch auch herzlich

rüdimentär was als unverzichtbare Grundausstattung auf jeden sonst noch so improvisierten Frühstückstisch gehört

Rüdio (medial) Klatschradio im Mundpropagandabetrieb, z.B.: „Woher weiste denn das?" „Das hab ich im Rüdio gehört!"

Rüdiologe (med.) Spezialist für kleine Zerrchen und Wehwehchen

Rüdistortion Zerrgeräusch beim Absingen selbst getexteter Schlager: „In meinem Arm halt ich Dich warm"

Rüdiva launisch exzentrisches →*Garderobenungeheuer*

rüffelresistent wann man sich auch durch mehrfache Ermahnung nicht bekehren lässt

Ruhestuntman 1) agiler Rentner, der einfach nicht akzeptieren will, dass er nicht mehr arbeiten darf   2) Beamter, der einfach davon ausgeht, dass er sowieso nicht arbeiten muss

Ruinessaince (*arch.*) Gebäude mit einem gewissen postnationalsozialistischen Charme

rumdreist (*alk.*) durch den Genuss von Zuckerrohrbräu zu übergreifenden Handlungen ermutigt

rumfrauen sinngemäß: *sich so anstellen*; bezogen auf den Zustand der vorsorglichen Nörgelei aus eigener Unentschlossen- oder Unzufriedenheit, im Ausdruck: Frau hier nicht so rum! (→*rummädeln, rumkoucheven*)

Rumkommando wenn man von einem Freund angerufen wird, der einem mit Nachdruck nahelegt, schnell mal rum zu kommen

rummädeln wehleidig sein, leicht überspitzte Form von (→*rumfrauen*)

rummännern unter allen Umständen so tun, als wäre man keineswegs wehleidig

rumkoucheven verschärfteste Form der Entscheidungsunfähigkeit in der emotionalen Intention von (→*rumfrauen*)

Rumpane guter Trinkgenosse in kubanischen Bars

rumschlummeln sich zu zweit zwischen mehreren Kissen und Decken verkriechen, ohne eine andere Absicht als nur zusammen hinwegzudösen

rumschuggern, rumsugarn sich im Sugar (beste Bar Borheims) noch ein paar Zacapa hinter den Kaffee gießen

rumweibern eine aus leichtem Alkoholmissbrauch beschleunigte Haltung der allgemeinen Ablehnung gegen wahrscheinlich von einem Mann gemachte Vorschläge zur Schau tragen (→*sich weibern*)

Russisch Boulette (*gax*) 6 Hackbrätlinge, einer vergiftet.

S

Sabei-Sabei unsichtbare Wichtelmänner auf der schrulligen Insel Pattaya, die Menschen Gutes tun

Sabinade unbedingt interessante Gutenachtgeschichte mit gewissen rhythmischen Wiederholungen

Sabinathlon klassischer Lagendreikampf von 3,8 km Einschlummern, 180 km Ausschlafen und 42 km Rumdösen

Sabinladen (*mojzisch*) Premierenterroristin nach Theateraufführungen (→*Premierenbinladen*)

Sachschädling jemand, der voraussagbar für Sachschäden sorgen wird

Sackbank prekärer Ausdruck für Samenbank

Sackdorf Dorf, in das nur ein Straße hineinführt und auch nur eine wieder heraus (wenn man Glück hat)

Sackflughafen wo man nur landen kann

Sackhorn männliches Sexualorgan an der →*Testikeltüte*

Sackkreisel 1) echt komplizierte Verkehrssituation, aus der es tatsächlich kein Entrinnen gibt; auch analogisch benutzt für andere ausweglose Situationen 2) tautologische Ringbegründung (*oft Teil der sog. weibl. Logik*)

Sackrattes (*med.*) griechischer Gesundheitsphilosoph

Sackupunktur Aktivierung bestimmter Körperfunktionen durch das Ziehen an einzelnen Sackhaaren (*wahrscheinlich chinesische Medizin*)

Sackzwang wenn jemand unter Sackzwang handelt, kann er eben einfach nicht anders, als sich wie ein Sack (→*Schloch*) zu benehmen

Sado-Maoismus harte Anwendung der chinesischen Herrschaftsform, z.B. auf dem Tiannamen-Platz (*Anm. d. R.: Platz des grimmligen Siechens*), in politischer Untersuchungshaft oder bei chinesischer Geigenmusik

Säbelzahnseegurke (*fauna*) größte Gefahr für vorzeitliche Taucher

Säbelzahnpussy kleine Hauskatze träumt von Kraft und Vorzeiten

Säbelzahnwürstchen (*fauna*) der gemeine Nacktmull

Säufelskreis Glas leer, Glas voll, Glas leer ...

Säuseligkeit Zustand der Seligkeit, in dem man zu säuisch-anschmeichelnden Glücksgeräuschen neigt (*Anm. d. R.: durchaus mit dem Verb „säuseln" verwandt*)

Saffer Mischgetränk aus Saft und Wasser, meist Apfelsaftschorle (→*Hot Saffer*)

Saftschubse Bezeichnung für jene freundlichen jungen Damen, die in Flugzeugen immer diese kleinen Rollwagen mit Lebensmitteln, Getränken und allerlei Schnelleinkäufen vor sich herschieben (→*Trolly-Dolly*)

Saisonale Affektive Störung Winterdepression

Salafisting unerfreuliche Sexpraxis unter Männern, die den Koran auch nicht verstanden haben

Salami kleiner Frieden

Salamitaktik Politik der kleinen Friedensschlüsse

Salatbanane lange, grüne und grade Banane für Ostgermanen nach dem Mauerfall (Anm. d. Red.: Gurke)

salatbar *(adj.)* wenn Obst, Gemüse oder andere Lebensmittel geeignet erscheinen, einen Salat damit zu inszenieren: „Hier, nimm doch die Kürbiskerne, die sind doch salatbar!"

sattekeln *(sich sattekeln)* wenn man sich was echt Ekliges unbedingt weiter anschauen muss

Sattelschlepper Reiter ohne Pferd

Saudi-Barbarien fantastisches Gruselmärchenland, in dem angeblich Menschen operativ gelähmt werden sollen, wenn sie sich nicht freikaufen können

Sauerholz raspeln jemanden mal die Meinung geigen

Sausnase *(saba)* leichtlebige Person, dem Alkohol nicht abgeneigt *(in Anlehnung an Saus und Braus)*

Schabernacktschnecken eben solch abgefeimte Exemplare ihrer Gattung, auf denen man im ungüstigsten Augenbllick dummblöd ausrutscht

Schackelinismus innerer Drang kleine Mädchen mit sächsisch ausgesprochenen Franzosennamen fürs Leben zu zeichnen →*Kevinismus*

Sch. a. D. schon außer Dienst

Schadar 1) technisches Gerät zur Auffindung von Nahrungsmitteln 2) spezielle Sensorik, die die Anwesenheit von paarungsfähigen Weibchen im Hanauer Hinterland anzeigt

Schadämon böser Geist in der Buchhaltung

Schad Deko Schildbürgerwohnstil vorzugsweise in Blech und Emaille

Schaddy Bag Restessen zum Mitnehmen

Schadeau la Fitte vermutlich einer der Lieblingsweine des R. Schade

Schadebegrenzung wo R. Schade nicht hin darf

Schadeffekt wieder mal ein Auto durch höhere Ohnmächte →*kaputtiert*

Scha de Gaules Lieblingsflughafen in Paris

Schadekadenz 1) ein eingefügter Tonsprung beim Singen 2) der konsequente Niedergang des abendländischen Frühstücksbuffets

Schadele wenn man im Schwäbischen Rüdi verabschiedet

Schadelenz angemessene Anrede vor dem Frühstück „Bitte hier entlang, Eure Schadelenz!" *(Anm. d. Red.: Gefährlich ist's, den Leu zu wecken!)*

Schademaria wenn man mal wieder ein Auto hat zerfallen lassen, muss man zur Buße mindestens dreizehn Schademaria beten

Schademenz wegen spontaner Unterzuckerung aufkommende Konzentrationsschwierigkeit *(Anm. d. Red.: Schademenz sana in corpore sanostol!)*

Schademoralisierung Frustrationserlebnis bei Abgabe des →*Zettelkartons*

Schadenkmal seltener Zustand der Schockstarre beim Bemerken eines Gedankens oder in der Erinnerung an die letzte Mahlzeit

Schadenkreuz wenn man besondere Aufmerksamkeit diverser Ämter erfährt, ist man „ins Schadenkreuz geraten"

Schadepos lange Geschichte, die eine →*Schadetour* in allen Einzelheiten erläutert (*manchmal auch: Schadelegie*)

Schadepot Aufbewahrungsraum für allerlei Metallschilder und andere ersteigerbare Gegenstände

Schadernack treiben kleine böse Scherze gegen sich selbst anwenden

Schadesaster jährlich auftretender Verlust eines großen Schuhkartons und einer Kleinserie von Plastiktüten voller Steuerbelege

Schadestan Hinterland Hanaus

Schadesteles vermutlich griechischer Philosoph und ziemlich indirekter Vorfahre des R. Schade →*Schadorno*

Schadetour *(frz.: detour)* Umleitung, die stets am eigentlichen Ziel vorbei führt und darum als Entschuldigung für verzögertes Eintreffen herhalten muss

Schadevarra der Freiheitskämpfer für den Volkshumor

Schadhello der Mohr von Hasselroth

Schad hoc wenn ein Termin im Schalender tatsächlich vor seinem Ablauf bemerkt wird und noch spontane Gegenmaßnamen eingeleitet werden können

Schadio eine bestimmte Art Rundfunk im Einmannbetrieb

Schadis Khan Sagenfigur der hanauischen Märchenkriege (*Anm. d. Red: „Schad Schad Schadis Khan, heh Reiter, hoh Reiter immer weiter ...!"*)

Schadjektiv ein zugefügtes Wort (des Bedauerns), das die Verkettung unglücklicher Umstände vor Rüdis Ankunft angemessen betont

Schadministration eigens zur Prüfung spezieller Buchhaltungsunterlagen gegründete Abteilung beim Finanzamt Hanau

Schadoleszenz eine Jugend in Hanau

Schadon *(frz.)* abkürzende Entschuldigung, eigentl. *Schadonnez moi*

Schadonee vermutlich einer der Lieblingsweine des R. Schade

Schadonis ein besonders hübscher Rüdi (*tagesformfönfrisurabhängig*)

Schadorno Philosoph der noch zu gründenden Hanauer Schule und auf keinen Fall verwandt mit →*Schadesteles*

Schadrakadabra Zauberspruch *(nur gültig in Hanau)*

Schadrappe etwas das ohne Funktion etwas anderes mit vermuteter Funktion als Dekorationselement ersetzt

Schadratze Liegestatt

Schadvent Rüdi kommt

Schadverb ein einem Tuwort zugeordnetes Beiwort, das aber den Vorgang des Tuns irgendwie konterkariert

schädeln sich etwas merken; im Sprachgebrauch: *„Mein Name ist Klaus, oder kriegst du das nicht geschädelt?"*

Schäfer-Gümbel der Ypsilantikörper der hessischen Landespolitik

schäfergümbeln *(baueropfern)* jemand anderen als Watschenmann vorschieben, im Sprachgebrauch: *„Natürlich haben wir das hier verbockt, aber da werde ich unseren Lagerchef schäfergümbeln!"*

Schämiker *(schadisch)* jemand, der sich seines Berufs oder Auftretens wegen schämt (irgendwie das Gegenteil von →*Ulminator*)

Schaflosigkeit Zustand, bei man durch das Fehlen jeglicher Paarhufer *(→Unzählbarkeit)* um den verdienten Schlaf gebracht wird.

Schalender lückenhaftes Monatsraster, aus dem unerklärlicherweise einzelne Tage verloren gehen *(wahrscheinlich durch Quantensprung)*

Schalker Schreisel Magath am Spielfeldrand

Schalkgeschwindigkeit 1) Zeit, die sich eine Witz durch den Luftraum bewegt und im Verstand des Zuhörers breitmacht, wobei der zweite Zeitabschnitt *(Durchbrechung der →Schalkmauer)* meist der erheblich längere ist 2) doppelte Schalkgeschwindigkeit: wenn zwei Personen so auf einander eingeschossen (und wahrscheinlich angesäuselt) sind, dass sie lachen, bevor der Witz den Luftraum vollständig durchquert hat

Schalkmauer natürlicher Widerstand im Innenohr gegen allzu schlechte Witzchen

Schalk Null Vier eine Art Sportfluch aus dem Land des Aberglauben, besagt etwa: *„nie wieder Deutscher Meister werden können!"*

Schalkohol Getränk, das einen zu kleinen Spitzbübeleien oder allerlei anderen lustigen Albernheiten verleitet

schalkoholabhängig muss erst was trinken, bevor er lachen kann

Schalkwellen exzentrische Ausbreitung des gediegenen Unfugs

Schalkzentrale im innersten Kern einer komischen Vereinigung, wie „Guido und Angie sitzen in der Schalkzentrale der Regierung"

Schambereichsmarschall (Schambe-Reichsmarschall) Oberbefehlshaber über die Wehrmachtsbordelle

Schambolzen jemand, dem alles auf Teufel komm raus zu peinlich ist

Schamlippenlesen nützliche, aber wenig verbreitete Fähigkeit männlicher Vertreter der Gattung Mensch im Paarungseifer, beschreibt die Fähigkeit „ihr" jeden Wunsch von den Lippen abzulesen *(manchmal auch: Charmelippenlesen)*

Schandamarie peinliche Polizisten

Schattenmacher 1) Beleuchter aller Art *(Anm. d. Red.: wahrscheinlich eher die mit eingeschränkten Fähigkeiten)*; sprichwörtlich: „Hier, Du Schattenmacher, arbeitest Du sonst beim Radio, oder was? 2) Regenschirm ohne Regen

Schaustall   abgetrennte Zuschauertribüne z.B. im Reichstag →*Kulturschaustall*

scheinfleißig   durch operative Hektik von seiner übermäßigen Entspanntheit ablenken

Scheinheiligendamm   Schutzzone für Teilnehmer am GehAcht-Gipfel

Scheinheiligsprechung   was es im Vatikan dringend geben sollte

Scheinwerfer   illusorisches Gerät, wirft Schein aufs Sein

Scheißmograph   Gerät zur Messung und Aufzeichnung der Erschütterungen, die lallende Deppen im Innenohr hervorrufen; *sprichwörtlich*: „*Hör auf mich anzulallen, mein Ohr ist doch kein Scheißmograph!*"

Scheißscharten   schmale Öffnungen in Wehrmauern, aus denen die gezielte Entsorgung von Fäkalien auf angreifende Feinde möglich ist

Scheißsporthalle   Versammlungsstätte für Bewegungsspiele auf Kufen

Scheißstussland   kleines Übelbleibsel der →*GUS* (*altern. Schreibweise: Weißrussland*)

Schengenozid   Massentotschlag durch Unterlassung an den Südgrenzen der EU

Schenkelbürste   bestimmte Art von Oberlippenbart (*Polizisten, Handballer*)

Scherzfeind   einer, der partout nicht lachen mag

Scherzschmerzen   Leiden, das durch schlimmen Humor ausgelöst wird

Scheuspiel   Aufführung mit sehr mutlosen Darstellern

Schichtelschachtel   (*fleng*) eine Ansammlung von Dingsdas

Schickimikalien   edle Geruchstropfen in Kleinstflaschen für Besserriecher

Schickolade   wahnsinnig angesagte Schokolade aus der schicksten Chocolaterie der Stadt

Schick und Schmoov   die berühmte Holzpanelpizzaria *Dick und Doof* in Alt-Bornheim nach ihrem Umbau zu einer Edel-→*Itakeria*

Schiedsrichter-Aszendent   Linienrichter mit Aufstiegshoffnungen

Schiedzo   Schiedsrichter mit unterschiedlicher Regelauslegung bei beiden Kombattanten

Schill-out   Entspannungsreaktion des politischen Sachverstands unter Einwirkung durch einen gesprächigen Volkspatron

Schimpanzen-Express   extrem schneller Hochgeschwindigkeitszug in Japan (oder so ähnlich)

Schimpftriade   chinesische Gangstergruppe, die nur bellt und nicht beißt

Schizoidee   zwei tolle Einfälle auf einmal, die sich leider irgendwie widersprechen

Schläppchenjäger   (*gerzlich*) in sommerlichen Fußgängerzonen nach offenen Halbhochhackigen Ausschau haltender und dann deren Vorfolgung aufnehmender Interessent am weiblichen Gebein

Schlafaffenland   (sprich Schla*hf*-Affenland) in der Natur folgt der Schlafaffe dem Schlaffaffen, im Alphabet aber eben nicht

Schlaffaffenland *(sprich: Schlaff-Affenland)* imaginäre Biosphäre, in der Milch und Honig fließen und man sich schlaff herumhängenderweise gebratene Täubchen in den Mund fliegen lassen kann

Schlaffanzug Kleidungsstück, dass sich seiner Entspanntheit auch nicht so recht bewusst ist .

Schlafflosigkeit angenehm energiereicher Zustand, bei dem man die sonst dem Schlaf zu opfernden Stunden für weit Persönlicheres nutzen kann.

Schlafftherapeut psychologisch geschulter Coach zum Entspannen hyperaktiver Wachwandler

Schlamme *(fleng)* eine schlimme Sache

Schlammpede 1) Fußballspiel auf einem vom Dauerregen aufgeweichten Platz (siehe Deutschland – Polen 1974) 2) Ansturm der Shopperinnen bei Schlussverkauf oder Warenhauseröffnung

Schlampagner *(behnkisch)* ein für gewisse Vorhaben günstiges Getränk mit Blasen

Schlampenfieber 1) ein von leichten Schweißausbrüchen begleitetes Gefühl von Mulmigkeit, das jenen braven Bürger überfällt, wenn er überlegt, ob er eine →*Profistuierte* ansprechen könne 2) pubertäres Mischgefühl aus Erregung und Verunsicherung bevor man auf der örtlichen Kirmis/Kerb/ Kirchweih das Mädchen von der Schaustellerfamilie anspricht

Schlampenlappen ein aufreizend an den Körper geworfenes Übrigbleibsel von einem Kleid

Schlamporghini ein für gewisse Vorhaben an leicht zu beeinflussenden Frauen günstiges Fahrzeug →*Schnittenschaukel*

Schland Kosename für Deutschland (muss möglichst mit heftigen und anhaltenden Atemstößen gegrölt werden)

Schlappothek 1) Badelatschenladen 2) Kifferkneipe

Schlaraffenknast der goldene Käfig

Schlaubitze weibliche Klugscheißerin

Schlechtsverkehr *(sex.)* üble Imitation des Liebesspiels (im Gegensatz zum Gegutsverkehr), zum Beispiel ohne die übliche Interaktion →*Puppenpopper*

schlever *(nach Karsten Jahncke)* nicht nur schlau, sondern auch noch clever

Schließmuskelfaserriss *(nach Ben Bögelein)* was man sich zuzieht, wenn man sich untenrum etwas zu sehr verkramlft

Schlimmbiss *(kul.)* Frittenbude mit mangelndem Qualitätssicherungsmanagement

Schlimmkompetenz nicht nur bloße Unfähigkeit

Schloch perfekt einsilbige Beleidigung

Schlummergas wohlriechender Duft, den ein in Bettdecken eingerollter Engel entwickelt, um zufällig vorbeikommende Teufel zu betäuben

schluppen *(fleng)* in den Club schleppen

Schmarrnintelligenz die Fähigkeit, sich viertelwegs klug begründeten Voll-schwachsinn auszudenken

Schmeckefuchs ein hessisches Leckermaul

Schmecktasy euphorische Laune hervorgerufen durch Geschmackserlebnisse

Schmerzdame *(im Schicksalskartenspiel)* die eine, die man trotz aller Sehnsucht nie erreichen konnte

Schmiergeld reguläre Gehaltszahlung für Schmierfinken der Gesellschaftsredaktionen

schmörmeln *(niki)* sich in eine Decke einwickeln und sich der Erdrotation in heimeliger Freude hingeben

Schmutzbefohlene *(saba)* unterwürfige Liebhaberin

Schmutzengel liebevolle, geflügelte Jahresendfigur, die von höherer Macht zur vorausschauenden Unterstützung einer einzelnen Person entsandt wurde, aber manchmal kleine Schwierigkeiten mit Tourette-Schüben hat

Schmutzfinca verdrecktes Ferienhäuschen

Schmutzteufel Messi-Dämon, der immer die Wohnung verstaubt

Schnatterie Zusammenkunft mitteilungsfreudiger Damen

Schneebel ebenso lokal begrenzte wie undurchsichtige Wetterlage; auch sprichwörtlich „wie Schneebel im Himalaya", was etwa soviel heißt wie „Negerringkampf im Tunnel bei Nacht" *(Anm.d.R.: also man sieht nix!)*

Schnittchen *kimu für* Schneewittchen

Schnittenschaukel ein auffälliges Auto, das allzu offensichtlich für verschiedene Formen des Straßenverkehrs angeschafft wurde

Schnitzelmöglichkeit ein Restaurant mit Schnitzelmöglichkeit hat mit Anpassung der Speisekarte auf deutsche Touristen im Ausland reagiert

Schnitzplatz Arbeitsplatz eines Cutters/einer Cutterin, an dem Filme geschnitzt werden *(manchmal auch Schnipsplatz)*

Schnüffelventil *(oldt.)* kleine Presslippe aus Kautschuk, die in mechanischen Benzinpumpen herumlungert

Schnürsocken *(sex.)* hochhackige (Kunst-)Lederstiefel, die bevorzugt von Damen der öffentlichen Verkehrsbetriebe getragen werden

Schnuffelduffel und Mausendausen die zwei Katzen

schnurren *(alfi)* seltsame Geräusche im Schlaf absondern: „Meine Frau konnte nicht schlafen, weil ich habe die ganze Nacht geschnurrt!"

Schnurrmaschine Fellfreund, der sein Wohlgefühl äußert

schnurrloses Mikrophon *(esbergisch)* technisch herausragender Vokaltonabnehmer möglichst ohne Kabel und aber vor allem ohne störende Begleitgeräusche (Katzenmusik)

schockeln *(fleng)* schütteln, vorzugsweise Gläser mit zähflüssigen Inhalten

Schönfärbeagentur Öffentlichkeitsarbeiterei zum Überlackieren von Images →*Färbeagentur*

Schönmachkommode *(nach Mela Chu)* wo Frauen alles aufbewahren, was notwendig ist, um sich →*aufzuprachten*

schöntrinken eigentlich: sich jemanden schön trinken; durch den gezielten Einsatz vergorenen Zuckers in diversen Flüssigkeiten die eigene Sehkraft auf eine für das zu betrachtende Objekt halbwegs akzeptable Auflösung herunterschwächen (→*uglymatisieren*)

schottische Lokalrunde drei Bier für alle!

Schreberfavela stilfreie Holzhüttensiedlung mit Gartengrundstückchen

Schreibwahnladen Texterbüro mit manischen Mitarbeitern

Schreisel frisches, sich noch zur vollen Lautstärke entwickelndes Menschenskind, das sich durch lautes Krakelen wahlweise um Aufmerksamkeit und Muttermilch bemüht

Schubs 1) Kleiner Stoß, der Bewegung in eine eingefahrene Sachlage oder stoisch verharrende Person bringen soll; auch →*Selbstschubs* 2) in Schubs nehmen; sich hinter statt vor jemanden zu stellen, um ihn dann im geeignet erscheinenden Augenblick mittels eines kleinen Stoßes aus dem Gleichgewicht zu bringen (→*Wasserschubspolizei, Mieterschubsbund, Vogelschubsgebiet*)

Schulddrüse *(saba)* Gebilde am Hals, das für das schlechte Gewissen zuständig ist und denselben bei Gelegenheit zuschnürt; Funktion lässt sich durch Lässigkeits-mantras eindämmen: „Deswegen mach ich mir doch jetzt keinen Kropf!"

Schuligans, (engl.) schooligans etwas zu exaltierten Übersprungshandlungen neigende Schüler

Schundfleck Verunreinigung des Gehirns durch schlechte Literatur

Schunköllner rhythmisch taumelnder Sitzbankkarnevalist

schuwwerich *(fleng)* irgendwie nicht richtig ordentlich

Schwachverständigenrat genau der Tipp einer Versammlung von Unspezialisten, den man besser nicht annimmt

Schwachfigur menschliche Marionette, die noch nicht mal an Fäden gezogen halbwegs glaubwürdig funzt

Schwachkräftemangel wenn es den gewerkschaftlichen Ausbildungswerkstätten an nützlichen Überweisungen aus dem Arbeitsamt mangelt

Schwallhalla *(behnkisch)* 1) Ort, an dem Kurzgeschichten mehr als unnötig auf Überlänge gedehnt werden (→*Geschnattergeschwader*) 2) mentaler Zustand, in dem sich jemand befindet, der eine kurze Geschichte für so spannend hält, dass er sie floskelreich und zeitvernichtend überschmückt 3) das akustische Ergebnis dessen

Schwallkörper *(biologisch)* menschliches Organ, das unter Erregung aktiviert wird

Schwampf *(behnkisch)* Sprechbehinderung durch Überschneidung der Steuerungsbefehle an Sprachzentrum und Zunge *(Schwalhallakrampf)*

schwankelmütig unentschlossen hin und her schwankend

Schwanknutzen Vorteil, den man aus dem Gang oder den Erzählungen desjenigen bezieht, der dem Wirt seinerseits genügend Schanknutzen zugestanden hat

Schwanzgruppe aus dem us.amerikanischen Militärjargon für Nachhut

Schwarm (*gax*) Kunsthappening, bei dem auf vielen einzeln gestalteten Metallfischen eine wunderbare Luftraumskulptur entsteht

Schwarzaus was man im Englischen einen Blackout nennt, wie in *„Tut mir leid, kann mich an nichts erinnern, ich hab ein totales Schwarzaus!"*

Schwarzes Lamm was mal ein schwarzes Schaf werden möchte, jetzt aber noch viel zu süß dafür ist

Schwatzamt eigens eingerichtete Sammelstelle in städtischen Behörden, in denen alle Mitarbeiterinnen über einem gewissen Alter zusammengepfercht werden, um mit vereinten Kräften und durch gemeinsames Schwätzen antragswillige Bürger vorzeitig zur Aufgabe zu bewegen

Schwatze Magie (*fem.*) Beschwörung durch permanente Besprechung

Schwatzes Schaf das immer die bösen Gerüchte in Umlauf bringt

Schwellkörperkater (*u.U. auch: Schwellkörperkatharr*) erste Symptome für einen Ermüdungsbruch

schwechten (*theatralisch*) Abk. f. mit dem Schwert fechten

Schweigefuchs (*m*) Geste, bei Ring- und Mittelfinger auf dem ausgestreckten Daumen ruhen, während sich Zeige- und Kleinerfinger zu Öhrchen aufstellen. Zeigt man jemanden dem Schweigefuchs, signalisiert man ihm: *„Du wärst schlau wie ein Fuchs, wenn Du jetzt nicht weiterreden würdest!"*

Schweiz 1) Sinnbild für Unentschiedenheit, im Sprachgebrauch: „Da kann ich nichts zu sagen. Ich bin die Schweiz!" 2) Sinnbild für ein überprivilegiertes Stück Erdoberfläche wie in: „Bolivien ist die Schweiz von Österreich!" *(nach Axel Gaube)*

Schwenkfutter Komparserie bei Filmproduktionen

Schwergesichtsmeister einer, der eine echt betrübte Mimik an den Tag legt

Schwichtel ziemlich kleine Schwuchtel

Schwimmpanse Wassersportler, dem das dauerhafte Einatmen und Schlucken von Chlorwasser einen Strich durchs Gehirn gemacht hat

schwulesk auf eine pittoreske Art und Weise süßlich überdekoriert aussehend

Scriptognetiker jemand, der beim Schreiben die *Buhcstabnerheinfeolge* für fatal unwichtig erachtet

Sechzger 1) Vereinsangehöriger von 1860 München 2) Falscher Fuffziger

Sedimentalität ein unter dem Eindruck einer Ansammlung emotionaler Ablagerungen geprägter Charakterzug

Seelebörse soziale Netzwerke mit Selbstdarstellungsmatrix

Seelenschwuchteln (*nach Amra*) am eigenen Innenleben offensichtlich zu zart besaitete Kerlchen, die es zu anderen offensichtlich zu zart besaiteten Kerlchen hinzieht

Seesackfest, das erinnert an den Tag, als Buddha sein Bündel gepackt hat und aus dem Palast entschwunden ist

Seidensprung was folgt, wenn man dem Geräusch raschelnder Seide nicht widerstehen kann

Sekretärin in Extase 1) Person, die leidenschaftlich aber bar jeder Körperkontrolle auf Tischen tanzt 2) Gattungsbezeichnung für eine bestimmte Art von Veranstaltungen mit Mädchentanzmusik

Selbstausbeutelung wenn man vom Leben ganz schön gebeutelt wird und schließlich feststellt, dass man selbst daran schuld war

Selbstfan jemand, der sich echt gerne mag

Selbstpflegezimmer Bad oder Nasszelle am Wohnort, oft auch die Küche, bei wenigen glücklichen das Schlafzimmer

Selbstprofiler jemand, der am nächsten Nachmittag versucht herauszufinden, wie sich seine Persönlichkeitsstruktur im Verlauf der Vornacht wohl entwickelt hat

Selbstschissanlage bauliche Landschaftsveränderung, die zum nochmaligen Überlegen seitens der Flüchtlinge oder Eindringliche führt (*russischer Reporter zum G8 Sicherheitszaun um Heiligendamm: „Erinnert an Selbstschissanlage an deutsch-deutsch Grenz"*)

Selbstschweinereien (*in Verbindung mit Verb „machen"*) noch ein Wort für →*Egonanie*

Selbstsaga die schöne und sehr, sehr, sehr lange Geschichte von einem selbst

Selbstvergesetzung vom Vorführitalieniker Silvio Berlusconi präferierte Taktik zur Eindämmung von Strafverfolgungen durch Neuordnung von ihn selbst betreffenden Gesetzen sowie den dazugehörenden Verjährungsfristen

Selbstverherrlichung (*betont: Selbstver-Herrl-Ichung*) wenn Herr Herrl auf spaßige Weise sich selber lobt, was wahrscheinlich nur eine Folge dessen ist, wenn man sich schon als Kind „Michi" nennen muss

Selbstverteilungsattentäter (*isl.*) jemand, der sich Explosivpakete um Brust und Bauch schnallt und anschließend so nutzt, dass er sich in der Gegen verteilt (*Anm. d. Red.: könnte unter Umständen zur Düngung eingesetzt werden*)

Selbstwixierung psychologisches Gegenstück zur →*Egonanie*, im Sprachgebrauch: „Ich mag nicht mit ihr reden, sie ist so auf sich selbst wixiert!"

Selbstwortattentäter 1) jemand, der sich um Kopf und Kragen redet 2) überzeugter Braxelist

Selfies fiese Bilder von sich selbst

Seltsamenbank Finanzinstitut mit fragwürdiger Führungsspitze →*Ackermanko*

Semiantiker Mann, der noch nicht richtig alt ist, also wahrscheinlich in der Mitleidkrise

Semiantisemit 1) halber Nazi 2) jemand, der eigenlich mit dem auserwählten Volk sympathisiert, aber irgendwie vom isrealischen Staat und seiner Siedlingspolitik enttäuscht ist

Semiohren *(die halben Ohren)* Leute, die altersbedingt nur noch die Hälfte ihrer Hörkraft besitzen

semispermeabel halb befruchtbar

Senderfold auffaltbares Foto einer spärlich bekleideten Moderatorin, das man sich heimlich in den Studiospind hängt

Senf scheinbar natürliches Afrodisiakum, wirkt aber erst nach Genuss mehrerer Gläschen Bonfibus. Liegt wahrscheinlich zum Teil an der französischen Herkunft

Seniohrensessel Opas Lieblingssitzgelegenheit

Senior Service spezielle Zigarettenmarke, die von Isabelle Adjani im Film „Das Auge" geraucht wurde („fine virginia" Tabak amerikanischer Herkunft unter englischer Marke made in Germany)

Seniversität Ort für den verspäteten Bildungsweg gegen präsenile Langeweile

Sensationsterrorismus wenn mal wieder etwas besonders spektakulär in die Luft gejagt wird

Septopus Siebenarm; Octopus, dem irgendwie ein Arm abhanden gekommen ist

sermonline wenn man von jemandem das Ohr abgequatscht bekommt

Sexueller Niesbrauch was einem eingeräumt wird, wenn freundlich gesinnte Bekannte (ital. Bauunternehmer) die Kosten für die eigens zu einem von Silvio B. veranstalteten Bunga-Bunga-Symposium eingeflogenen →*Nuttellas* übernehmen

Shareholder Valuev *(russ.)* 2,20m großer Boxer, der dafür sorgt, dass russische Aktionäre ihre Dividende bekommen oder spenden, je nachdem wofür man ihn losschickt

Shareleader *(dschänisch, vor Oktober 2008)* die mit den Pompoms an der Börse tanzen *(Zwitterwesen aus shareholder und cheerleader)*

Short Connery *(alfi)* Mikroversion von Sean Connery, impersoniert durch Alf Klimek

Shoto Footing Abschusstermin für Fußmodelle

Showieniesmuss *(von: Show-wie-nie-es-muss)* unbedingte Pflicht, die dem Künstler vom Veranstalter auferlegt wird, ein einmaliges Spektakel abzuliefern

shuppen *(fleng)* Schuhe shoppen; Fußschoner einkaufen gehen

sich weibern sich einer scheinbar lästigen Pflicht durch einen Redeschwall entziehen; „Du brauchst gar nicht versuchen, dich zu weibern, der Müll muss doch raus!"

Siebendem *(fleng)* so wie ein Tandem nur halt für sieben Leute

Silberwirtschaft *(a.d. engl.: silver economy)* Teil der Marktwirtschaft, der sich durch konsumptative Einbindung hauptsächlich grauhaariger Menschen abwickeln lässt

Silicon Alley Oranienburger Straße in den neuen Stadtteilen

Silicon Valley künstlich errichtetes Dekollté

Silikonflikt Abstoßungsreaktion auf Implantate

Silikonitis grassierender Wunsch nach Implantaten

Silikonkubine wahrscheinlich auf Kosten von Exliebhabern →*aufballonierte* →*Gephälligkeitsbegleitung*

Silikontergeneral jemand, der grundsätzlich gegen jede Form durch Implantate ist

Silikontur durch künstliche Aufwölbungen aufgepeppte Seitenansicht

Simulationsdolmetscher jemand, der einem hilft, Behörden- und Juristensätze in so etwas Ähnliches wie Alltagssprache zu übersetzen, damit man selbst Verständnis simulieren kann *(Deutsch – Anwalt / Anwalt – Deutsch)*

Simuline *(nach Max B.)* Auto, das nur so tut, als wäre darin Platz für mehr als 2 Personen →*Sketchlimosine*

Single ein Mensch, dem zum Glück ein Lebensgefährte* fehlt *(* Anm. d. Red.: Nein, ist nicht von Lebensgefahr abgeleitet)*

singvögeln seinen ultrakurzfristigen Lebensabschnittsgefährten erst durch gesangliche Leistung in Verkehrsbereitschaft versetzen und dann diese gezielt ausnutzen

Sintiszeiszer *(mus.)* Tastenfaltbalginstrument, durch dessen Einsatz sich alles irgendwie nach Zigeunermusik anhört

Sinti-und-Roma-Schnitzel was früher politisch inkorrekt Zigeunerschnitzel hieß (Anm. d. Red.: vorläufig jetzt auch als *Budapester Schnitzel* oder *Schnitzel Ungarische Art* bekannt, bis Budapester und Ungarn mitbekommen, dass sie jetzt in Deutschland imagemäßig die Zigeuner ersetzen) →*Gitanaschnitzel*

Sir Scheißalot Spitzname für den Kater mit Darmdrang *(→Graf Kakula)*

site-eating die kulinarische Version einer kleinen Touristentour →*biteseeing*

situationselastisch flexibel bis opportunistisch

Skandalmatiner Jemand mit deutlichen Flecken auf der weißen Weste

Skateboarder eine Art Trittbrettfahrer

Sketchlimousine lächerliches Auto, das man höchstens noch für einen schlechten TV-Sketch als Requisite verwenden kann

Skigolo (gax) Schneebrettlehrer

Skinese auf Brettern hinabgleitender Hochgebirgsfreizeitler

Skinny Mini die kleine, dünne Katze

Skiosk Verleihstation für Wintersportzubehör

Schlivowitz das doch deutlich vernuschelte „Ich liebe Dich" in der wohl auch vernuschelten Erinnerung einer amerikanischen Kellnerin

Slowenien extrem langsames Land (wahrscheinlich so eine Art Gegenteil von *Quicksand*)

smalltownsound eigentlich: *I come from a smalltown music*: eine Art nationalistischer Glamrock für den Nachwuchs usamerikanischer Farmerfamilien *(z.B. Bon Jovi)*

SMS 1) Sado-Maso-Susie 2) Kurznachricht per Telefontastatur, Hauptursache für den Tennisdaumen

Smotel Hotel in dem man noch rauchen darf

Snowboardell Hotel in den Bergen

Snowdyssée Irrfahrt eines Pfeiffenbläser durch die Flughäfen der Welt

Soapranistin 1) wahrscheinlich nicht ausgebildete Schauspielerin, die in →*Telefavelas* eingesetzt wird 2) Opernsängerin, die sich auf der Bühne wie eine nicht ausgebildete Schauspielerin gebärt

sockenziehen (*auch:* absocken) eigentlich; jemandem die Socken aus den Schuhen ziehen; sinnbildlich: jemanden bei Verhandlungen übervorteilen, ohne dass der es gleich merkt.

Sodumm und Camorra Schlagwort für die katastrophalen Zustände in Neapel (manchmal auch als: Saudumm und Camorra)

Solalagelingen wenn etwas geradeso aber eben nicht so gut wie geplant am Ende doch noch klappt

Sollzialismuss was soll, aber nicht kann, auch wenn es muss

Solodarität Fähigkeit, alleine mit sich selbst ganz allein solidarisch zu sein

Somnambulgare osteuropäischer Tagträumer

Sonnenbankier künstlich gebräunter Lackaffe

Sonjetunion Übergangsname der Sovietunion unter Gorbatschov: „So Njet, Union"

Sorgenradierer Alkohol oder aufmunternde Tabletten, oder beides zusammen

soufflüstern jemandem etwas vor- oder einflüstern

Sozialtourismus Gruppenreise

Spaghetti Bulemese eine Portion Nudeln ohne große Nachhaltigkeit

Spambargo elektronischer Lieferstopp für schlechte Mails

Spaßfucktor Wert, der auf langweilige Abende einfließt, wenn Freude und sexuelle Erregung aufeinander treffen

Spaßtirade eine etwas zu lang anhaltende Sequenz von Witzen gleichen Themas und Niveaus, die man über sich ergehen lassen muss

Spätblüher/in Mann/Frau, der/die mit den Jahren immer schöner wird

Spatzen-Kanonen (*heuslich*) große Lampen, mit denen man - wie bei der Frankfurter Sky-Arena zur WM 2006 - ganze Hochhäuser beleuchten kann (*engl. space canons*)

Specketarier (*kul.*) überzeugter Grillfleischgourmand

Speckulation (*kul.*) Rätselraten darüber, wie viel Schweinefett sich in einer Speise befindet

Speermüll (*architekt.*) unschöne Gebäudeansammlung

Speigel (*femmologisch*) morgendlicher Spiegel, in den man nicht wirklich blicken möchte

Spekulatio präcox zu früh gefreut

Spermafrost (*med.*) Samenbank

Spermaphrodit (*naturwissenschaftlich*) Zwitterwesen, das sich dann doch noch eindeutig für eine Richtung entschieden hat

Sperminator (*porn.*) Titelheld (*altern. Schreibweise: Tittelheld*) des wohl lächerlichsten Sciencefictionpornos, der je gedreht werden wird (*wenn er es nicht schon wurde*)

Spingo (*fleng*) Bingo spielen; „Ich geh doch nich Spingo!"

Spinnen-Riviera (*schadisch*) eine für das Reinigungspersonal schwer zugängliche Stelle an Decken und hinter Verkleidungen, an denen es sich unsere achtbeinigen Freunde unbehelligt gut gehen lassen können

spitzialisiert wenn man nich nur ein ausgesprochenes Fachgebiet sein eigen nennt, sondern darin auch noch echt spitze ist

Spitzohr Bezeichnung in Anlehnung an Mr. Spock für einen leicht unterkühlten, immer um rationale Gedanken bemühten Menschen, der aber seinen Zeitgenossen mit seiner Emotionslosigkeit eher auf den Keks geht; z.B.: „Na, Du bist mir vielleicht ein Spitzohr!"

Spontanalterungsbeleuchtung frauenfeindliche Beleuchtung in Hotelbadezimmern, in denen schlechte, ja bösartig gesinnte Innenarchitekten das vermeintliche Schminklicht mittig über Kopf angebracht haben (→*Frauenschonlicht*)

Spottabzeichen Bundeskleinkunstpreis

Spottathlon 1,5 km Satire, 6 Versuche Hochkomik und 3 gelungene Parodien

Spottinvalide jemand, dem die bissigen Witze nicht so recht gelíngen

Sprachschwatz überflüssiges Vokabular; ein Mensch hat einen großen Sprachschwatz, wenn er unglaublich viele unterschiedliche Worte benutzt, um damit eigentlich nichts zu sagen

Sprechblasenentzündung Gedankenkrankheit, die leider nicht nur Comicfiguren befällt (z.B.: NPD-Mitglieder, Gesellschaftjournalisten, Delling & Netzer)

Stadt Gegend praktisch ohne Landschaft

Stadtschrat was so ein Kiez an Überlebenden auf der Straße anspült

Stänglerin Moderne Eindruckstänzerin, die ihren schleichenden Textilverlust an einer vertikalen Kleiderstange auslebt

Stalinorgie blutrünstiges Unvergnügen

stand-up-comedy zu Deutsch: Steh-Auf-Ulk (*nach D.Winterberg*)

stand-up-Chomeinian (*gax*) Komiker im Iran

Starckdeutsch von Professor Köppel erfundene Kunstsprache zur Stärkung der deutschen Aussprache

Start-up Insolvenz in Gründung

Stasimodo buckliger IM der Staatssicherheitsbehörde

Stattl.Arsch nach Heinz Erhard: Stattl.Ersch. für Stattliche Erscheinung.

Stauseemannsgarn Fabeln und Sagen aus dem Reich der allzu offensichtlichen Übertreibungen (→*Binnenseemannsgarn*)

Steckinspferdchen Hobby eines Ex-Bundeskanzlers (*meist: D. Köpf*)

Stehzwerg Sitzriese, der dummerweise aufgestanden ist

steilgeidgerächt wenn die Gestaltungsrichtlinien das Gestaltungsergebnis offensichtlich verschlimmbessern

Steilguido Typ, der für die Einhaltung der Gestaltungsrichtlinien verantwortlich ist (*engl. styleguy*)

Steinsprung Bezeichnung für eine Distanz im Nanobereich

stellvertretender Verstand wenn's mit dem Originalverstand grad nicht so klappt

Stengelsalat unkoupierter Ruccola-Salat

Sternklemme jemand, der verhindert, das jemand anderer zum Star wird (*wahrschl. Ex-Manager oder beleidigte Ehefrau*)

Stern vom Mittwoch (*Redewendung*) wenn jemand etwas vor allen anderen zu wissen glaubt, aber eigentlich Jahre hintendran ist (der „Stern" erscheint donnerstags, aber immer ein paar Wochen zu spät); z.B.: „Was Du da wieder für ein Zeug erzählst, das ist doch Stern vom Mittwoch!"

Steuer 1) Teil, mit dem der Durchschnittsbürger normalerweise ein Gerät oder Fahrzeug steuert; 2) Trick, mit dem das Finanzamt normalerweise einen Durchschnittsbürger steuert

Steueramnesie wenn man vergessen hat zu zahlen

Steuerbescheid Brief vom Finanzamt, der rein verbal vortäuschen soll, dass nun irgendjemand „Bescheid" wüsste

Stichgesicht (*theatr.*) Gesicht, das ein Schauspieler macht, wenn dessen Kollege sein Stichwort überhört hat

stilldement (*axxl*) Zustand einer jungen Mutter, die den hohen Flüssigkeitsverlust durch das Stillen ihres Säuglings nicht rechtzeitig ausgleichen konnte (Hirntrockenheit)

Stilverderber (*ghaemisch/persogermanischer Dialekt*) Jemand, der durch sein Anwesenheit oder anderen Umwelteinfluss das Umgebungsdesign stört; z.B. „Geh doch mal ausm Licht, du Stilverderber!"

Stimmel (*jelenisch*) Sternenhimmel

Stolperschweine bewegliche Hindernisse auf dem Weg zum Erfolg: „Muss mir das Leben immer Stolperschweine in den Weg legen?"

Stoßzeit Zeitraum, in dem sich für gewöhnlich aber auch vermehrt sexuelle Kontakte unter Menschen ergeben

stramm wenn sich der Körper unter dem bemühten Kontrollversuch eines Besoffenen noch mal kurz aufrafft

Strammpe eine stramme Schlampe

Straßenapotheker Pillendealer

Streichelbordell thailändischer Massagesalon

Streifenhorn Verkehrpolizist; hat ein Horn auf dem Dach und fahrt Streife

Strohdummwitwer wenn er nicht weiß, dass seine Frau mit ihrem Liebhaber in den Urlaub gefahren ist

Stromschatten (*chinesisch: dianying*) Kinofilm

Stromschwein fachchinesisch für Steckdose (wahrscheinlich Schuco)

Studiogroupie (*moes*) eine den Studiobetreibern zugeneigte Person, die sich die Mühe ersparen möchte, sich Backstagepässe erst auf Konzerten zu organisieren

Stundentin Dienstleistungsgewerbetreibende, die sich zum Schein mit Brille und Lernlektüre ausstattet und dann stundenweise zu mieten ist *(→meter maid)*

Stupendium finanzielle Unterstützung, mit der man die Zeit seines *→Stupidiums* überbrücken kann

Stupidium mehrjähriger Leergang an einer *→Dummiversität*

Stussdämpfer ein egal ob pneumatisches oder hydraulisches, Hauptsache tatsächlich funktionierendes Gerät zur Abdämpfung des gröbsten Schwachsinns vor dem Einschlag in das Gehör bzw. Gehirn eines schutzwürdigen Zuhörers

Stussland größtes *→Übelbleibsel* der ehemaligen Sowjetunion (*→Scheißstussland*)

Subjektil jemand, der durch sich selbst beschleunigt, wie losgeschossen auf jemanden anderen trifft

Südostarier (*ethnologisch*) Österreicher

Südwüstpfalz (*geogr.*) zwar in Bayern liegend aber hirngenetisch direkt ans Trösterreich angeschlossen

Sukafalexgrosch Abk. für superkalifagelistischexpliallegorisch (*wahrscheinlich Fleng?*)

Sultaninenscheißer etwas abgesofteter Korinthenkacker

Summe der Dinge Ansammlung schwerwiegender Verhinderungsgründe vor Erledigung einfacher aber lästiger Aufgaben

Supermarionette Mädchen in blauen Latzhosen

Suppenkoma Fressflash nach dem Genuss von mehreren Schüsseln Kartoffel-Erbsen-Suppe

Suppenschlitz Fressluke

Surrealismuslim Mensch, der in seinem Glauben das Unwirkliche und Traumhafte in den Tiefen des Unbewussten sucht, um den durch Logik begrenzten Erfahrungsbereich ins Absurd-Phantastische zu erweitern *→Katholizismuslim*

Surreal Madrid wie der spanische Kickerverein heißen müsste, wenn sich die Namen nach den Steuererklärungen und Finanzierungsmethoden richten würden

Surrealschule wo man auch nichts fürs Leben lernt, aber es kommt einem dafür auch nicht wirklich vor

survival of the fattest (*biol.*) Darwin in den USA

Sushiringer (*moes*) rohe Fleischklöpse, die sich nackisch mit Reis bewerfen

Sympartisan jemand, der mit allen Mitteln des Guerillakriegs dagegen ankämpft gemocht zu werden

Synapsengulasch wenn der elektrochemische Datentransfer im Gehirn durcheinander gerät

T

Tabula Russa *nach V. Putin* "wenn man mal wieder im Kaukasus ordentlich unter Sofa sauber machen geht!"

Täuferkreis wenn man von Menschen umzingelt ist, die einem unbedingt das Gute antun wollen, was sie für das einzig Gute halten

Tagessau *nach J.Hofer* "Ich moderiere die Tagessau!"

Talend das Ende der Senke

Taliwahn selbstprojizierte Fehleinschätzung des gesamtgesellschaftlichen Geländes aufgrund religiöser Wahnstörungen

Talivan Flachlandrusse

Tandemokratur die Herrschaft zweier Despoten, die abwechselnd den einen Kandidaten für die Wahl stellen →*Putinade*

Tante Dilemmaladen wenn sich die Damen mal wieder in Schwierigkeiten geredet haben

Tanzende Textilallergikerin Stripperin

Tapferkel mutiges Schweinchen

Tarzanspargel (*jelenisch*) gute Antwort auf die als bilderrätselhafte Verbindung von Spargel und Tarzanschrei getarnte Frage: was ist das?

Tatterazzi alte Gesellschaftsfotografen auf Straßenstreife

Tattermaran 1) zweirumpfiges Segelschiff, das meist im Hafen liegt, während eine Runde älterer Herren ohne Herrenoberbekleidung darauf Karten spielt 2) eigentlich jedes Ausflugsboot auf Rhein, Donau und diversen Seen

Taugewas einer, der im Gegensatz zum Taugenichts, was taugt, aber auch nicht sehr viel

tebartzen das Geld anderer verschleudern, es sich gut gehen lassen

T.E.D. Totaler Ergebnisbeeinflussungs-Dienst

Teezung (*wahrscheinlich fleng*) Tee-Kreuzung einer Straße

Teilland (*britonisch*) Reichsstückchen

Tekknordeon (*moes*) zwei Synthesizer mit jeweils 2 oktavigen Keyboards in Akkordeon-Griffhaltung angebracht

Telefavela die geistigen Slums des fernsehbaren Vorabendprogramms

Teleprost (*nach Eva*) Trinkspruch, wenn die Arme zu kurz zum Anstoßen sind

Televangelist Bezahlfernsehprediger

Tellertaxi Kellner

Teufelsdreier Menage- oder besser: Manege-a-trois mit zwei Hetero-Männern

Teufelsperle ein höllisch gut aussehendes oder leicht durchtriebenes Mädchen

Teufelskreis sie schminkt sich, sie weint, sie schminkt sich wieder ... ein Teufelskreis

Teufelzwerg körperlich kleine aber in ihrer Boshaftigkeit große Satansbrut

Terrapeut psychologisch tätiger Umweltschützer

Terrorärgernisation Zusammenschluss von Leuten, die gerne mal andere mit Schreckenstaten ärgern wollen

Terrorpeut jemand, der mit seinem tagelangen Zuhören und Nachfragen den Patienten dazu bringt, sich jetzt erst recht so richtig scheiße zu fühlen

Testikeltüte am männlichen Körper außen angebrachter Beutel zur gut gekühlten Aufbewahrung seiner →*Evolutionsmunition*

Testosterondrohne Mann mit ständig aufgerichteter Kompassnadel

testosteronline wenn ein Mann grad ziemlich geil ist

Textaufgabe wenn man aufgibt, sich mit Worten zu verständigen

Theaterstecken der rechte Fuß bei linksbeinigen Fußballspielern

Thekenpolizist Mittrinker oder noch schlimmer Antialkoholiker ohne Führerschein, der noch in der Kneipe sämtlich tödliche Gefahren des Drink'n'Drive heraufbeschwört

Therapoet Autor, der schreibt um sich selbst oder andere zu erretten

tiefenphilosophisch (f*leng*) unkontrollierte philosophische Vorgänge im Unterbewusstsein

Tiefschlaffphase 1) sommerwochenendlicher Kurzzeitzustand 2) Dauerzustand bestimmter Menschen, die ihr ganzes Leben verpennen (→*Wachwandler*)

Tina (*bizz-engl.: „There is no alternative")*; PR-Technik zur Begründung vorher nicht für möglich gehaltener Maßnahmen; eingedeutscht: *Egka*

Titanic 1) unsinkbares, aber doch gesunkenes Schiff (→*Tomtanic*); 2) Ansammlung von Elchen und deren Erben in einer Satire-Redaktion

Titnedrucker (*axxl*) ein durch die Bezeichnung nicht wirklich genau beschriebenes Peripheriegerät (Redaktion ratlos)

Tittelheldin Hauptdarstellerin offenherziger Filmchen mit oft schlechten Dialogen

Tittensuppe wie Howard Hughes seinen stets von gut gebauten oder gut aufgebauten Damen besuchten Swimmingpool zu nennen pflegte

Tiptopologe querulante Version des Besserwissers

To Dam Gol vietnamesisch-chinesisches Bar-Bistrot in Oberursel, das eigentlich „too damn cool" heißen sollte

Todessternekoch 1) einer, der im Gegensatz zum Drei-Sterne-Koch, ziemlich üblen Fraß zubereitet 2) Mitarbeiter in der Death Star Canteen (siehe youtube>Eddie Izzard)

To Do List List, mit der man das eigentliche zu Erledigende umgehen kann

Tolleranzug politisch korrekte Herrenoberbekleidung für Besuche bei missliebigen Minderheiten

Tollmatcher/in Mann/Frau, der/die nicht nur geheime Wünsche gut übersetzt, sondern generell auch *gut passt*

Tollzeitkraft Sasionarbeiter im organisierten Lachgewerbe →*Geilzeitkraft*

tommen schiefgehen, versagen (*nach Tom F.*), oft warnend oder feststellend eingesetzt: „Lass das lieber bleiben, das tommt doch!"

Tomtanic Schiff, das aller Wahrscheinlichkeit nach von einem Geistesbruder Tom Fs gesteuert wird

Tonbeutel Dudelsack

Tonhoden Tonpultmännchen, das allzu aufgeregt Werksfremde mit seinen großen Boxen zu beeindrucken versucht

Tontechniker Mensch, der an einfach überhaupt nichts Schuld ist oder geschweige denn sein kann

Topkapisko Schnellversteher, im Sprachgebrauch meist ironisch gemeint: „Mensch, hast Du's auch schon gemerkt? Du bist ja ein Topkapisko!"

Top-Moppel *(schadisch)* Gewichtszunahmi in Spitzenqualität (*„Deutschland sucht das Top-Moppel"*)

Toreaner *(nick)* toreschießender Südkoreaner, der erste war Bum Kun Cha (SGE, B04)

Torkelschuhe *(fleng)* Schuhe mit sehr hohen Absätzen

Torschlusslohrbeeren das fast allerletzte Kompliment

Totallergie einfach gegen und alles total allergisch

Totalschade nicht immer freiwillig, aber doch ziemlich komische Angelegenheit

Totenkopf X *(für Yonas)* Markenzeichen für Markenzeichner mit Blagastnethik (*Vehrderrung von Bubstachen; zB. für Botenstoff X*)

Totheit Zustand des völligen Fehlens jedweder Lebenszeichen (*nach WG*), als retromantische Warnung erwähnt: „Totheit vor dem Feind war das allerschlimmste, dafür konnte man sofort erschossen werden!"

Touché-Zeichnung (*sprich: Tuschehzeichnung*) Karikatur, die jemanden ins Mark trifft

Tour de Farce kleine Rundreise landschaftlicher oder intellektueller Art, die zu nichts führt als zu allgemeinem Kopfschütteln

Tourettavion Fluchzeuch

toxecret geheim aber absolut tödlich

Tramlag *(nach Blue)* wenn man sich erstmal von der rasanten Straßenbahnfahrt erholen muss

Transenbrenner *(teenagermanisch)* Solarium (→*Tussitoaster*)

Transgähn *(biol.)* wenn sich das Gähnen von einem auf den anderen überträgt

Transparentpudding Götterspeise

Traumpflegekraft Psychologe

Traurige Anaconda langer Schwanz und zu wenig Blut

Travellerie 1) Reisebüro 2) herangaloppierende Reisegruppe

Treibsandalen *(sex.)* männliches Gegenstück zu den meist hochhackigen →*Schnürsocken*, die bevorzugt von Damen der öffentlichen Verkehrsbetriebe getragen werden

Treibsandkasten Spielgerät für Kinder von Eltern, die ihre Kinder loswerden wollen

Tremens von Cinzano eingebildeter italienischer Dichterbaron, zuständig für im Rausch erdachte Gedichte

Trennkost von der Machart her unausgegorene aber von den Zutaten zuweilen ausgegorene Kochkunstwerke, die sich zu einem Trennungsgrund entwickeln („Die Liebe geht durch den Magen und kommt zum Arsch wieder raus!")

Trio-Chemie was einem „Flotten Dreier" unbedingt voraqus gehen sollte

Trösterreich Berglandschaften und Donaurandgebiete, die man den Ösern nach Aufteilung des ehem. K.u.K.-Reiches zum Trost gelassen hat.

Trolly-Dolly engl. Bezeichnung für jene freundlichen jungen Damen, die in Flugzeugen die Wägelchen vor sich herschieben (→*Saftschubse*)

Trollvottel Volltrottel von trollhafter Gestalt

Trommeltaube Percussionistin mit kleinem Hörfehler

Trugscheißer (oder auch: Lug- und Trugscheißer) Einer, der ganz schön mit selbst erfundenen Wissen angibt

Trunkenmariechen ethanolgeschädigtes Tanzmädchen im Karnevalskostüm mit Dreistitz

Trupperin weibliches Gangmitglied

Tubakulose Hirnschädigung durch permanente Beschallung mit Alpenbässen

Tüftlehrling junger Mensch, der lernt, kompliziert aufgebaute Dinge nicht kaputt zu machen (→*Bastelazubi*)

Tugendgericht Empörtentalkshow im Bildungsfernsehen

Tugendterror das Gesinnungsdiktat der Antiraucher-, Antitrinker- und Antiüberhauptalleswasspaßmacht-Eurokraten

Tumultante Frau, die ganz alleine und ohne fremde Hilfe einen Tumult darstellen kann

Tumultra maximale Verwirrung

tunneln 1) jemandem beim Fußball den Ball durch die Beine spielen; 2) jemanden unter dem Einsatz von berufseifrigen Paparazzis an einen Betonpfeiler hetzen

Tunteltäubchen zwei frisch Verliebte derselben Art

Tuntenfisch vielarmiges Unterwasserlebewesen, das irgendwie fast vollständig aus Ringmuskulaturen besteht

Tuntenmariechen echt schwuckelige Karnervalstanztruppe

Tuntenstrahldrücker *(dimmel)* ein bürotechnisches Gerät, zu dessen genauer Funktion sich sogar das Braxel nicht öffentlich äußern möchte

Tupperkulose hysterische Psychose, ausgelöst durch den Anblick von bunten Plastik-schüsseln und deckeln

Turboschildkröt *(teenagermanisch)* alter Mann aufm Rennrad

Tussenwaffen *(techn.)* Pfefferspray, Trillerpfeife, Eloktroschocker

Tussitoaster *(teenagermanisch)* Solarium, (→*Transenbrenner*)

Tussystem Rudelordnung nicht arbeitender Ehefrauen beim gemeinsamen Abhängen in der Wellnessbranche →*Pussystem*

TVauguren in verschiedenen esoterischen Medien fröhlich vor sich hin weissagende Fernsehwahrsager →*TVauguren;* →*DesAstroTV*

Twitterature *(etech.)* literarisches Pendant zum japanischen Haiku

U

Ubahnbrechend wenn jemand eine echt unterirdische Erfindung macht

Ubahnität eine Stadt von großer Ubahnität hat mindestens vier Untergrundbahnlinien und darf somit als Großstadt gelten

Übelfluss 1) Zuviel des Schlechten 2) Überfluss auf deutschinesisch

Übelbleibsel was übrig bleibt, aber irgendwie nicht richtig gut ist, z.B. Rotweinflaschenbodensatz, böse Erinnerungen, →*Stussland*

überarschen im Negativen übertrumpfen; „Der Typ ist eh schon ein Sack, musst Du den jetzt noch überarschen?"

Überfluss Begriff aus der Planetenkonstruktion: Fluss, der so unglaublich gut gelungen ist, dass er als Ideal für andere Flussplanungen zum Muster wird

überfrauen so etwas ähnliches wie übermannen, nur viel viel subtiler

übermädeln mit jugendlich-weiblichen Charme überreden; „Okay, ich mach's, Du hast mich übermädelt!"

Übermorgenland Das, was vielleicht irgendwann einmal aus der arabischen Halbinsel wird, wenn die Umbaumaßnahmen abgeschlossen sind.

überreligional *(katrisch)* Prinzipien beschreibend, die sich aus mehreren Religionen heraus argumentieren lassen

übertrieben lässig *(sheila galgata)* kurz vor dem Zustand der allgemeinen Lähmung befindlich

UEFA Unterabteilung Entwicklungshilfe Frauentausch & Ausfallgeld →*FIFA*

uglymatisieren *(sprich: aklimatisieren)* sich etwas hässlich reden; autopyschologischer Vorgang, bei dem eine schöne Frau mit zunehmend zahlreichen Fehlern in Zusammenhang gebracht wird, nachdem sie einem einen Korb gegeben hat (→*schön trinken,* →*Flexibillusion*).

ugly'n'oily aus dem italienischen *aglio olio*; eine hässliche und schmierige Soße, die man über Spaghetti träufelt, wenn man keine richtige Soße zur Hand hat

Uglyophobie die Angst hässlich zu sein

Uhrkreiserzeig *(nach F.Barth)* wenn man Dinge drehen kann, dann „... im oder gegen den Uhrkreiserzeig"

Uhrvertrauen was man bei Rolex lernt

Ulknudelauflauf Jahrestreffen der Fernsehkomikerinnen

Ulkimatum   (*komöd.*) wenn man jemanden einen Witz erzählt und demjenigen nur eine kurze Frist gewährt, um den Witz zu verstehen

Ulkimedia alles, womit man groben Unfug verbreiten kann

Ulkinator jemand, dem zu jeder Situation immer noch ein Kalauer einfällt

Ulkulele   (*musikl. Fachbegriff*) kleine, komische Gitarre zur Begleitung aufdringlich fröhlich klingender Liedchen

Ulmenator 1) Castingshowteilnehmer, der nicht nur sich selbst, sondern auch alles andere mit seinem virtuellen Charakter assoziiert 2) jemand, der glaubt, dass sein Schicksal jederzeit zum Fokusthema allgemeinen Interesses taugt

Ultranse 1) extremer Verkleidungslüstling 2) mit allerlei Schals, Shirts, Logos und Tattoos verzierter Fussballfan

umentieren   sanfte Form der Gesprächsführung; im Gegensatz zu *arg umentieren*

Umschuldsvermutung wichtiges politisches Prinzip bei drohendem Staatsbankrott

Unbeflecktes Verhängnis wenn einem Mann ein Kuckuckskind angehängt wird

Underblödment besondere Form des Understatements, das aufgrund fehlender Konzeptionsintelligenz irgendwie nach hinten losgeht

undönig (*niki*) feminalkomplexer Gemütszustand, sinngemäß: unleidlich in einer introvertierten Form; im Sprachgebrauch: „Ach, ich glaub, ich bin heut undönig, ich leg mich wieder ins Bett!"

ungebührlich (*wenzlisch*) wenn jemand was umsonst aufnimmt

ungefähromonisch (*gax*) wenn man nicht genau weiß, wie es riecht

ungefettigte Sattsäuren   (*weibisch*) wenn sich das fortwährende Diätgeschwafel schon auf das Sprachzentrum ausgebreitet hat

unklüch (*gax*) wenn jemand aus einer Angelegenheit heraus weder klug noch glücklich geworden ist

Unheilbar gesund einziger Zustand, in dem man die letzten acht und die alle vier Jahre noch kommenden Gesundheitsreformen überleben kann

Unheiligenschein was man so dem einen oder anderen Pädopriester umhängen sollte

Unheimling etwas bedrohlich wirkender Nacktäffler

Uniklemme überschüchterte und deswegen wahrscheinlich auch sexuell frustrierte Studentin (wahrscheinlich Sozialpädagogik oder so was)

Unmittelbarer Fischsud Supp ziemlich ernst gemeinte japanische Direktübersetzung des englischen *Instant Miso Soup* ins Deutsche

Unratgeber Schreiber unschlüssiger Pointen

unsinnieren (*saba*) beim Versuch sich die verschiedenen Aspekte eines Gedankens in die völlige Gedankenlosigkeit abschweifen: „Ach, ich unsinniere nur so vor mich hin!"

untendrun (*schadisch*) ortsanzeigendes Ersatzwort, das eine Stelle im Raumzeitkontinuum beschreibt, die irgendwie unter etwas in etwas anderem drin zu sein scheint

Untererdebahn (*Budapest*) wenn man in Touristenführer das Wort „subway" nicht gerne ins Deutsche übersetzt

unterfragt zu qualifiziert um zu antworten

untergroß nicht groß genug für das eigene Körpergewicht, im Sprachgebrauch: „*Ich bin nicht zu dick, ich bin nur untergroß"*

unterkomplex einfach gestrickt

unterraschen wenn jemand oder etwas völlig absehbar ist

unterrascht sein mit etwas schon lange gerechnet haben

Unterselbstbewusstsein (*saba*) was das Unterbewusstsein glaubt vom Selbst zu wissen

Untersuchungssitze, die (*neuss*) U-Haft

Untertainer (*vom engl. Undertainer*) mieser bis unterirdisch schlechter Unterhaltungskünstler (meist von eigenen Gnaden oder durch völlige Talentlosigkeit); als adj. untertaining: irgendwie nicht gut genug, um wirklich auf eine Bühne zu gehören

untervögelt *adj.*; in letzter Zeit wohl deutlich zu wenig Geschlechtsverkehr gehabt.

unterwältigen wenn jemand sogar noch geringe Erwartungen unterläuft

unterwältigt sein von der Leistung eines anderen zurecht enttäuscht sein

Unzählbarkeit betrifft vor allem die Dinge, die man nicht erfassen kann, weil sie eben nicht da sind; im Sprachgebrauch: „*Das Publikum besticht durch Unzählberkeit!"*

Unzucht Geschlechtsverkehr mit Leuten, die nicht zur Zucht geeignet sind

Urheberschuld wer eigentlich Schuld an speziellem Blödsinn ist →*Grundschuld*

Uterie (*med*) was dem Griechen die Hysterie, ist dem Lateiner die Uterie, also das was Ute dreimal am Tag hat

Uweseela deutsche Antwort auf das Vuvuzela genannte Nervgeräusch südafrikanischer Fußballtrötenfans

V

Vaddamd Hossa (*krax*) blutrünstiger Diktator des Wüstenstaates Krak (*aus: Zero – Im Geheimdienst ihrer Mayonese*)

Vampapier eine Art Papiertiger; jemand der nur in seinen Pamphleten bissig sein kann

veganer Kannibale jede Person, die widersprüchlich handelt

Veget-Arier die Herrenrasse der Nichtfleischesser

Venus Fliegenfalle blutrünstige Pflanze (*wurde der Sage nach von einem vegetarischen Nachkommen Graf Draculas gebissen*)

Veranstaltung (*gax*) Vorgang, bei dem ein x-beliebiges Gebäude vorübergehend in eine Art Anstalt umgewidmet wird

Veranstaltungsmotten (*nach M.B.*) wenn man dem Plural von Motto (Motte) schon sehr nah gekommen ist, aber damit auch gleichzeitig zugibt mehrere Parolen für die selbe Veranstaltung ausgegeben zu haben

Veranspaltung (*nach M. Klingenberg*) die Art von Veranstaltung, über die man nachher geteilter Meinung sein wird

Verantwortungsrückversicherungseffekt das Vermeiden von eigenen Entscheidungen durch das Versenden von emails

verapplen (*sprich: veräppeln*) einen Microsoftie von der Systemüberlegenheit der Macs überzeugen

Verbalexotiker jemand, der seine Reden gerne mit Worten fremdländischer Herkunft schmückt

Verbenagentur Laden zur Vermittlung von Tu-Wörtern

Verbösserung wenn das Wort Verschlechterung nicht ausreicht, um auch das Motiv zu beleuchten

Verbrauchtum das echt Abgeschmackte an der Volkstümelei

vercrabseln 1) eigentlich: sich verkrebseln: abtauchen, von der Bildfläche verschwinden 2) etwas vercrabseln: eine Sache möglichst unerledigt in eines anderen Weg herumliegen lassen (→*vereinsiedelkrebseln*)

verdenken ähnlich wie beim sich versprechen, nur dass sich hier statt der Zunge das Gehirn verwirrt, im Sprachgebrauch: „*Entschuldigung, da habe ich mich verdacht!*"

Verdreiflung (manchmal auch: Vervierflung) wenn Verzweiflung das Gefühl nicht stark genug auszudrücken vermag

Verdünnungsmittel Diätpillen

verdunnisieren (*sprich: verdönnisieren*) von Verdun (laut Verkehrschild: „la Capitale du Paix"); eine historische oder anders offensichtliche Wahrheit aus Gründen der besseren Promotion in sein Gegenteil verkehren („la Capitulation du Paix")

vereinsiedelkrebseln 1) sich in das Haus eines Anderen zurückziehen 2) und das möglichst auf dem Land (→*verkrebseln*)

verflengen neue Worte durch geschickte Verkürzung und Verknüpfung kreiieren (→*fleng*)

verfloren (*nach Eva G.*) wenn etwas verflogen und darum auch verloren ist

Verfuchtelung etwas unkoordinierte Vorgehensweise

vergesäßen pflegliche Ausdrucksweise für verarschen

Verglimpfung Schönfärberei, Lobhudelei

vergreistigt schon irgendwie vergeistigt, aber irgendwie mit dem Verdacht der leichten Veralzheimerung bekleckert

Verhängnis muslimischer Gesichtsvorhang für Frauen

Verhängniswärter meist selbsternannter Sittenwächter in islamischen Staaten

verhaltensoriginell wenn jemand zu gesellschaftlich leicht unangepassten Handlungen tendiert

verhedgeln wenn man Aktienpakete oder ganze Unternehmen in noch größere Gebilde packt, um das Viele von einigen Wenigen gegen das Wenige von Vielen abzusichern

verheißhungern wenn man zwar genügend Nahrungsmittel aufgenommen hat, um die Primärfunktionen des Körpers zu erhalten, aber nicht genug, um die Überstimulanz des Lustzentrums abzubauen

Verherrlichung (*nach Michi Herrl*) wenn man sich sämtliche Beine ausreißt, um ein Kulturprogramm am Laufen zu halten (→*Selbstverherrlichung*)

Vericherung Egomanisierung

Vericherungsmakler jemand, der einem bei der Egomanisierung hilft

verjensbeckern 1) sich verjensbeckern: sich mit dem Geld anderer Leute aus dem Staub machen 2) jemanden verjensbeckern: jemanden vorsätzlich um Geld betrügen, im Volksmund: *„Nein, ich leih dir kein Geld mehr, du willst mich ja nur wieder verjensbeckern!"* (ähnlich: *verralfköhlern*)

verkabellöten jemandem etwas wissentlich so installieren, dass es ihm unweigerlich nach Inbetriebnahme um die Ohren fliegt (→*Heiliger Bernhard*)

verkackstücken mit jemandem etwas so verhackstücken, das nur Gequirltes dabei heraus kommt

Verkicherung bestimmte, meist unliebsame Gefühlsanwandlungen weglachen

Verklausulierung etwas so formulieren, dass es auch ein deutscher Klaus verstehen könnte

Verletzungsbeibringungsmöglichkeit (amtsch) wenn die Polizei spekuliert, wer denn überhaupt wie jemand anders mit einem →*Batter* hätte treffen können

verlüstern eine gewisse Freude am Untergang suchend

Verlustschloss Eigenheim nach Scheidung

vermittelpunkten deutsch für fokussieren

verneunen wenn verachten nicht mehr ganz ausreicht

Vernunftskaninchen (*philosophisch*) ein Versuchskaninchen, das das Prinzip von Versuch und Irrtum überwunden hat (→*Irrtumskaninchen*); in eingeweihten Kreisen auch: ein philosophischer Hase

Verpisstenanzeige jemanden polizeilich suchen lassen, der einen erst →*verjensbeckert* und sich dann aus dem Staub gemacht hat

Verrückständigung wenn man etwas in einen weit weniger entwickelten Zustand zurückstößt

Verrücktenflüsterer Nervenarzt →*Couchologe*

Versaillier Pariser in besonders schmuckreicher Ausführung

verschlimmbarbarern etwas, das bereits bestens konstruiert und formuliert ist, völlig missverstehen und dann in unkontrollierbaren Anfällen →*postistischen* Übereifers künstlerisch entwerten (auch: *verschlimmschmidten*)

verschweinebeuteln etwas nicht richtig zu Ende bringen

Versorgsel was aus einem Anhängsel wird, wenn man es sich binden lässt

verspektakuliert auf grandiose Art und Weise daneben getippt

verspotten die gesamte Marketingmessage eines Unternehmens in einen kurzen Werbespot packen

verschnarchen etwas verpasst haben, nicht rechtzeitig erledigt haben

Versteckte Arbeitslosigkeit wenn Vater Staat unsinnige Gesetze entwickelt, die dann von Heerscharen Prüfer und Außenprüfer geprüft werden müssen, damit diese nicht auf der Straße rumlungern müssen

verstoibeckseehubern bayrische Landespolitik bis zur Unerklärlichkeit ausformulieren

Verstuntman *(sprich: Verstandmän)* Person, die unter hohem persönlichen Risiko eine gefährliche Theorie in Umlauf bringt

Vertikalkomposition *(musikalisch)* eine bestimmte Art von Musik, die ausschließlich in vertikalen Verkehrsmitteln eingesetzt wird (→*Aufstuhl*)

vertragklöpfeln *(historisch)* wenn ein Musicalproduktionsvertrag so vom Vertragspartner überarbeitet wird, das sich nachher ca. 20 inhaltliche und 200 orthografische Fehler darin befinden

Verunpimpfung wenn man etwas größer macht, als es ist

Verunstaltungskauffrau 1) Event-Managerin in deutschen Finanzunternehmen 2) Einkaufsberaterin für Vorher/Nachher-Sendungen

Verwaltungspartenogenese *(soziobiologisch)* Vorgang der Zellteilung bei Ämtern aller Art zur Vermehrung versteckter Arbeitslosigkeit durch Einstellung einer unüberschaubaren Menge unausbildbarer Nachwuchsbeamter für Verwaltungsaufgaben, die es so nie zuvor und das aus gutem Grund gegeben hat (z.B.→*Finanzmysterium*)

Verzweiflungsoptimismus wenn einem schon gar nichts anderes mehr übrigbleibt als auf einen guten Ausgang zu hoffen

Verzweiflungstatort Bettstatt nach zu langer Ehe

Viaggro *(dt. für)* kleine Pille zur Steigerung der Angriffslust

Viagrar-Ministerin *(pol.)* in Zeiten des demografischen Wandels zuständig für ländliche Neubefruchtung und Geburtensteigerung

Vichy Vachy *(frz.)* Geschwätz der Kollaborationsregierung

Vichy Waschi *(frz.)* Gesichtsreinigungswässerchen für die gehoben Hautpflegebedürftige

Vieleck, John Baltasar Mühlheimer Volkspoet und Hofschreiber (*Anm. d. Red.: Pseudonym des eigentlichen Autors der Großen Mühlheim Saga*)

Vielglück *(dt. für)* Goodluck

Vielosoff *(altgr.)* Mann, der gerne und in Mengen trinkt *(Anm. d. R.: wenn er dann anfängt zu reden, kann man ihn auch wieder in Originalschreibweise* Philosoph *schreiben)*

Vierkopfzerknallungstreibling *(dt. für)* Vierzylindermotor

Viernullvierer jemand, der irgendwie keinen Zugriff auf wichtige Teile seines Gehirns erhält (Anm. d. Red.: also ein Trottel)

Viertelproblem (flix) ein Problemviertel, das wieder mal im Französisch-zu-Hochdeutsch-Converter hängengeblieben ist

VIPmung literarische Zueignung an bekannte Persönlichkeiten

Vitamin BH wenn man aufgrund wohlausgefüllter Damenoberbekleidung schnell zu gesellschaftlichen Verbindungen kommt, für die andere ganz schön lang anstehen müssen

Vitaminze belebendes Element in der sozialen Interaktion *(Vitamin C)*

Vodkabular plötzliche Erweiterung des Wortschatzes unter dem Eindruck des beliebten russischen Wässerchens

Vögelscheuche 1) nicht allein wegen schlechtem Verpackungsdesign sondern vor allem wegen innerer Sperrigkeit nicht als Sexualpartner in Frage kommende Person 2) Tante, Base oder ältere Cousine, die als Begleitperson für die eigentliche „Verabredung" bestellt wird, um eine bei dieser eventuell nicht vorhandene innere Sperrigkeit zu kompensieren

Vögelzwitschern ein seltsam auffälliges Geräusch, das immer dann zwischen Haken und Öse entsteht, wenn die Hintergrundbeschallung gerade ihren Dienst eingestellt hat und andere überdeckende Begleitgeräusche plötzlich verstummt sind

Volksduschschuh die berühmte Adilette, der vom Volk bevorzugte Fußpräser zur Verhinderung von Pilzkrankheiten

Volksgerichtshof, bayrischer Biergarten mit Haxenbraterei

Vollkslärmscheune alle Musikantenstadlähnliche Fernsehsendungen

Vollblödback *(eigtl. Vollplayback)* Sprache der Gesangspantomimen

Vollhalber *(psych.)* Typ, bei dem es einfach nie zum Ganzen reicht

vollkühn *(med.)* durch reichlich Ethanol zu blindem Mut verführt

vollleeren *(schadisch)* etwas so ungeschickt zu entleeren, dass etwas anderes dadurch ungewollt gefüllt wird; „Mist, jetzt hab ich mein Glas auf meine Hose vollgeleert!"

Vorausplagiat wenn ein bekannter Mensch schon vor langer Zeit genau das gesagt oder aufgeschrieben hat, was man selber grade sagen wollte

Vorhängeschlossherr Schrebergartenhüttenbesitzer

Vorsicht, Friedmann! *(aus dem Ukrainischem)* Warnruf osteuropäischer Nutten angesichts anrückender, schneesüchtiger Fernsehmoderatoren

Vorstand jemand, der oft dort steht, wo eigentlich Verstand sein sollte

vorverstorben 1) eine andere Art des Untoten 2) wenn der jugendliche Schwung deutlich dahin ist

Votze 1) *(fleng)* Kurzform für **Vorsitze**nde (in voller Länge: Vorsitzende des Vereins zur Verkürzung unnötig langer Worte) 2) bayrisch für das, was der Ösi *Goschn* nennt bzw. in Anreden einsetzt wie etwa: „Hoald die Goschn, Du Votzn!"

VR-Scheck eigentlich: Virtual-Reality-Scheck; Zahlungsmittelpapiere, die bei der Bank nur gegen imaginäres Geld einzutauschen sind

Vulgarien ein in geistiger Hinsicht echt ursprüngliches Land

Vulvo Buckel *(yvo)* Bezeichnung für ein sehr erotisch geschwungenes Automobil (nüchtern: Buckelvolvo)

VUP very unintersting person

W

Wachtel Mitarbeiterin eines Wachdienstes

Wachtigal klassische Sängerin, bei der es mit dem nachtigalartigen Gesang nicht mehr so richtig klappen will

Wachsblumen Blumen, die nicht wachsen

Wachsmalstift kleines Kind, das noch wachsen muss

Wachwandler Menschen, die sich trotz angeblich eingeschaltetem Großhirn im Wachzustand kaum anders benehmen als Schlafwandler.

wag Spielerfrau (von: wifes and girlfriends)

Wahlgesänge Promotionlieder für politische Parteien

Wahlperiodenpanik zyklisch wiederkehrende Angstzustände deutscher Politiker vor Wahlterminen; führt meist zur Erfindung und Vergabe nicht finanzierbarer Geschenke ans Wahlvolk

Wahnblinkleuchte kleine Lampe, die man auf dem einen oder anderen Kopf getrost anbringen sollte

wahrscheinicht nicht unmöglich, aber eben doch eher nicht

Walputer *(gax)* neurales Netzwerk von Computer und den Gehirnen mehrerer Wale, mit dessen Hilfe man ein Raumschiff fliegen kann (→*Glaubkrafttriebwerke*)

Wampenwackeln Bauchtanz von Nicht-Orientalinnen →*Furchtbarkeitstanz*

Wanderlismus Umwelt- und Launezerstörung durch sinnloses durch die Landschaft hecheln *(z.B. W. Scheel, Hape Kerkeling)*

Wann-Neid-Ständ *(altern. Schreibweise: One-night-stand)* sexuelles Erlebnis, das, wenn es <u>wann</u> eintritt, direkt zu offenen <u>Neid</u> bei anderen Kumpels/Kumpelinnen führt.

War Laden Vergangenheitsform von Bin Laden

Warneidreck *(saba)* wenn das, wovor es warnen sollte, schon im Kopf passiert ist

wartungsintensive Luxusschnecken jene Art von Stöckelschuhverschleißerinnen, die parmanent emotionalen wie finanziellen Zuspruch erwarten (→*laufende Kosten*)

war on error Vergangenheitsform von Bin Laden

Wechmond Neumond (→*Fettmond*)

Weckglas lässt man neben Schlafenden auf den Steinboden fallen (wenn nur einer davon aufwacht heißt es *Einweckglas)*

Wegetarier *(kul.)* wenn's Fleisch weg ist

Wegling neudeutsch für Navigationsgerät

wegsen etwas oder jemanden wegsen; verschwinden lassen

Wehrmacht verhält sich zur Macht wie der Wehrwolf zum Wolf

Wehrpinscher beinah niedlicher Verwandter des Wehrwolfs

Wehrwulff Ex-Bundespräsident bei Vollmond

weibern sich weibern: eine lediglich aus dem eigenen Frausein bedingte Haltung der allgemeinen Ablehnung gegen wahrscheinlich von einem Mann gemachte Vorschläge zur Schau tragen (→*rumweibern)*

Weibernizer womenizer auf halbdeutsch

Weibmannsdank Wiedergrußwort freundlicher Großstadtdschungeljäger

Weibmannsheil Grußwort traditionsbewusster Großstadtdschungeljäger

weibwund schmerzensreich zum mitleiden gezwungen

Weineckeln gezielt *(durch Hinterlist)* oder ungezielt *(durch Dummheit)* Informationen aus dem allgemeinen Kommunikationskreislauf entfernen

Weinfühlungsvermögen wenn man nach dem dritten Viertele verständig wird

Weinkönigin Heulsuse

Weinlokalpatriot jemand, der anscheinend gerne an einem bestimmten Ort trinkt

Weisenhaus 1) Schachclub voller Professoren 2) →*KaHouse* ab 1,8 Promille

Weitreiche was für den Werber wichtig ist, wenn er vergessen hat, dass es Reichweite heißt

Weißer Mainstream-Europäer meist etwas xenophob veranlagter Nachfahre der europäischen Ureinwohner

Weltweitgewebe mittlerweile völlig unüberschaubares Netzwerk fast aller Computer, dessen Überwachung annähernd soviel Ressourcen verbraucht wie die Herstellung funktionierender Programme bei Microsoft

Weltuntergangsstimmungskanone Hellseher mit dunklen Vorahnungen

Wenbetexter Vielversprecher auf →*Kurzzeitbrautschau*

Werdenbürger Werdender Erdenbürger *(in fötaler Entwicklungsstufe)*

Wermachtsfrage wenn man erst noch im Dialog herausfinden muss, wer es denn tatsächlich macht (Wer macht's?)

Wessimist noch jemand, der glaubt, die Wiedererichtung der DDR wäre wirklich sinnvoll *(→Ossimist); nach König Chlodwig: „Die endgültige Teilung Deutschlands ist unser Auftrag!"*

Wettbewerbung Pitch um mögliche Jobs in der Zukunft

Wettersau 1) *f.* Voraussage von Sauwetter 2) *m.* der Typ vom Wetter, der sich wie ne Sau durch die Betten seiner ahnungslosen Mädels gekachelt hat

Whatka   Getränk, bei dem man sich oft fragt, was es eigentlich war (berühmtes Trinkliedgut „*He said captain, I said whatka!*")

Wichsfigurenkabinett   autonome Bezeichnung für die aktuelle Regierungsmannschaft

Wichstumsbeschleunigungsgesetz   juristisch verankerte Subvention bestimmter Umtriebe

Widerrufmord   wenn man einen erzwungen Widerruf dazu nutzt, um die üble Nachrede noch weiter zu verübeln

Widervereinigung   wenn man zwei getrennte Hälften zusammenbringt, die sich eigentlich anwidern: „Was Hitler getrennt hat, soll der Mensch nicht wieder zusammenfügen!"

wienerlich   etwas leicht Schmieriges an sich habend zB: „Uhh, das ist ja wienerlich!"

Wildsauerei   *(frz. Cochonerei)* eine unter Auslassung jeglicher Etikette öffentlich gemachte Schweinerei →*Piggerei*→*Eberei*

Wildtiermanager   neudeutsch für Jäger

Windelschutz   *(sanderl)* Nachsicht gegenüber Anfängern

Windraffwerk   wenn man sich am Bau gut subventionierter Windkraftanlagen gesund gestoßen hat

Winkelakrobat   Schlangenmensch, Kontorsionist

Winkelement   was man beim Fussball den Linienrichtern in die Hand drückt, damit sie mal auf sich aufmerksam machen können

wintermaiern   eine eigentlich gute Sache durch notorische Hysterie allmählich in ihr Gegenteil verwandeln

Wintersprossen   (nach W. Seidenfaden) die feinen weißen Sprenkel auf dem Gesicht desjenigen, der die Decke streichen musste

Winzessin, Winzessscher   1) Kleinstprinzessin (→*Littlelenien*); 2) Tochter der Weinkönigin (Winzerin), wie im zu Recht wenig berühmten Trinklied: „Winzä, gibb mär nochen Schoppe, dann will ich des Winzessscher poppe" *(Autor und Komponist unbekannt, aber wahrscheinlich Rheinhesse)*

Winzschutzscheibe   *(saba)* große, frontscheibenförmige Lupe, die kleingewachsene Autofahrer größer erscheinen lässt

Wirgehörigkeitsgefühl   *(uteu)* also so wenn man halt fühlt, dass man in größerer Gruppe irgendwie zusammengehört

Wirkungstrinker   *(clemisch)* wer nicht aus gesellschaftlichen Gründen trinkt, sondern um was zu spüren

wirrtuell   in seiner Zweitrealität verwirrend

wirtshäuslich   wenn man sich auswärts wohler fühlt

Wirtschaftswaise   sitzt ohne Mama und Papa in der Kneipe

Wirtschaftswunde   unangenehme Folgen der Akquisition ehemals kommunistischer Landesteile

Witzgeraldo   Humorexzentriker

wix-beliebig   so egal wie die Vorlagen für den →*Egonanisten*

Wixfigurenkabinett 1) Ansammlung von Politikern, die sich hauptsächlich mit sich selbst beschäftigen 2) Kabinett unter Berlusconi

wixieren *(intrans.)* sehr auf sich selbst wixiert sein; *„Du bist doch total auf dich selbst wixiert, du alter Egozentriker"*

W-Lahm langsames Luftinternetz

Wölfinnenschanze *(gerzlich)* Bundeskanzlerinnenamt

Wohnzel (n) extrem kleine Wohneinheit

Wokus(?) (n) wenn man nicht weiß, wo der Mittelpunkt ist

Womenstruation *(engl.)* wie es eigentlich richtigerweise heißen müsste, Ihr Engländer

Womographie *(auch: Womitographie)* erst kotzen, dann schnell fotografieren

Worst-Case-Sandwich 1) von zwei Problemen eingezwängt 2) Wurst-Käse-Sandwich bzw. Cheeseburger

Wortschaftler arbeitet mit und feilt an Sprache

Wortspielzeug Assoziationsketten, Vokabelverdreher und Braxelator

Wosten 1) kleiner Streifen Republik zwischen dem Westen und dem Osten 2) immaterieller Teil des Gehirns, in dem jemand mit seinen Vorstellungen zwischen Osten und Westen hängengeblieben ist

wowo? klare Frage auf die Antwort: dada! *(nach Friedhelm Kändler)*

Wrackment übriggebliebenes Stück, und das auch noch in einem echt schlechtem Zustand, zum Beispiel von einem Schiff oder von einem Gedanken

Würgstoff 1) schmalzige Fernsehsendung 2) schlechtes Getränk

wüsseln *(jule)* nach Schlüsseln wühlen (wahrscheinlich in Handtaschen)

wulffen, sich wulffen lassen jemand anderes für die eigenen Spesen aufkommen lassen

Wunderbarologie Lehre von all den schönen Seiten an eben dem Menschen, in den man grade total verknallt ist

Wurmschatulle Hirnkasten

X

X-ing ein Mädchen nur danach aussuchen, als ob sie den meist letzten fehlenden Buchstaben im Alphabetspiel erfüllen würde *(etwa Xenep, Xenia, Xantippe)*

X-mess spezielle Art der Unordnung, die beim wahllosen Einpacken von Weihnachtsgeschenken oder bei leicht unkoordinierter Zubereitung heimischer Mastvögel entsteht

X-messie jemand, der seine Weihnachtsgeschenke wild aufreißt und das Geschenk-papier schlachtfeldartig im Wohnzimmer anordnet

Xenonprofit Tätigkeit zur Zweck der Gewinnmaximierung, aber man weiß nicht für wen

Xylophobie die Angst vor schlechter Jazzmusik

Y

Yogaga verrückt nach indischen Besinnungsverrenkungen

Yohimbe, Yohimbin Afrikanisches Wurzelkraut, das aphrodisierende Wirkungen dadurch erzielt, dass es mit einem bestimmten Stoff die Blutgefäße im Unterleib erweitert. Packungen zu 20, 50 oder 100 Filmtabletten gibt es auf Rezept in jeder besseren Apotheke, oder bei Jamal (Rasta-Käppi), der nachts zwischen 23.00 und 24.00 Uhr an der immer gleichen Ecke der Kaiserstraße steht

Yonascha das Weibliche an einer guten eritreischen Seele

Yonasszelle gut gekacheltes und stets geschrubbtes Selbstpflegezimmer

Yonasteroid 1) eritreischer Schweifstern 2) Aufbaumittel für das männliche Denkorgan

Yoyonas wenn's mal wieder auf und ab geht

ypsilanteln versuchen, sich rechtzeitig in Deckung zu bringen, bevor ein von einem selbst herauf beschworenes Unheil einen trifft; sich ypsilanteln

Ypsilantis sagenhaftes Wunderland der Politik, das leider unter den Wellen verschwunden ist, die seine Namensgeberin so geschlagen hat

ypsilieren schrittweise zurückziehen, im Sprachgebrauch: „Merkst Du nicht, dass Du störst. Du könntest Dich ja mal was ypsilieren!" oder „Los, yps ab!" *(im engl. „yps outta here!")*

Yuppieläum 25 Jahre nach Erwerb von Loft, BMW und Armani-Anzug

Yvoniversum Ort im Geiste, in dem man viele gaaaanzzz wahnsinnig interessante Menschen erstmal sehr lieb hat – oder eben auch nicht

Z

zabeln erst etwas ausprobieren und sich dann jahrzehntelang nicht daran erinnern wollen, z.B.: Frag mich nicht nach dieser Nacht in Amsterdam, die hab ich gezabelt!"

Zahlengaukler 1) Statistiker 2) Finanzminister

Zahmkreme schmiert man sich mit der Koksbürste auf die Zähne und wird dann kurz drauf recht bettzahm

Zahmpano eine Art Pantoffelheld

Zamthandschuh eigentlich: Finanzamthandschuh: Art, mit der man mit der öffentlichen Sammelstelle kommuniziert

Zappellampe *(jensisch)* sich unkoordiniert bewegender Leuchtkörper, der bestrahlte oder gar verstrahlte Besucher einer Veranstaltung zu gleichem bewegen soll

Zapp'n'duster Name einer ZDF-Pilotsendung über Phänomene des Fernsehens, moderiert von GAX

Zappzerapp relativ kurze Zeitspanne

Zatze echt süße kleine Katze

ZDF 1) Zentrum der Finsternis 2) Zuerst die Flüssigkeiten

zebrös schwarzweiß gestreift

Zechmarie trinkfreudiges aber oft zahlunwilliges Mädchen

Zeitelkeit wenn man sich durch überheblich wirkende Abgrenzung gegen möglichen →*Zeitraub* zu wehren weiß

Zeitknappe guter Freund des Kreativritters, der einem die unwichtigen Termine vom Hals hält *(Anm. d. Red.: Hätte jeder gern, aber gute Zeitknappen sind schwer zu finden)*

Zeitraub Meetings, in denen langsam denkende Menschen (*Zeitdiebe*) schnell denkenden Menschen mit übertrieben langsamen Gedanken die Zeit rauben

Zeitstrafer *(flix:* szaitstra:feur) nach Felix Felixine: „... iss wenn dör SSeit ssu schnell geht ...!" (*Zeitraffer*)

Zentrale Fehlkaufsabteilung betreibsinterne Zusammenrottung zur Sicherung günstiger Einkaufspreise für dann qualitativ noch schlechtere Fremdleistungen

Zentralrat Hinweis, den man besonders beherzigen möchte

Zerlebnis das finale Durchleiden eines einschneidenden Ereignisses

Zero *(krax)* auch: der Rächer der Nullen, erste Krax Comicfigur; Superheld der Loser

Zerschmetterling *biol.:* deutsche Kampfbutterfliege (wahrscheinlich 2. Weltkrieg)

Zettelfolter spezielle Qual, die man angesichts der monatlichen Steuerbuchhaltung empfindet (→*Ordnungsstrafe*)

Zettelgeld 1) Geldscheine (Scheingeld) 2) Geld, das letztlich nur auf Zetteln existiert (also auch Scheingeld)

Zettelkarton Sammelstelle für Belegartiges

Zeuswart jemand, der auf die Götter aufpasst, wahrscheinlich Altphilologe

Zickenburger (auch: McZicken) mit gesundem, bekanntermaßen ja gar nicht agressiv machenden Hühnerfleisch

Zickenstall, Zickenzimmer Damentoilette

Zikipedia Internet-Kolportal mit allerlei Schmink-, Einkaufs- und Tratschtipps (→*giggle,* →*girliepedia*)

Zimperling Mensch, der sich angesichts schon kleinster Unannehmlichkeiten in Unentschlossenheit flüchtet

Zinsluder treiben was der gemeine Bänker so außerhalb seiner Freizeit tut
→*Banken-zinsluder*

Zirkeladvokat wahrscheinlich der Kumpel vom Winkeladvokat

Zitzenjob Heimarbeit für junge Mütter

Zölibat Freiwillige Sexkontrolle als Tarnung für Ausschweifungen anderer
Art

Zölibatman alleinlebender Fledermäuserich

Zombiebank wo die Leichenpapiere bilanziert werden *(statt: Bad Bank)*

Zonenusche eine bestimmte Art von Lockenfrisur

Zoniker jemand, der sich gern über die Unzulänglichkeiten der früheren
Ostzone lustig macht

Zonist Bewohner der ehemaligen →*DDR*

Zornmöschen Mädchen, das sich zwar selbst für eine Prinzessin hält, aber
bislang von möglichen Prinzen nicht die entsprechende Beachtung erfahren
hat

Zucker 1) ein süßes Mädchen oder Bübchen   2) kristallines Süßmittel
(→*Kinderkoks*)

Zuckerguss *(porn)* Zuck-Erguss

zuföhnen auf jemanden möglichst pausen- und sinnfrei einquatschen

zu Leide rücken jemandem akustisch oder menschlich grenzwertig auf die
Pelle rücken

Zumwinkeladvokat *(jur.)* Rechtsverdreher, der die zweifelhafte Ehre hat,
Steuerflüchtlinge und Lichtensteinstifter zu vertreten

Zuwiderhandlung Laden, in dem es hauptsächliches sinnlosen Nippes und
hässliche Einrichtungsgegenstände gibt; „Er betreibt in der Innenstadt eine
Zuwiderhandlung!"

Zuwiderling jemand, der vielleicht nicht allgemein nwiderlich, aber eben mir
zuwider ist

zuzimmern sich zuzimmern; sich selbst mit alkoholischen Getränken
abfüllen bis man vollständig von „Brettern vorm Kopf" umschlossen ist

Zwangs-Pay-TV GEZ-finanzierte Sender

Zwangswiderling Einer, der nicht anders oder nichts dafür kann

Zweckmühle wenn man die Wahl zwischen zwei Übeln hat, die beide
lediglich einem schnöden Zweck dienen, während die dritte Möglichkeit, die
Sinn und Freude verspricht, in nicht allzu weiter Entfernung an einem
vorbeistöckelt

Zweieinhalber wenn's zum Dreier nicht mehr wirklich reicht (Anm. d. Red.:
weil einer schon halb hinüber ist)

Zweimahlzeit Mittagsgruß an einen Gourmand

Zwergenreich Kinderzimmer

Zwergriesenrad Gebilde zur vertikalen Zirkulation aber mit wenig
Höhengewinn

Zwergschaft bezeichnet denjenigen Nachwuchs bei Menschenpärchen, der noch nicht zur voll aufgerichteten Körpergröße herangewachsen ist; in höflicher Anrede jener Nachwuchsmenschen „Eure Zwergschaft!"

Zwiebel Beginn aller suppenartigen Gerichte

zwiebeln sich zwiebeln; sich in viele Schichten Kleider gegen die Kälte einhüllen

Zwingerclub Dominastube

Zwölftonspeicherich Teil des füllingschen Gehirns, der für die kurzfristige Erinnerung von Tonfolgen (*bis 12 Töne*) zuständig ist und in dem wegen der geringen Speicherkapazität alte Melodien durch die jeweils Letztgehörte überspielt werden

BRAXEL ANHANG

Redewendungen, die nicht nur einem bestimmten Stichwort zuzuordnen sind, aber auch nicht unbedingt viel mehr Sinn machen als die einzelnen Begriffe. Obwohl ja ein paar Sachen dabei sind, auf die muss man erst mal kommen – bei klarem Verstand! Und so manche Stilblüte entfaltet ihre volle Schönheit sowieso erst im Zusammenhang mit ihrem Kommentar. Ich hab aber zur stillen Erbauung des Lesers auch ein paar Einzeiler aus meinem immer aktuellen Bühnenprogramm „Sackkreisel auf Autopilot" dazwischen geschmuggelt. Auch hierbei: Viel Vergnügen!

A

„... aber ich sag nicht in welchen!" *(aus einem belauschten „Das bleibt aber unter uns"-Gespräch zweier Tratschtanten)* wenn man alle unbekannten Ereignisse ausplaudert um dann zuletzt ein kleine Tatsache, die sich aber sowieso aus dem Zusammenhang ergibt, zu verschweigen, damit der Nimbus der Verschwiegenheit gewahrt bleibt

„Aber nicht gleich das Haus durch die Tür stülpen!" wenn man mit der Tür nicht so ins Haus fallen soll

„Aber was sollen sie denn sonst schwenken?!" *(Peter Hahne zum Thema Nationalstolz und Deutschlandfahnen)* mit Geburtsurkunden und Ariernachweisen?

„Abteilung Flitz und Wetz!" die zwei Katzen

„Achtung Sicherheitshinweis; bitte lassen Sie ihr Gebäck nicht unbeaufsichtigt!" Hörfehler an der Flughafenbäckerei

„Ah, verstehe, von daher weht der Hase!" *(Laiendarsteller in einer Dokusoap)* der Hase läuft nunmal wie der Wind weht

„Alfred sei der Mensch, Edel und gut!" *(nach Alfred Edel†, Schauspiellegende)* wie man einen Selbstanspruch treffend vernünftig formuliert

„Alle Frauen. Ich hab ein Herz wie ein Bergwerk!" *(unbekannt)* Antwort auf die Frage, wen man so liebt

„Alle Wege führen nach Rum!" cubanisches Sprichwort

„All you can meet!" *(engl.)* Ersatzbegriff für Speed-Dating-Veranstaltungen

„Also ehrlich, daran soll es scheitern!" *(gax)* wenn ein Argument dagegen doch ein Grund ist

„Also ich will mein Hotel aufs Zimmer!" *(esbergisch)* wo eigentlich das Frühstück hin geliefert werden sollte

„Alte Männer laufen nicht weg, sondern heim" *(gax)* was alte Mädchen beruhigt

„**Am Ende wird alles gut. Und wenn noch nicht alles gut ist, dann ist es auch noch nicht das Ende**" (*indisches Sprichwort*) also weitermachen bis es passt!

„**Amok Schwarzenegger**" Vorname, den sich der öschige Körperbauer als Gouvernator redlich verdiente, vor allen in Sachen Finanzen

„**Am sichersten scheitert man, wenn man es gar nicht erst versucht!**" Also besser nicht versuchen zu scheitern, wenn man es will, oder wie, Herr Prof. Tegmark

„**Analphabeten – Lernt lesen!**" Traumplakat aller Werbetexter

„**André Rieu – es geigt sich dem Ende zu!**" ohne Kommentar

„**Angela Merkel denkt, wir wären bei der Arbeit!**" Plakat irischer Fußballfans während der Euro 2012

„**Anpfiff ist die beste Beleidigung!**" (*gax*) in Abwandlung des berühmten Fußballer-merksatzes „Angriff ist die beste Verteidigung"

„**Ansatzweise gewieft!**" (*schrö*) wenn jemand glaubt einen guten Plan zu haben

„**auf Biegen und Erbrechen**" wenn man etwas mit aller Macht versucht und zwar solange bis einem schlecht wird

„**auferstanden von den Roten**" wenn Jesus in der DDR gelebt hätte

„**auf falsche Pferde locken**" jemanden durch das Vertauschen von Informationen oder Vierbeinern in die Irre führen

„**Aufgabe kann nicht unsere Aufgabe sein!**" ermunternde Ansprache an leicht verzagte Mitarbeiter

„**auf lange Gesicht**" (*saba*) wenn es auf lange Sicht so schlecht für jemanden läuft, dass der dann ein langes Gesicht macht (anm. d. Red.: Wie in dem beühmten Witz. Kommt ein Pferd in Bar, Sagt der Barkeep: „Und? Warum so ein langes Gesicht?!")

„**Auf Sitzmöbeln platzierte Populanten von architekturell generierten Domizilen aus transparent erstarrten Flüssigkeiten sollten keine ballistischen Experimente mit Brocken fester Materie durchführen!**" (*nerdisch*) Wer im Glashaus sitzt, sollte nicht mit Steinen werfen.

„**Auf Widerwort**"„**Auf Widersinn**" Abschiedsdialog der Streitsüchtigen

„**Aufstehen. Gehen. Jetzt!**" (*gax*) ermunternde Ansprache an einen betrunkenen Gast, der sich auf dem Sofa ins Traumland verabschiedet hat

„**aus den Eiern rippen**" wenn es mit dem „*aus den Rippen leiern*" nicht so geklappt hat

„**aus eiterem Himmel**" wenn man eh schon im sauren Regen steht

„**ausgeschlagen und zusammengeraubt**" was einem in der Bronx so des Nachts passieren kann

„**Aus unserer Reihe *Harte Frauenschicksale*, heute: Spielerfrau in der vierten Liga!**" tja, knapp an den Millionen vorbei

B

„Bei dem Yugo gibt's nur so chichi-Zeugs zu essen; wahrscheinlich sowas wie Cewapchichi" wie man die Küche des vordersten Vorderorients etwas aufpeppen kann, zumindest verbal

„Bei der Beleuchtung bleibt die Flasche nicht lang kalt" *(Olaf)* wer braucht schon einen erheblichen Grund zum Trinken

„Bei der intendierten Realisierung der linguistischen Simplifizierung des regionalen Idioms resultiert die Evidenz der Opportunität extrem apparent, den elaborierten und quantitativ opulenten Usus nicht assimilierter Xenologien konsequent zu eliminieren! *(nerdisch)* Zur Vereinfachung der Muttersprache erscheint es sehr sinnvoll, nicht so viele schwierige Fremdwörter zu benutzen...

„Bei RollsRoyce reingeschaut, kein Auto gekauft, Viertelmillion gespart – ich bin ein Fuchs!" *(gax)* wie man ein Sparprogramm gegen sich selbst durchsetzt

„Bembel statt Bambule" hoffentlich der kommende Slogan der Randalemeister

„berufstätige Katzen" *(mojzisch)* Haustiere, die tagsüber eine aushäusige Tätigkeit wie zum Beispiel die Mäusejagd ausüben

„Betrag in Bar erhalten!" wenn jemand einem in einer Kneipe Geld zugesteckt hat

„Bier, Mann und Gebrüll!" was meistens von Wein, Weib und Gesang so übrig bleibt

„Bildung einer kapitalistischen Vereinigung!" was Brecht mit Gründung einer Bank zu umschreiben pflegte

„Bin bam es peng den puff zu bum" *(EF-Forum)* hier benutzt gegen die Verballhornung der Sprache durch sinnlosen Ersatz der üblichen Worte, heißt übersetzt „Sonst ist es schwierig den Sinn zu verstehen!"

„Bitte nicht am Lack lecken!" sehr sinnvoller Autoaufkleber

„blond und blauäuig!" dumm und naiv, also so wie man als guter Arier zu sein hatte um die Nazis für eine gute Sache zu halten

„Brauner Vater des starken Darmwindes" Idianername für aufgeblähtes Arschloch

„Brot kann schimmeln. Was kannst Du?" prekärer Vorwurf

„Brot ist der Applaus des Künstlers" *(Jan Hofer)* deutlicher Aufruf wahrscheinlich hungernde Künstler am Beilagenbuffet teilhaben zu lassen

„Buchteln sind Wuchteln" *(österlirsch)* aus der julianischen Einführungsstunde über die österreichische Küche

„Blumendraht ist mein Gaffaband" *(saba)* was nicht so recht klebt, kann immer noch gezwungen werden

C

„**Cat Astaire und Maunzi Rogers**" wenn die zwei Katzen tanzen

„**Coffee, Tea or me?**" (*flughistorisch*) Motto der Flugbegleiterinnen in den stilistisch goldenen Jahren der Passagierfliegerei

„**cogito ergo dumm**" wenn Nachdenken auch nix mehr bringt

„**cogito ergo konsum**" (*nach Urban Priol*) Selbsterkenntnis gegen die Wirtschaftskrise

„**cogito ergo summsumm**" philosophische Erkenntnis für Bienchen

„**Countrymusic ist mittlerweile Saloonfähig!**" (nach Blue) wenn was herkommt, wo es hingehört

D

„**Da bin ich mit meinem Finnisch am Ende!**" wen man nicht mehr weiter weiß

„**Da bricht bei mir der kalte Scheiß aus!**" Schockentleerung unter dem Eindruck muskelentkrampfender Ereignisse

„**Da fällst Du in Unmacht!**" die kleine Schwester der Ohnmacht

„**Dafür, dass es vorher so dreckig war, ist es ganz schön sauber!**" (*Werner G.*) Gut vorgespült, ist schon mal halb gereinigt!

„**Da gab's nur so Chichi-Zeugs zum Essen, so was wie Cewapchichi!**" Kommentar zu einem balkanesischen Restaurant

„**Da haben wir erstmal ein paar Bierchen getropft**" 1) Bierchen gezischt? Tropfen getrunken? Egal, es hat gewirkt, zumindest auf das Sprechzentrum 2) oder einfach per Kanüle direkt in die Vene eingeleitet

„**Da hab ich Dir aber ein Schnittchen geschlagen!**" nachdem man jemandem ein Canapé vom Teller stiebitzt hat

„**Da hat er sich jetzt an Kreativität nicht übertroffen!**" (*spotsch*) war wohl nicht so toll, also ähnlich wie diese Formulierung

„**Da ist Ihre Führungskriege gefragt!**" (*Jan Hofer*) hat sich schon wohl rumgesprochen, dass sich die verschiedenen Vorstandsmitglieder nicht grün sind

„**Da ist was im Bush, doch es ist kein Gehirn!**" (*gax*) nackter böser Wille benötigt keine Intelligenz

„**Da krieg ich ja Gemsenhaut**" wenn einem vor Schauer ein Bergbockfell wächst

„**Da läuft mir die Gülle über**" Osmanisierung des guten alten teutschen Zorns

„Da liegt die Nase im Pfeffer" das Problem ist noch viel drängender als wenn's der Hase wäre

„Da muss man halt auch mal auf die Zehen beißen!" *(spottsch)* wenn man aus seiner bequemen Beobachterposition der Meinung ist, die anderen sollen sich gefälligst mehr anstrengen!

„Da muss man sich erstmal in Courage reden!" wenn man den Heldenmut erstmal herbeireden muss

„Da nicht lang, da ist Schlussverkehr" *(mojzisch)* Warnung vor Feierabendverkehr, könnte sich aber auch um Abschiedssex handeln

„Danke, dass Sie das Alles so offen in den Dialog getreten haben!" So kann man auch etwas mit Nachdruck zur Sprache bringen

„Dann autschtste!" *(silk)* dann tut's dir weh

„Dann gehst du ohne Abendessen ins Brot!" *(saba)* gut gemeinte Drohung

„Dann habe ich mich selbstständig gemacht. Hab mir gedacht: wenn ich schon für ein Arschloch arbeite, dann lieber für mich selbst!" wie der renitente Anti-hierarchiger zu seinem professionellen Status kommt

„Dann haben sie verdient verliert!" *(esbergisch)* und zwar nicht nur das Spiel sondern gleich auch die heimische Deklination

„Dann rauch ich noch schnell nen Kaffee und dann können wir gehen" *(saba)* wenn Größe der Kaffeetasse und Länge der Zigarette über den möglichen Aufbruchszeitpunkt bestimmen

„Dann startete die Eintracht eine schier uneinholbare Aufholjagd!" *(spottsch)* wenigstens die Jagd konnte niemand mehr aufholen

„Darf ich Sie bei Gelegenheit mal in kulinarische Aktivitäten verwickeln!" wie man jemanden zum Essen einlädt

„Das bürolose Papier *(ernstl)* was sich so außerhalb gut organisierter Behörden, Firmen oder Archiven an Zetteln rumtreibt

„Das Denken sollte Mann den Pferden überlassen; die haben den größeren Schwanz!" Parole der Spätemanzipierten

„Das Dejavu hatte ich schon so ähnlich!" (nach Bruno Hübner)

„Das desorganisierte Verbrechen!" dumme Gangster

„Das dritte Rad am Bike!" wenn es mangels Pärchen nicht zum fünften Rad am Wagen langt

„Das Eckige muss ins Runde!" *(F. Moesner)* und zwar der Sake aus dem eckigen Holzkästchen in das große Runde, das man so aufm Hals mit sich rumträgt

„Das einzige Schlafmittel, das man mit den Augen einnimmt!" Beleidigung für eine echt langweile Person

„Das Faul war nicht gut getreten!" *(spottsch)* sollte vielleicht mal ein Fachbuch zum Thema „Schöner Treten" schreiben

„Das große Einmal-Ich!" Grundrechenform für Egoisten

„Das gut befremdete Ausland!" wahrscheinlich Griechenland

„**Das haben die Spatzen von den Dächern posaunt!**" wenn Pfeifen einfach zu zurückhaltend ist

„**Das hat nix zu bedeuten!**" (*Alex del Ponte*) Nein, ich habe die Gitarre nur geholt, damit sich das Holz im kalten Auto nicht verzieht; und nein, ich werde jetzt auf der Hotelzimmerparty um halb zwei morgens nicht noch was spielen!

„**Das ist auf angenehme Weise schockierend!**" wenn etwas Schockierendes der richtigen Person widerfahren ist

„**Das ist doch die Karikatur des Kreises!**" wenn eine Ähnlichkeit zur Quadratur nicht fest zu stellen ist

„**Das ist doch für die Kommunikatz!**" Einsicht in die Vergeblichkeit eines Verständigungsversuchs

„**Das ist eine ganz billige Bemerkung, die ich Ihnen trotzdem nicht abkaufen werde!**" Zurechtweisung für jemanden, der gerade das Niveau unterboten hat

„**Das ist ja wie nicht in Stein gemetzelt!**" wie man es ausdrückt, wenn man sich nicht rechtzeitig gefragt hat, warum der Steinmetz nicht Steinmeiß heißt

„**Das ist ja wie Sex im Lotto!**" also ein echt glücklicher Zufall

„**Das ist keine leere Phase!**" (*S. Aigner*) meinte wohl die Phrase

„**Das ist mir primär sekundär!**" (*yonish*) Das ist mir scheißegal!

„**Das ist nur die Spitze des Scheißbergs!**" darunter befindet sich noch mehr Kloake

„**Das ist so einer, der bei Grün nicht über die Straße geht - es könnte ja rot werden!**" (*MrBoccia im EF-Forum*) wie man einen Schisser beschreibt

„**Das kann doch nicht mein Ernst sein!**" 1) Versprecher von Werner Lorant 2) und dann Programmtitel eines Kabarettprogramms

„**Das kann man nicht über Nacht aus den Hoden stampfen!**" die Schöpferkraft der Spermien hat auch ihre Grenzen!

„**Das kannst Du dir auch mal auf die Fahnenstange schreiben**" (*kucki*) wenn hinter dem Ohr kein Platz mehr ist

„**Das Kind mit dem Bade in den Brunnen schütten**" wenn man es so richtig doppelt-gemoppelt verbockt hat

„**Das lässt die Zukunft doch in einem rostigen Licht erkalten!**" (*gax*) wenn die Zukunftsaussichten nicht so toll sind, wie der Geschäftspartner verspricht

„**Das Leben ist kein Ponyschlecken!**" (*nach Conny Gärtner*) wenn man Ponyhof und Zuckerschlecken verflengt

„**Das macht der chpaniche Weichwein**" (*fleng*) Begründung für den direkt vorgeführten Sprechverschlechterungseffekt des spanischen Weißweins

„**Das Mädchen im Niqab ... ich glaub, die ist verliebt in mich. Sie hatte nur Augen für mich!**" (*gax*) aus „Sackkreisel auf Autopilot"

„**Das muss man sich mal vorstellen; 51% aller Hochschulabsolventin-
nen sind Frauen!**" *(nach Jan Hofer)* viel eher müsste man sich aber mal
vorstellen, was die anderen 49% so sind

„**Das reicht ja grade mal für'n altes Loch im Zahn!**" *(lindi)* mal wieder
nicht genug aufm Teller

„**Das Scherzen über die Sicherheitskontrolle ist eine ernste Angelegenheit!**" ernst gemeintes Hinweisschild am Flughafen in Sydney *(„joking
about security check-in is a serious matter and can lead to criminal perse-
cution or being denied from flight!")*

„**Das sieht ihr üblich!**" *(saba)* wenn es weniger um Ähnlichkeit, denn um
routinierte Attitüde geht

„**Das streut mir nur Sand ins Geschriebe!**" *(Jule Reifenberger)* wenn man
sich bei seiner Diplomarbeit in Recherchen verheddert

„**..., dass wir nie Kinder ohne Traurigkeit waren**" *(Uli. H)* zumindest er
selbst war zwar kein Kind von Traurigkeit, dafür aber eins mit einer Sprich-
wortsperre...

„**Da weißt Du aber, wo der Hase den Hammer hat**" *(kucki)* beschreibt den
Ort, wo die Stunde geschlagen und der Zimmermann das Loch gelassen
hat

„**Das wird auf einer anderen Hysterie-Ebene entschieden!**" *(Nicola G.)*
was die Entscheidungsfindung nicht nur auf unbekannt verlegt, sondern
auch gleich noch beschreibt, in welchem Zustand sie getroffen wird

„**Da war aber Schweigen im Busch**" wenn's die Stille für den Wald nicht
ausreicht

„**Da war ich noch im Minus**" *(britonisch)* noch nicht geboren, also minus
soundsoviele Jahre alt

„**Da wirst Du doch für schlau verkauft**" wenn's jemand gut mit Dir meint ...

„**Deine Langeweile hätte ich gerne**" wenn jemand offensichtlich soviel Zeit
hat, sich auch noch für den letzten Pseudopromidreck zu interessieren

„**Dein Zimmer, in zwanzig Minuten, kein Vorspiel!**" wie man fast jeden
Mann im Verlauf einer philosophischen Diskussion verwirren kann

„**Dem haben sie auch viel zu früh die Stützräder vom Dreirad abge-
schraubt!**" über jemend, der wohl etwas zu oft auf den Kopf gefallen ist

„**Dem hab ich schön ins Mundwerk gepfuscht!**" *(gax)* dem bin ich mit
einer guten Spitze ins Wort gefallen

„**Dem wünscht man doch einen Kabelbrand an seinen Herzschritt-
macher!**" *(gax)* auch ne gehässige Art jemand über den Jordan zu wünschen

„**Den hätt ich gleich in die Wurst gemacht!**" *(Jackson B.)* wenn man seine
Abneigung gegen bestimmte Hunde nicht verhehlen mag

„**Den musst Du mit Samthandschuhen anpassen!**" *(gerzl)* mit sanftem
Druck in die vorgesehene Schublade einführen

„**Den Saufstall aufräumen!**" Trink- und Essensreste von Tisch und Boden
entsorgen

„Depression ist auch nur so etwas wie Wut ohne die richtige Begeisterung!" wenn einem der Enthusiasmus fehlt

„Der Abenteurer hat alle großen Berge der Welt bekleckert!" (*moma*) wenn im Morgenmagazin das Wort *erklettern* noch nicht so gut über die Lippen kommt!

„Der Affe fällt nicht weit vom Stamm!" (*zoo-logisch*) Es sind nicht immer nur Meister, die vom Himmel fallen!

„Der Alkohol reißt nur die schwachen Rehe!" (*nach Igor*) Kommentar zum drohenden Hirnzellenverlust durch die übermäßige Einnahme selbstgebrannten Wodkas

„Der Aufsichtsrat ist schon interessant, sonst hätt ich mich nicht kandidiert" (*Sergej Barbarez*) wie man sich selbst zum Kandidaten ernennt

„Der Aufzug ist weg" (*gax*) **„Achtung, die Struktur des Gebäudes verändert sich ständig"** (*lota*) Dialog über Fragen der ständigen Umorientierung in der Düsseldorfer Messe

„Der bewegt sich so geschickt wie eine Eidechse – bei Null Grad!" über jemand, der weder großen Bewegungsdrang noch –geschick hat

„Der fette Vogel bricht den Ast!" Schlauernweisheit

„Der Fisch stinkt vom Topf!" altes Küchenmeistersprichwort

„Der Ganz Nahe Osten!" (*gax*) Kosename für die neuen Bundesländer

„Der geflugte Buch!" (*dimmel*) wenn einem jahrzehntelange Buchhaltung bei Flugbuchungen einen Verbalstreich spielt

„Der Geruchskoeffizient gewisser finanzieller Mittel ist permanent gleich null!" *(nerdisch)* Geld stinkt nicht

„Der hält sich für das Salz in Gottes Suppe!" wenn jemand im warmen Mantel der vollständigen Selbstüberschätzung durch die Gemeinde stiefelt

„Der hat da ein kleines Loch im Charakter – und das Loch hat einen Ringmuskel!" der ist ein Arschloch

„Der hat doch nen Karrieresprung in der Schüssel!" wenn jemandem die Beförderung zu Kopfe gestiegen ist

„Der hat doch nen Knopf im Arsch!" (*saba*) wenn's für den Stock nicht gereicht hat

„Der hat ganz viel Gefüß im Fuhl!" (*spotsch, Reinhold B.*) also mehr als dieser Sport-moderator in der Zunge

„Der hat seinen Beruf zum Hobby gemacht!" *aktive Freizeitgestaltung im Büro*

„Der Individualist ist der Feind der Klassengesellschaft" (*gax*) zwischen allen Stühlen eben

„Der ist der verlängerte Arsch des Trainers!" was man über einen unfairen Fußballer unter der Weisung eines unfairen Trainers sagt *(Anm. d. Red.: wahrscheinlich beide Fortuna D95)*

„Der ist so effektiv wie ein Toaster beim Stromausfall!" wenn uns jemand kein Stück weiter bringt

„Der klebt wie ein Uhu an seinen Posten!" wenn man die Eule mit dem Klebstoff verwechselt

„Der kleine Prunz!" der Kater *(von pruntzen; alpendeutsch für pissen, sich erleichtern)*

„Der lange Arsch durch die Institutionen" *(pol.)* will jetzt nicht verraten, welcher der 68er damit gemeint ist, aber das Wort „lang" gibt ja auch einen Hinweis

„Der lebt und stirbt von uns!" *(fleng)* unser Stammwirt auf Mallorca nach mehrtägiger Belagerung durch PPP-Team

„Der macht doch die Evolution lächerlich" Bezeichnung für jemanden, der den allgemeinen Genpool nicht bereichert

„Der macht ein Gesicht, als ob er Rattengift in seinem Morgenbier gehabt hätte" *(EF-Forum)* es ging ihm wohl nicht gut

„Der Mann hat ein kleines Loch im Charakter; und das Loch hat einen Ringmuskel" auf gutdeutsch: er ist ein Arschloch!

„Der Mann ist ein fundamentales Wesen, die Frau ist ihm untergeordnet" *(afghan.)* wie Präsident Karsai sich das neue Afghanistan vorstellt, aber nicht verrät, wie etwas noch unter das Fundament geordnet sein kann

„Der muss unbedingt aus dem Geschlechtsverkehr gezogen werden" wenn jemand absehbar der Evolution schaden wird

„Der nadelt nicht, der ästelt" wenn R. Schades Weihnachtsbaum mal wieder der frühjährlichen Knut verpasst hat und nun im Juni ganze Äste abwirft

„Der Oktopus hat nicht ganz meine Krakenweite!" welches Ding auch immer, aber es genügt nicht den Ansprüchen

„Der Plan war wohl noch nicht ganz ausgereift!" Trost nach vollständigem Scheitern

„Der Prolet im eigenen Lande ..." 1) dem man genauso ungern zuhören will wie dem Propheten 2) Sammelbezeichnung für eine bestimmte Art von Reality Shows

„Der rosarote Panda" (britonisch) chinesische Adaption der berühmten Comicfigur

„Der Ton macht die Vase!" altes Keramikersprichwort

„Der Versuch mit dem Teelöffel der Erkenntnis gegen die Sandwüste der Dummheit vorzugehen!" Sissiphos lässt grüßen: wenn du in einen Sandsturm kommst, nützt es dir auch nichts, dass du einer Wüste erklären kannst, dass sie eine Wüste ist.

„Die Anatomie der Frau ist für Trikotwerbung nicht geeignet. Die Reklame verzerrt!" Deutscher Fußballbund zum Thema Trikotwerbung im Frauenfußball

„Die Anonymen Sabiniker" sitzen zusammen und lachen, was das Zeug hält

„Die arme Ich" *(saba)* Selbstmitleid in sprachlich präziser Form

„Die Axa des Bösen" Versicherungskonzern, der ungern zahlt

„**Die Büchse des Panda öffnen**" ist nicht so schlimm, man hat nur viel Bambus zu entsorgen

„**Die Expansion der interranen Tuberosa steht in inverser Proportionalität zur intellektuellen Kapazität des kultivierenden Agronoms!**" *(nerdisch)* Das maximale Volumen subterraner Agrarprodukte steht in reziproker Relation zur intellektuellen Kapazität des Produzenten (anm. d. Red.: die dümmsten Bauern habe die dicksten Kartoffeln)

„**Die Gags sind abgezählt; also reißt Euch zusammen!**" (Helge S. nach einem verunglückten Witz) was man von einem Comedy-Publikum an Mitarbeit erwarten darf

„**Die Finte ins Korn werfen**" einen eben grad noch sehr schlau ausgedachten Plan doch noch aufgeben

„**Die haben mir da ein Loch reingemauert**" *(fleng)* wie die Durchreiche entstanden ist

„**Die hat doch einen sechsten Sinn hinter ihrem zweiten Gesicht**" wie man Astro-TV-Wahrsager charakterisiert

„**Die Initialisierung eines Teils vom wiederum 365.2-ten Teil der Bewegung unseres Rotationsellipsoiden um eine gigantische, dichte Wasserstoffheliumwolke beinhaltet ein Edelmetall im Sprechinstrument.**" (nerdisch) Morgenstund hat Gold im Mund

„**Die ist darauf spezialisiert, bei alten Säcken die Hodenschätze auszubeuten**" meist als Bunny im der Playboy Mansion

„**Die ist doch eine fickende Zeitbombe!**" *(unbekannt)* Das ist eine sehr gefährliche Frau, die sich nicht scheut, ihre körperlichen Vorzüge zielorientiert einzusetzen

„**Die Krem de la Kreml!**" *(gax)* Putin und Konsorten

„**Die Liebe ist ein schweres Schaf!**" *(nach Jan Hofer)* der verflixte Versuch eines Radiohörers sich den berühmten Song „Die Liebe ist ein scharfes Schwert" zu wünschen

„**Die Niedlichkeit meiner Erscheinung überlagert die Brisanz meiner Mitteilungen!**" *(unbekannte Ubahn-Passageuse)* Stickarbeit auf einer Jutetasche

„**Die Pferde kollabieren über die Wiese**" *(kimu)* das kommt davon, wenn man zulange galoppiert ist

„**Die Polizei schießt weitere Verhaftungen nicht aus**" auf dem Weg in den Polizeistaat

„**Die Revolution verhütet ihre Kinder**" die 68er und der Pillenknick

„**Die satanischen Fersen**" *(spotsch)* Name einer Hobbykickermannschaft!

„**Diese Präsenz ist leider nicht verfügbar**" Meldung aus dem Internet zur Unauffindbarkeit einer Webseite

„**Dieser Kreis nicht näher definierter Personen erhöht auch nur die durchschnittliche, ungeordnete Teilchengeschwindigkeit von Dyhydrogenmonoxid**" *(gax)* Die kochen auch nur mit Wasser!

„Dieser Mensch hat ein Benehmen wie ich, als ich noch keins hatte!"
(neuss) wenn man jemanden elegant zurechtweisen möchte

„Dieser Mensch mit dem langsamen Gesicht!" *(neuss)* wenn jemand
schon mimisch reaktionsarm ist, dann ist er wahrscheinlich auch begriffstutzig

„Dieser Satz wird mein weißes Album" Freude eines Autoren über ein
besonders gelungenes Bonmot (in meinem Fall zur Zeit: *„Ich bin ein
schlechter Verlierer. Die meisten Dinge tauchen schon nach kurzer Zeit
wieder auf!"*)

„Dieser Witz hat echt sonen Mario" *(insid.)* meint: hat so einen Barth

„Dieses Joghurt ist wirklich unter aller Danone" metaphorisch: für einen
angeblichen Spezialisten ist das aber ein erschreckend schwaches Ergebnis

„Diese ständige Fäkalsprache finde ich doch sehr exkrem!" und zu
recht

„Die sieht aus wie eine lebendige Reklame für vollendete Totenstarre"
wenn jemand nicht mehr ganz frisch ausschaut

„Die Spirale des Misserfolgs!" er hat zwei Jahre lang versucht, seine
Freundin zu schwängern, scheiterte aber eben an der Spirale des Misserfolgs

„Die Straßen sind wie leergefickt!" je nach Ausrichtung keine Weiber oder
keine Kerle mehr da

„Die streckt über die Schlänge" *(saba)*

„Die Struktur einer nicht unbedingt ambivalenten, aber emotionalen
Beziehung beeinträchtigt das visuelle und kognitive Wahrnehmungs-
vermögen extrem!" *(nerdisch)* Liebe macht blind

„Die unerträgliche Seichtigkeit des Laien" wenn, wer keine Ahnung hat,
uns mit Plattitüden langweilt

„Die waren uns Hochhaus überlegen" *(sanderl)* also nochmal höher als
haushoch

„Die Welt braucht keine Berufe, die man einem Kind nicht erklären
kann!" Hinweis zur Überprüfung der versteckten Arbeitslosigkeit

„Die Welt ist ein Arsch!" wenn sich die Mächte des Schicksals mal wieder
gegen einen gewandt haben

„Die weißen Tauben sind Möwen" *(gerzlich)* Vogelkunde für Besserwisser

„Die werden ans Schlafittchen gemacht" *(saba)* wenn jemandem eine
firmeninterne Strafansprache droht

„Die würd ich jetzt nicht vom Laken hassen" wenn man jemandem
aufgrund deutlicher Attraktivität nicht vom Haken lassen würde

„Die Zeit vergeht wie im Flughafen!" also quälend langsam und nicht wie
angeblich im Flug selbst

„Dir sitzt doch der Alk im Nacken!" wo ja sonst der andere sitzt

„Dog bless you!" *(Ludicelka Muck)* Gebetsruf der Hundefanatiker

„**Draußen scheint die Welt!**" *(saba)* die erste Euphorie dieser tiefen phylo-sophischen Erkenntnis war natürlich der Sonne und dem blauen Himmel geschuldet, aber wenn man erstmal drüber nachdenkt ...

„**Dreh den Washer nach links. Nee, das annere links!**"" *(heuslich)* hell-technische Kommunikation beim Einrichten der Beleuchtungskörper

„**Dreißig Jahre Ich!**" *(gax)* Denkspruch zum 44sten Geburtstag mit dezen-ten Hinweis auf die Bewusstwerdung des eigenen Selbst in Abgrenzung zum →*Nich* und seiner späteren Auflösung im ewig göttlichen Reich der Vernunft *(nach Sokrates und Platon)*.

„**Dr. t.h.c.!**" *(nach M.-S. Tietze)* Welchen Ehrentitel tragen Sie?

„**Drum prüfe, wer sich ewig windet!**" wenn er einfach nicht mit dem lang erwarteten Antrag rüberkommt

„**Du bist ein offenes Buch für mich – und zwar dummerweise eins, das sich auch noch ständig selber vorliest!**" wenn jemand zuviel Informa-tionen über sich selbst streut

„**Du bist so ein Selbstlos!**" wenn jemand so eine Art ständiger zweiter Sie-ger in der Egolotterie ist

„**Du bist wie ein Goldfisch, der damit droht sich an Land zu werfen!**" wenn jemand einen lächerlichen Erpressungsversuch unternimmt

„**Du hast ein Gesicht ... also, Dich hat man scheller gezeichnet als fotografiert!**" unverschleierte Beleidigung!

„**Du hast ganz interessant zugeschaut!**" *(spotsch, Waldi H.)* da war die Gesprächs-partnerin doch hübscher als der Text verständlich

„**Du musst dran glauben!**" *(isl.)* Missionierungsspruch des Mohammed

„**Du musst dran lutschen!**" *(vatikan.)* Missionierungsspruch der höllischen Katholiken!

„**Durchführung meinungsbildener Maßnahmen!**" *(milit.)* Folter im Reichs-hauptamtsdeutsch

„**Du Scheißkeks!**" *(saba)* wenn die Witze des Scherzkekses einfach nur noch öde sind

„**Du Sohn einer Dame, für Geld die Liebe machte!**" *(wang)* wenn man das Wörtchen *Hurensohn* für ausgesprochen unangebracht hält

E

„**Echte Passanten, keine Schauspieler!**" unfreiwillig ironische Einblen-dung unter einem Febreze-Werbespot

„**Edne tug, alsle tug!**" Hoffnungsschimmer für Legastnethiker

„**Ein bisschen muss man sein!**" *(olga)* russischer Minimalexistenzialismus

„**Ein der optischen visuellen Verifizierung unfähiges, zwar gefiedertes, aber dennoch des Fliegens kaum mächtiges Haustier gelangt in ma-**

thematisch zufällig angeordneter Sequenz in den Besitz nicht näher definierter Sämereien." *(nerdisch)* Ein blindes Huhn findet auch einmal ein Korn

„Eine Bar, deren Architektur man bewundern kann, ist nicht gut besucht!" man muss Prioritäten setzen *(→form fucks funktion)*

„Eine drakomische Strafe!" ein dramatisch schlechter Komiker (wahrschl. Kaya Y.)

„Eine durchgetriebene Schlampe!" *(saba)* eine, die es wahrscheinlich faustdick hinter die Ohren bekommen hat

„Eine ganze Stadt geht Kopf!" wenn stehen irgendwie zu immobil wirkt

„Eine Katze mit Handschuhen fängt keine Mäuse!" wer zu einem Duell geht, sollte seine Waffen mitnehmen

„Eine kleine Pilsette einsaugen!" ein schnelles Bierchen kippen

„Ein ernst zunehmender Gegner!" wenn der Kontrahent schnell an Gewicht zulegt

„Eine Seele von Kamel!" *(Oma Auguste G.)* jemand, der die Dreierkombination aus Gutmütigkeit, Treudoofheit und Naivität locker stemmt

„Einem geschenkten Hund schaut man nicht in den Schlund!" wie die Weisheit hieß, bevor es Gäule gab

„Ein Gehirn wäscht das Andere!" Matthias Grimm, Edcartenautor

„Einiges wird sich wie immer in Selbstgefallen auflösen!" *(Oli G.)* wo Wohlgefallen nicht mehr erreichbar ist, siegt stets die Selbsthypnose

„... ein kleines Freuerchen entfacht" *(gax)* wenn ungezügelte Begeisterung doch zuviel für den Anlass ist

„Ein Mädchen wie Schlagsahne – wenn man sie stehen lässt, wird sie sauer und wenn man sie schlägt, wird sie irgendwie steif" ein Kompliment, das gut anfing

„Ein Mann, der kein Talent hat, sollte einen guten Schneider haben" *(Sebastian Horsley)* oberflächliche Ablenkung in praktischer Anwendung

„Ein Mann kommt selten allein!" Meinung eines schlechten Manuelisten

„Ein Mann mit einem niedrigen Gesinnungsfaktor!" also einer, der lieber das Blut in den Adern Anderer gerinnen lässt

„Ein neuer Tag, ein neuer Dollar!" *(britonisch)* eigentlich eine optimistische Weltsicht für einen Sechsjährigen

„Ein schlaues Pferd springt nicht höher als es kann!" wenn man schon so einen großen Kopf hat, muss man ja nicht nachher auch noch ein langes Gesicht machen müssen

„Ein sehr nützreiches Buch!" *(nach Eva)* Frauenlebensberaterliteratur

„Ein Theoretiker ist ein Mensch, der praktisch nur denkt!" *(unbekannt)* besagt die Theorie

„Ein unguter Gegner!" *(spotsch, Andy Herzog)* also eigentlich jede Mannschaft, die gegen Österreich spielt *(Faroer, Lichtenstein etc.)*

„**Ein verstecktes Geschlecht!**" (fleng) was eigentlich „*ein schlechtes Versteck*" werden sollte, sich aber dank Freud irgendwie auf dem Weg zwischen Sprachzentrum und Zunge neu orientiert hat

„**Ein vielschichtiger Mann mit widersprüchlichen Trieben und einem offensichtlich variantenreichem Sexleben!**" psychologendeutsch für Kachelmänner

„**Emotional so stabil wie ein Käfig voller Frettchen in einem brennenden Crack-Labor!**" also eher →*schwankelmütig*

„**Ende dumm, alles um!**" wenn das Happy-end zu blöd rüberkam

„**Endstation! Alle umdrehen!**" Wunschdurchsage am Sackbahnhof der Linie 10

„**Enteligenz**" Fähigkeit einer Frau mit dem Hintern und dem IQ eines Wasservogels durchs Leben zu kommen

„**Erbrechen lohnt sich nicht**" Abteilung schlecht bezahlte Jobs

„**Er greift nach jedem Strohhalm – solange der in einem Cocktailglas steckt**" zum Thema Flucht in den Alkohol

„**Erkältungsviren sind bei uns bronchienüblich!**" *(med.)* Weisheit des HNO-Arztes

„**Er stahl das Messer von einem Wachen**" *(britonisch)* wenn man die Wache für männlich hält und vergisst, dass man es leichter von einem nicht ganz so wachen hätte stehlen können

„**Erstens kommt es anders und zweitens als man kommt!**" wenn's bei der Baggerei mal wieder nicht so geklappt hat

„**Erster und zweite Vorsitzende der Mausverwaltung!**" die zwei Katzen

„**Er greift nach jedem Strohhalm – solange der in einem Cocktailglas streckt!**" wieder ein fehlgeschlagener Rettungsversuch

„**Er ist nur noch ein Schatten seines Schattens!**" der hat's wirklich hinter sich

„**Er verfügt über einen großen Erfahrungsschutz**" er wird die Lehren aus gemachten Erfahrungen auf keinen Fall in zukünftige Überlegungen einbeziehen

„**Es existiert ein Interesse an der generellen Rezession der Applikation relativ primitiver Methoden komplementär zur Favorisierung adäquater komplexer Algorithmen!**" Warum einfach, wenn´s auch kompliziert geht?

„**Es heißt Kal-Aua, weil es ja weh tut!**" *(gax)* schlechter Scherz schmerzt

„**Es ist genullnau Uhr!**" *(nach einer fehlerhaften Zeitansage im Radio)*

„**Es ist nicht alles Gold, was Schwarz-Rot regiert wird!**" *(gax)* genau genommen wird es ja irgendwann braun, wenn man schwarz und rot zu lange mischt

„**Es gibt Dinge, die sollten ungesagt bleiben – leider weiß man nie vorher welche!**" hättest Du nur besser geschwiegen

„**Es gibt drei Methoden mit Frauen zu diskutieren – und keine funktioniert!**" ohne weitere Erklärung

„**Es gibt drei Typen von Menschen; den Athleten, den Leptosom und den Pikniker!**" letzterer isst gerne mal einen über den Hunger

„**Es gibt sicher viele Gründe für diese Niederlande!**" *(spotsch, Boris Büchler)* nach der Niederlage Hollands gegen Löws Buben

„**Espresso yourself!**" *(Wandspruch)* Trink Kaffee! Oder wie wir gerne sagen: *Tu verrückte Dinge schneller und mit mehr Energie! (Drink coffee! Do stupid things faster with more energy!)*

„**Es tut mir unaufrichtig leid!**" Grundeinstellung für Widerrufmord

„**Es war mir eine Ehre, Ihre Verwandschaft zu machen!**" *(Francois Baschet)* meinte wohl Bekanntschaft, aber so war die Ehre größer

„**Eure Maßnahmen seid wie Ihr: teuer, unnütz und gefährlich!**" wohl als Politikerschelte gemeint

F

„**Felix Krall und Josefine Miezenbacher!**" die zwei Katzen

„**Felldorf und Katzler!**" die zwei Katzen auf ihrer Aussichtsplattform

„**Fernsehen statt Weitblick!**" wenn es dann doch mehr verdummt als bildet

„**Feuchtfröhliche Abschiede müssen nicht immer fröhlich sein, aber immer feucht!**" was man über zusammengesetzte Adjektive wissen sollte

„**form fucks funktion!**" wenn die Ästhetik einer Sache ihre vernünftige Bedienung oder gar ihren Nutzen verhindert

„**Fragen, die viele Antworten aufwerfen!**" auch das hilft dem Denkprozess

„**Frauen hören Gesichter!**" *(moes)* dass die Musik auch immer gleich besser wird, wenn der Sänger recht schnuckelich aussieht

„**Frauen mit riesigen Brüsten? Ich bin ein Liebhaber, kein Gewichtheber!**" wenn man der allgemeinen →*Silikonitis* eher skeptisch gegenüber steht

„**Frau ist alle Theorie!**" trotzdem ergibt sich meist sehr schnell ein Praxisbezug, spätestens nach dem dritten Date

„**Freie Menschen haben keine Leader!**" ... zur Hierarchie-Diskussion im Fußball

„**Fremde fielen sich in die Armen!**" *(spottsch nach FR)* auch wenn die Freude groß war, das haben die armen Armen nicht verdient

„**Freunde zu Gast beim Weltmeister**" inoffizieller Slogan zur Vorbereitung der Fußballweltmeisterschaft 2006 *(blieb inoffiziell: Freunde beim Fastweltmeister!)*

„**Fröhliche Arschnachten, Ihr Weinlöcher!**" nett gemeinter Endjahresgruß unter jenen, die mindestens zwei Laster haben

„**Für den leg ich meinen Hund ins Feuer!**" wenn man doch ein bisher vorsichtiger bei jemanden ist, um die eigenen Hand zu riskieren

„**Für ne Obstplantage und ne Hühnerfarm!**" wenn ein Appel und ein Ei als Bezahlung nicht ausreichen

„**Füße geh'n ja gar nicht!**" *(saba)* man mag sie ja nicht immer erotisch finden, aber zum Gehen sind sie toll

G

„**Gab's heut Clownflakes zum Frühstück?**" die vegane Version des gefrühstückten Clowns

„**Gib Köpfchen!**" „**Mach Schläu'chen!**" *(sabigax)* Aufforderung zum Nachdenken, etwa in der Art zu sprechen mit der man mit jungen Hunden spricht

„**Geburtsvorbereitungskurs für Männer**" wenn man den werdenden Vätern statt der Teilnahme am pränatalen Hechelkurs ein Seminar zum angemessenen Gebrauch von Rum und Zigarre angedeihen lässt

„**Geh'n mir hier oder bleiben wir weg?**" *(saba)* wie sich der Punkklassiker („Should I stay or should I go?") anhört, wenn er mit großer Geschwindigkeit gedacht wird

„**Geh Wald, schrei da rum!**" *(Mahmut Ö)* wie sich der gut integrierte Autoschrauber die richtige Therapie gegen Gewaltfantasien vorstellt

„**Gemeinsam Meer erreichen**" neuer Slogan und neue Kampagne für den doch eher freizeitorientierten Mittelstand

„**Genitiv in dem Wasser, weil es Dativ ist!**" der Klassiker unter den Grammatikregeln

„**Gentlemanführerschein? Kannste kniggen!**" wenn's mal wieder mit der Höflichkeit nicht so geklappt hat

„**Geteilter Leib ist blutiger Leib!**" Sinnspruch im Sinne Hannibal Lectors

„**Glauben die Katzen auch an Gott?**" „**Nein, die sind ja Kätzer!**" Dialog zwischen wissbegierigen Neffen und ihrem Wortspielonkel

„**Gleichtum und Verwechselheit ...!**" *(nach R. Schade)* wenn sich man mitten im Lied nur noch an den phonetischen Wohlklang der Vokale zu erinnern weiß

„**Glück im Spiel, Geld für die Liebe!**" *(nach R. Gundlach)* alte Volksweisheit mit neu überdachter Konsequenz

„**Glücklich ist, wer verfrisst, was nicht zu versaufen ist!**" einfache Lebensregel

„**Gott bläst Dich!**" als Nachruf auf ein kräftiges Hatschi, frei aus dem amerikanischen *„god bless you"*

„**Graf Kackula und Stinkelinchen!**" die zwei Katzen

„**Grammatik wird total übergeschätzt!**" *(ecki libre)* Hauptsache, man wird verstanden

„Guck ma, da hat er sich erst ganz viel Mühe gegeben und dann einfach drüber geschmiert!" Touristendialog im Miro Museum

„Guck mich nicht so an! Nicht in diesem Ton!" wenn Blicke nicht töten sollen

„Gut Ding will Eile haben!" warum immer warten?

„Gute Vergeschmackung!" aus dem Versuch eines wahrscheinlich französischen Spreisekartenübersetzers den Wunsch „bon degustation" wortgetreu ins Deutsche zu übertragen

„Gut? Nicht gut?!" neudeutsche Begrüßung nach dem Vietnamesichen → *Khòe Khòng*

H

„Halt Du lieber Deine Zunge fest!" wenn man afrikanische Sprichworte in aller Hast eines Disputs direkt übersetzt

„Harry, hol doch schon mal die Tränensackkarre?" Der Satz, der Derrick noch berühmter gemacht hätte

„Hast Du bei diesem Gespräch vielleicht eine größere Summe gegen Dich gesetzt?" wenn man die Argumente des Gesprächsteilnehmers für wenig stichhaltig hält

„Haste nie, doch raste nie, sonst haste die Neurastenie!" Spottvers auf Schwermuterkrankungen bei Vorkriegskünstlern

„Hast oana Schwesta, Bähbie?" Das „hasta la vista, baby!" des →*Sperminators*

„... hängt irgendwie im lustlosen Raum!" (*saba*) mal wieder zu wenig Zeit sich auf die schönen Augenblicke des Lebens zu konzentrieren

„Hat der Lack gesoffen?" Frage nach dem Grund für den scheinbar angegriffenen Geisteszustand

„Hat jemand das Licht ausgeschaltet? Oder ist die Birne leer?" (*nach Eva G.*) Wenn kein Licht mehr in der Glühbirne ist, dann ist sie halt kaputt. Kein Wunder, dass es dann dunkel ist.

„... hat sich prächtig aus der Atmosphäre gezogen!" (*fem.*) wenn man als Reporter vergessen hat, was eine Affaire ist

„Hapschetsut und Tut'Anch'Amok!" die zwei Katzen

„Heim ins Weib!" wenn einen die Hoffnung auf Zärtlichkeiten aus der Kneipe treibt

„Hier, bevor ich's vergess: die Quittung hab ich vergessen!" (*M. Godec*) wenn einem die eigene Vergesslichkeit grad noch mal so eingefallen ist

„Hier, Enzo, falls du noch nicht weißt, wie du morgen wieder zu dir kommst!" bezüglich einer nach Grappagelage zum Abschied überreichten Anfahrtsbeschreibung zu Enzos eigenem Restaurant

„**Hier muss ich schon mal meine Gefühle zum Ausbruch bringen!**" *(nach Matthias Deutschmann)* wenn man die Zurückhaltung mal plötzlich aufgeben muss

„**Hinterher ist man immer müder!**" is klar, weil's ja anstrengend ist

„**Hitler war ja hauptsächlich Vegetarier, weil es selbst nur so als eine Art Arier durchging!**" von wegen blond und bläuäugig

„**Hochderock, Rindepflock!**" *(Frank H.*) Sinnspruch zur Vorbereitung schnellen Verkehrs

„**Hochzeit, Kinder, das ist der Rhythmus des Lebens, der mit jeder Gemeinheit verbunden ist!**" *(Sammy Molchow, 1978)* hätte er es mit dem Gesicht ausdrücken können, wäre ihm dieser Versprecher wohl nicht passiert

„**Höhe der Aufwändung – unglaublich viel Sympathie!**" beim Ausfüllen eines Bewirtungsbelegs nach dem Essen mit jemanden, der wirklich viel Zuwendung braucht

„**Hört sich ja kötzlich an! „Ja, ausgebrochen gut!**" Dialog über eine Speisekarte mit Anflug von leichten Zweifel über die Qualität

„**Husten – wir haben ein Problem!**" der Werbespot für Erkältungssaft

I

„**Ich bin auf Diät. Bitte ignorieren Sie meine sämtlichen Bestellungen!**" T-Shirt-Aufdruck für begeisterte Gastronomiebesucher (ersetzt die teure Mitgliedschaft bei Weightwatchers: *„I'm on a diet – please ignore all my orders"*)

„**Ich bin arm, aber nicht mittellos!**" autonome Selbsteinschätzung

„**Ich bin begoren ...!**" *(Olli von byebye)* wenn mit der Schwangerschaft der Mutter auch ein gewisser Gärungsprozess einherging

„**Ich bin die Schweiz!**" unbedingte Neutralitätszusage in egal welcher Situation

„**Ich bin ein Abendkleid!**" *(saba)* das berühmte *„Ich bin ein F(w)rack!"* für Mädchen

„**Ich bin ein Kunst!**" *(gax)* keine Abkehr von der Natur des Menschen, aber doch ein klares Bekenntnis zu seiner Kultur, gerne auch ins Englische übertragen als „I may or may not be art!"

„**Ich bin ein schlechter Verlierer. Die meisten Dinge tauchen schon nach kurzer Zeit wieder auf!**" *(gax)* aus „Sackkreisel auf Autopilot!"

„**Ich bin ein schweres Mädchen!**" wenn man einfach nur irgendwas daher sagt, um nicht als leichtes Mädchen zu gelten

„**Ich bin fick und fertig!**" wenn sich die südostasiatische Katalogfrau am Kandidaten abgearbeitet hat *(aus „Bauer sucht Frau")*

„Ich bin ganz Rohr!" was er sagte, als ihm eine besonders aufreizende Frau anbot, ihm etwas ins Ohr zu flüstern

„Ich bin ja lärmfähig!" Antwort eines Toningenieurs auf die Frage, ob man die Musik nicht etwas lauter drehen könnte

„Ich bin in einer Ehe!" berechtigter Einwurf einer depressiven Call-in-show-Anruferin auf die Ankündigung der Kartenlegerin, sie werde zu Weihnachten nicht mehr allein sein

„Ich bin Melankolik!" Rüdiger Schade über einen traurigen Gefühlszustand in der Magengegend nach Verabschiedung des Essens

„Ich bin nicht Hardware oder Software, ich bin sonstwer!" (*siggisch*) auch ne Möglichkeit, sich selbst nicht zu wichtig zu nehmen

„Ich bin scheiße drauf und ich möchte, dass sich das auch in meiner Religion wiederspiegelt" wie König Stefan die Motivation monotheistischer Schuld- und Sühne-Religionen auf den Punkt bringt

„Ich bin sehr erleichtert zu wissen, dass ich auf nichts verzichten muss!" (*adds*) wie man sich als Werbetexter in eine Frau einfühlt, die sich für das neue Sporttampon entschieden hat

„Ich bin sehr sensibel. Ich fühle es, wenn die Leute spüren, dass ich sie nicht mag!" Misantropenselbstbestätigung

„Ich bin so schizo, ich kann alleine an Teambuildingmaßnahmen teilnehmen!" klare Krankheitsbilder haben ja auch Vorteile

„Ich bin wahllos glücklich!" alles ist gut, wenn mich jetzt niemand zwingt über Alternativen nachzudenken

„Ich danke für Ihr Entkommen!" sollte wohl *Entgegenkommen* heißen, hat aber nicht so geklappt

„Ich drück Dir die Daunen!" heißt soviel wie: „Interessiert mich nicht, da schlaf ich lieber weiter!"

„Ich freu mich schon auf den Tag, an dem ich nur noch machen muss, was ich möchte!" (*R. Schade.*) Selbstverpflichtung in Reinkultur

„Ich geh auf Deine Knie!" (*Yonas T.*) inständige Bitte, die aber suggeriert, dass der Gebetene mehr profitieren wird als der Bittsteller, oder umgekehrt

„Ich glaube, dass der deutsche Sprache bald das Löffel abgibt!" „Macht nix, solange uns noch einen Gabel habt" Dialog im Eintracht Internetforum über den drohenden Verlust von Sprachqualität

„Ich hab an der Börse ein kleines Vermögen gemacht – aus meinem großen!" was soll man als Verspekulant auch noch anderes sagen

„Ich hab das Gefühl, dass wir uns voll gut verstehen - wenn Du weißt, was ich meine!" ihr Satz am Ende eines günstig verlaufenen Beziehungsgesprächs

„Ich hab da sofort mein Dementi eingelegt!" (*dimmel*) wenn man vergessen hat, dass es sich um ein Veto gehandelt hat

„Ich hab das Sagen, aber sie hat das Sprechen!" (*gax*) auch wenn die Anzahl der Worte kein Gewicht hat, sie* will doch gehört werden (* 1. die Anzahl 2. sie)

„Ich habe da auch kein Potentrezept!" *(nach Christian Gross)* wenn man sich und anderen nicht erklären kann, warum jemand plötzlich etwas kann

„Ich habe da einen Verdacht. **Menschen verbringen nur deswegen Zeit mit mir, weil sie einsam sind!**" was einem bei mangelndem Selbstbewusstsein so durch den Kopf gehen kann

„Ich habe da erstmal ein bisserl gegoogelt um zu sehen, was die anderen schon bei mir abgeschrieben haben, bevor ich mein Buch veröffentlicht hab!" auf die Frage, ob es in einem seiner Werke Überschneidungen mit den Texten anderer Autoren gibt

„Ich habe da noch so was im Hinterknopf!" *(nach Markus Lanz)* wenn man während der Sendung noch Zusatzinfos von der Regie zugeflüstert bekommt

„Ich habe keine Lösung, aber ich bewundere das Problem" wenn man dem anderen zu vermitteln versucht, dass es in diesem Fall auch *ohne Lösung* funktionieren könnte

„Ich habe versucht, das Problem durch Abwarten zu lösen; jetzt geht's wieder!" *(nach Louis Wiegand)* wie man als Azubi mit Computerproblemen umgeht

„Ich hab ihr erstmal ein Glas Sekt eingedrossen!" *(saba)* wie man vorweg jede mögliche Gesprächsverklemmung lockert

„Ich hab mein Tagebuch verbrannt – war einfach zu krass!" wie der Psychoheini immer so schön sagt: „Es geht nicht ums Verdrängen, es geht ums erfolgreiche Verdrängen!"

„Ich hab mich nur gemeldet für den Fall, dass es zuwenige Freiwillige gibt!" Teilnehmer an einer kraxworx-Kunstaktion

„Ich hab mir haufenweise Pillen reingezogen, die keine Ahnung haben, was da wirklich drin ist!" eine TV-Shop-Verkäuferin über die dummen Diätpillen, die zumindest in ihrem Kopf eine Abnahme bewirkt haben

„Ich hab schon Apotheker kotzen sehen, da war das Pferd noch gar nicht in der Kurve!" *(gax)* manchmal ist es noch schlimmer, als man denkt

„Ich hab Sie schon länger unter Verdacht, ich weiß nur noch nicht weshalb!" wenn man jemanden nicht mag, ihm aber nichts anhängen kann

„Ich hab 200 Puls!" Ich bin wohl etwas verärgert

„Ich kann mich noch google dran erinnern!" Ich weiß schon noch ungefähr, worum es ging, aber ich müsste noch mal nachlesen

„Ich lass mich doch nicht aufs Mitschwätzen dressieren; Komm, hol's! Wo ist das Verbalstöckchen? Wo isses?" *(gax)* wenn man sich der Aufforderung widersetzt, sich am allgemeinen Lästern zu beteiligen

„Ich lass mir ja ne Menge gefallen, ich bin ja nicht Stalin!" aus dem Aufruf eines verärgerten Rauchers nach dem 01.10.2007 (Hessen)

„Ich lass mir nicht die Titten vergrößern. Lass Du dir doch die Hände verkleinern!" konsequent emanzipatorischer Umgang mit Männerfantasien

„Ich mach Dich Allah!" *(aratsch)* Du musst dran glauben

„Ich liebe es zu leben, aber ich wünschte, ich wäre besser darin!" wenn nicht immer alles reibungslos klappt

„Ich mach mal ein Bild von mir im Foto!" *(schadisch)* Ankündigung eines Selbstportraitsversuchs im Schlafzimmerspiegel

„Ich mag Wiederholungen. Ich mag Wiederholungen. Ich mag Wiederholungen." *(Sebastian Horsley)* stimmt wohl

„Ich möchte diese Gerüchte demontieren!" *(spotsch, Jos Luhukey)* wie der gemeine Holländer sich eine Streichung aus dem Gedächtnis vorstellt

„Ich muss dir leider eine Müllabfuhr erteilen!" nach Besuch bei Messis

„Ich muss meinen Gefühlen mal Ausbruch verleihen!" wenn „Ausdruck" zu überlegt erscheint

„Ich sag ja Leute auch zu Frauen!" *(saba)* guter emanzipatorischer Ansatz

„Ich sitze auf bekackten Koffern!" Versprecher vom Radiosprecher Klaus Reichert

„Ich such die Feigen!" „Die haben sich wahrscheinlich hinterm letzten Regal verkrochen" Dialog in einem Obstladen

„Ich war Single aus Überzeugung. Aber zugegeben; es war nicht meine Überzeugung!" *(bbt)* es gibt im Leben halt Entscheidungen, die von anderen für uns gefällt werden

„Ich weiß, wo dein Haus wohnt!" *(aratsch)* umso gefährlichere Drohung als man versucht ist, spontan zu lachen

„Ich werde da mal einen Leserbrief schreiben!" versuchter Wortanschlag eines verärgerten Intellektuellen auf die lokale Presse

„Ich werd mich doch jetzt hier mit Dir nicht unvorbereitet auf einen Ei-Kuh-Handel einlassen!" Absage an einen mit intellektuellem Tiefgang drohenden Gesprächspartner wegen unfairer Geschäftsgrundlage (1 Ei gegen 1 Kuh!)

„Ich wohne ja schon!" Yonas T. auf das Angebot, eine freiwerdende Wohnung beziehen zu können

„Ich wohne aus London!" Talentshowkandidatin, deren Talent offensichtlich nicht das Deutsch sprechen war

„Ich wüsste gar nicht, wie ich hauen sollte?" „Du solltest abhauen!" Gespräch mit einer Freundin zum Thema Straßenprügelei

„Idioten sind wie Zombies – immer wenn Du einen mit Argumenten erledigt hast, steigen drei andere aus ihren Löchern!" *(gax)* der endlose Kampf gegen die Dummheit

„Ihre kleine Hilfe fürs große Geschäft!" Warteschleifenspruch bei SAP

„Ihre Nippel sind wie Gartenmöbel – immer draußen!" über eine Exhibitionistin

„Ihr Kinderlein, Komet!" Aufruf für eines der Konzerte der wunderbaren „Automatischen Lustspielgruppe Komet"

„**Ihr könnt jetzt Stil und Tusch auf die Bühne bringen!**" klassischer Regie-Versprecher auf dem Interkom, gemeint waren natürlich Stuhl und Tisch

„**Ihr Oktopus hat nicht meine Krakenweite!**" auch richtig angeben will gelernt sein

„**Im Gleichschritt Arsch!**" 1) autonome Begrüßung für eine Polizeikolonne 2) Damen-Defilée im Bordell

„**Immerhin, die da unten gucken!**" (*saba*) schlagfertiger Hinweis auf das Fluchen eines Unfallopfers, das sich die Zehe an etwas gestoßen hat, das illegalerweise „*da unten rusgeguckt hat!*"

„**Immer müssen alle nach deiner Nase pfeiffen!**" (*präk.*) Bescherde beleidigter Untergebener

„**Im Steiße deines Angesichts!**" Arschgesichtsnase

„**In der fünften Runde habe ich dann OK geschlagen!**" Boxer im Interview nach einem Kampf, bei dem er wohl auch den einen oder anderen Treffer abbekommen hat

„**in dubio pro deo!**" hätte man sich vielleicht doch etwas Beduftung gönnen sollen

„**In England fährt ja auch der Beifahrer das Auto!**" was man sagen kann, wenn mal wieder jemand England als Musterbeispiel für irgendwas anführt

„**... in einer Einzimmerhockung wohnen**" (*saba*) wenn man nicht in einer Einzimmerwohnung hocken möchte

„**... in einer lebensähnlichen Gemeinschaft**" wenn es noch nicht einmal mit eheähnlich geklappt hat

„**In Hohn und Not gebracht!**" was man als prekär Angestellter z. B. bei einem Marktforschungsunternehmen oder einem weltweiten online-Händler so von seiner Bezahlung hält

„**In meiner psychologischen Konstitution manifestiert sich eine absolute Dominanz positiver Effekte für eine existente Individualität Deiner Person!**" (*nerdisch*) Ich liebe Dich

„**... ins Hinterntreffen geraten!**" aus Versehen in einer Schwulenbar landen

„**... ins Koma klaviert!**" mit Mösound langsam in den Schlaf hinübergeleitet

„**Insolvenz in Gründung!**" beliebtes Agenturmodell

„**Isch bin schlau wie der 'err Krupp. Isch bau die Maschin, aber isch schick die jungge Leut an die Front!**" Francois Baschet auf die Frage, ob er selber noch Konzerte auf den von ihm gebauten Instrumenten gibt

„**I sink my swine pipes!**" (*effi*) Ich glaub mein Schwein pfeifft

„**Ist als Frau einfach unangenehm, wenn Du ständig von irgendwelchen Kerlen angequetscht wirst!**" (*saba*) wenn also über das *anquatschen* hinaus geht

„**Ist das jetzt noch Faulheit, oder ist das schon Meditation?**" (*saba*) berechtigte Fragen mitten im Übergang

„Ist das nicht schön?" „Ja, das ist nicht schön!" kurzer Dialog Langverheirateter, die auf Drängen der einen endlich mal einen Spaziergang durch die örtliche Blumenschau gemacht haben

„Ist nur so ein Bauchgefühl ... Mein Gott, klingt das feminin!" wenn sich ein Macho beim *spüren* ertappt

„Ist okay, wenn Du nicht meiner Meinung bist, ich kann dich ja nicht zwingen Recht zu haben!" schöne Alternative zu „Wenn ich Dir jetzt zustimme, haben wir beide Unrecht!"

J

„Ja, da komm ich doch mal mit meinem dicken Perpedes vorgefahren!" Ich komm zu Fuß

„Ja, dann denk doch nicht!" *(saba)* Replik auf Sätze wie „Wenn ich nur daran denke ..." oder „Das hätte ich jetzt nicht gedacht!"

„Ja, sehr interessant, bitte halten Sie mich ab jetzt regelmäßig über die aktuellen Entwicklungen Ihres Seelenlebens auf dem Laufenden!" wie man jemand mit leichter Ironie vermitteln kann, dass man sich sein Gejammer nicht mehr anhören möchte

„Jeder Mensch hat das Recht hässlich zu sein, aber ehrlich, Sie nutzen dieses Privileg schamlos aus!" kompliziert ausgedrückte Beleidigung ersten Grades

„Jeder schätzt einen guten Scherz – aber nicht an der Sicherheitskontrolle!" Durchsage am Flughafen in der ansonsten sehr lustigen Stadt Las Vegas *(„everybody loves a good joke but not at security check-in!")*

„jemandem auf den Schleim gehen" wenn man sich von den falschen Komplimenten eines Kriechers umgarnen lässt

„jemanden mit dem Leben bedrohen" *(saba)* ängstlichen Spießern mit Einladungen zu Sinnkrisen evozierenden Veranstaltungen oder sexuellen Handlungen zuleibe rücken

„Jemand hat das Licht ausgeschaltet. Oder die Birne ist leer" *(nach Eva G.)* wenn im Leuchtkörper kein Licht mehr übrig ist

„Jesus konnte übers Wasser gehen, aber ich kann an Land schwimmen!" Selbsterkenntnis ist ja Grundlage für ein gesundes Selbstbewusstsein

„Jetzt aber ich ..." kleiner, regelmäßig zu wiederholender Zwischenruf in die Selbstsaga eines ingnoranten →*Egonauten*

„Jetzt betrinken wir noch einen" ein klarer Plan; mal gespannt, welchen einen es treffen wird

„Jetzt haben wir sie endlich genau da, wo sie uns haben wollten!" zum Thema fehlgeschlagene Verhandlungsführung

„Jetzt noch das Fett einblechen!" *(silk)* wichtige Vorbereitungsmaßnahme beim Plätzchenbacken

„Jetzt willst du mir den Peter an die Schuhe schieben" *(jelenisch)* so eine Art unbedingtes Schuldnichteingeständnis

„Jetzt wird gesagt, was ich mache!" deutliche Drohung mit Bumerangeffekt

„Jetzt wo wir offiziell zusammen sind, müssen wir unbedingt anfangen Dich zu ändern!" weiblicher Programmentwurf

„Jod ist gut für die Vergrößerung der Schildkröte" wenn sich medizinische Tipps und Ratschläge unter Reptilienzüchtern in die Quere kommen

„Junge Mödels fädeln!" *(Severin G.)* wovon der betagte Mann von Welt zu träumen wagt

K

„Kampf dem Dummheit!" was man gerne mal an Vorstadtwände taggen möchte

„Kann man einem Legastheniker guten Gewissens Buchstabensuppe anbieten?" man soll immer überlegen, mit wem man es zu tun bekommt

„Kapitalistisch aufgeklärte Kommunisten" schon auch ein bisserl ernst gemeinter Kosename für die KaHouse-Urgründer

„Kappee und Kiffe!" *(saba)* was man zum Wachwerden braucht, es aber noch nicht richtig aussprechen kann (Kaffee und Kippe)

„Kat und Katachon!" die zwei Katzen

„Keine Angst, mit denen wird ich noch Schiiten fahren!" fröhliche Grußbotschaft an die ISIS-Schärgen

„Keine Macht den Drögen!" Grafitti zur Anbringung an der DFB-Zentrale

„Kein Grund jetzt Freudentänze anzuzünden!" *(spottsch)* oder war es vielleicht Freudenfeuer aufzuführen?

„Kennst Du schon das jüngste Gerücht!" Wenn man den neueste Tratsch verbreiten möchte, sich aber in seiner religiösen Früherziehung verfangen hat

„Kommt da jetzt noch irgendwo ein Nothalt, wo ich auf deinen kichernden Gedankenzug aufspringen könnte?" wenn man nicht genau weiß, warum der andere vor sich hin kichert

„Krieg mit konventionellen Affen!" Auseinandersetzung in Fußmarschgelände *(wahrscheinlich Berge Afghanistans)*

„Kumpel mit Ahnung" verlässliche Quelle für viele Journalisten

L

„**Labbadia hier doch net rum!**"   hör auf herum zu schwallen

„**Lässt Du heut die Arbeit ruh'n, hast Du auch morgen noch zu tun!**"
Merkspruch des freien Handwerkers

„**Lang lebe das Kurzzeitgedächtnis!**"   *(gax)* wenn man vorher schon weiß,
dass sich eine Hoffnung nicht erfüllen wird

„**Lanke schlange Beine!**"   (natschisch) richtig formuliert mit Hinweis auf die
drohenden Gefahren

„**Lass uns vor die Tür gehen und ein bisschen frische Lust schnappen!**"
eine locker daher geplauderte Aufforderung mit Hintersinn

„**Lebbe gäht weihdder**"   *(nach Stepanovic)* serbohessisch für „Scheiß
drauf!"

„**Leben ist Mannschaftssport** "   *(gax)* weil's allein keinen Spaß macht

„**Lebensähnliche Gemeinschaft** "   *(gax)* wenn eheähnlich nicht erreicht
wurde

„**Leck Du erstmal nen Eimer Mousse-au-Chocolat vom Stacheldraht ab,
dann kannst Du was erzählen vom Leben**"   *(gax)* mit ein bisserl Lebens-
erfahrung versteht sich das Leben leichter

„**Leichen mit Leichen vergelten!**"   palästinensisch-isreaelisches Prinzip der
Vergeltung

„**Liebe geht durch die Essstörung!**"   denn so mancher Magen weiß ja
auch nicht , was er will

„**liegendes Gewässer!**"   ist nochmal eine Ecke stiller als das *Stehende
Gewässer*

„**Lügen haben lange Arme!**"   was bei kurzen Beinen zum Sitzriesentum
führt, auch: „Lügen haben lange Rücken!"

M

„**Mach'en Mund zu, Du siehst ja aus als fehle dir ein Chromoson!**"   un-
freundliche Aufforderung an jemanden, der mit offenem Mund etwas debil
aussieht

„**Mach Schläuchen!**"   Aufruf zum geistigen Apportieren

„**Männer kriegen keine Kopfschmerzen, Männer kriegen Gedankenweh!**"
(gax) um mal zu erklären, wie das mit der plötzlich auftretenden Migräne ist

„**Manche, die vertuschen sich zwischen den Sachen!**"   *(Iman von
Sachsen)* wenn man was verwechselt und dann nicht feststellt, das man
sich selbst gemeint hat

„Manche Dinge sind doch gar nicht so schwer zu verstehen: Wasser außerhalb des Schiffs – gutes Schiff. Wasser innerhalb des Schiffs – schlechtes Schiff!" *(nach einem ägyptischen Sprichwort)* mit einer kleinen Portion Vernunft und ein wenig gesundem Menschenverstand lässt sich so mancher Zustand eindeutig definieren

„Manchmal hatte sie mehrere Liebhaber in einer Nacht. Es war ein einziges Kommen und Gehen!" wie Heinz Erhard die Besuchsfrequenz bei einer Dame, die für Geld Liebe macht, beschrieben hätte

„Man fehlen die Worte: ich bin am Boden verstört!" *(Tobias J., Fussballer)* wenn man nach desaströser Niederlage im wahrsten Sinne des Wortes mit den Worten ringt

„Man kann das Rad der Geschichte nicht zurückdrehen, es sei denn, man rollt es sich über die eigenen Füße!" ins Stammbuch der Vertriebenenverbände

„Man kann Ihnen aber heute wirklich nichts rechts machen!" Politische Ansprache in erster Ableitung

„Man muss die Menschen so schnell über den Tisch ziehen, dass sie die Reibungswärme als angenehm empfinden!" *(Kai von S.)* was man Investmentbankern und Berufspolitikern in der Vorschule beibringt

„Man muss Dinge vorbeigehen lassen, damit sie nicht alle werden!" philosophische Einsicht nach acht Stunden trinken und reden

„Man muss erst schön Wetter machen, bevor man zum Verkehr kommt!" was man von R. Schade über das Privatradio lernen kann

„Marschierende Truppen haben Vorfahrt!" lustiges Verkehrsschild mit Bärenfellgrenadiersilhuette auf dem Schlossvorplatz der englischen Königin

„Maßnahmen gegen klinische Unterhopfung einleiten" ein Bier trinken gehen

„Meine Bank hat in der Krise mehr Geld verloren als ein Epileptiker auf einer Kunstversteigerung" *(Bhoy)* wenn man unter neurotischen Zwangshandlungen sein Vermögen minimiert

„Meine Frau hätte gern, aber sie bekommt ..." *(T. Jauer)* Sinnspruch zur Illustration der ehelichen Entscheidungshierarchie

„Meine Frau und ich; wir lieben mich!" *(behnkisch)* Sinnspruch zur Vorbereitung außerehelicher Aktivitäten

„Mein Gott lebt. Tut mir Leid wegen Deinem!" *(60er Sponti)* auch ne Möglichkeit, jemandem zu denken anzuregen

„Mein Hobby: abends weg gehen und morgens wieder kommen!" *(gax)* unziemlich klare Freizeitgestaltungsvorgabe

„Mein IQ ist längs, nicht hoch!" *(König Stefan)* was bei der klassischen Bemessungsmethode immer vergessen wurde

„Mein Englisch ist zu schwer" *(uteu)* gute Antwort auf die Frage, warum man keine englischen Songs schreibt

„Mein smartphone war noch auf dumm gestellt!" gute Ausrede, wenn man auf eine sms oder whatsapp nicht reagiert hat

„**Mein Titel? Dr. thc.!**" (*MS Tietze*) wenn Humoris Causa nicht genug ist, das ist es eben Tanti Humoris Causa

„**Mein Wort hat Genicht!**" wenn auch geistige oder körperliche Überlegenheit nichts mehr nutzen

„**Menschen sind mit Monsterguss überzogene Monster mit Monsterfüllung!**" wie man seine Überzeugung von der Schlechtigkeit des Menschen Ausdruck verleiht

„**Menschen überstrahlen Gebäude!**" zum Thema Architektur: nicht die Gebäude, sondern die Menschen darin sind wichtig

„**Mensch mit Menstruationshintergrund!**" Frau definiert von Carolin K.

„**Mentalquaida!**" renitenter Stimmungsumschwung zu echt bösen Gedanken

„**Mentale Imagination auf Basis tradierter mythologischer Weltkonstruktionen besitzt die Abilität durch Kontinentaldrift kausierte Gesteinsformationen aus ihrer lokalen Position zu transferieren.**" (nerdisch) Der Glaube kann Berge versetzen

„**mental so stabil wie eine Leuchtstoffröhre mit Spannungsschwankungen!**" wenn die innere Ausgeglichenheit leicht flackert

„**Mienz und Bruntz!**" die zwei Katzen

„**Mit deinen Fremdworten kannst du mir überhaupt nicht imprägnieren!**" (*nach ef-forum peacebbc*) denn wirklich gebildete Leute benutzen ihre eigenen Sprache

„**Mit deinen Meinungen kann man auch jede Menge Windräder antreiben!**" wenn jemand viel Wind macht

„**Mit den Bildern der Sprache auf Klumpfuß ...!**" (*gax*) wenn einem die Sinnbilder und Sprichworte durcheinander geraten

„**Mit diesem Augenaufschlag bekommen Sie sicher jede Menge Sachen, die Männer sonst nicht bezahlen würden!**" zum Thema tödlicher Blick junger Frauen

„**... mit feindlichen Grüßen!**" (*axxl*) wenn die Autokorrektur mit dem Tippfehler in *freindlich* nicht umgehen kann

„**... mit gepowdeter Balla!**" wenn mit geballter Power größtmöglicher Unfug verklappt wird (Astro-TV)

„**... mit hochgekrempelten Beinen!**" (*saba*) wenn's die Hose allein nicht tut

„**Mit leeren Kamelen kommen!**" (*yonish*) große Familienschande in Asmaras Umland; schlechte Gastfreundschaft, zum Beispiel, wenn man vergessen hat, seine Verwandten mit einem Reittier angemessen zu transportieren

„**Monumentemal!**" Bitte kurz innehalten und noch einen echt monumentalen Gedanken verschwenden (*Anm. d. Red.: wohl eine Verwandte des Denkmals*)

„**Morgenstund hat Pelz im Mund!**" wenn die Nacht mal wieder voller Alk und Tabak war

„Musst Du immer jedes Wort auf die Goldwaage legen?" „Mach ich nicht, Worte gehören ja auf die Silberwaage!" Dialog am Ende eines gelungenen Ehestreits

„... musste leider aus gesundheitlichen Gründen das Leben verlassen!" Autor unbekannt, Zitat aus einem Brief *(wahrscheinlich an ein Finanzamt)*

„Mutter ist die Vorsicht der Porzellankiste!" *(mojzisch)* Die Liebe einer Mutter kann sogar sowas

N

„Na Du bist ja ein Scherz von einer Seele!" wenn jemand aus der Tiefe seines Charakters statt Herzlichkeit nur Lächerlichkeit aufzubieten hat

„Nach oben sind keine Wünsche offen ...!" wie man sein soeben in ein ntv-Mikrophon gesprochenes Leistungsangebot künstlich begrenzen kann

„Negative finanzielle Eskalation!" auf dem Weg zur Spontaninsolvenz

„Nennen Sie mir doch mal ein Vorurteil, das nicht stimmt!" ein Pegida-Demonstrant erklärt die Welt

„Nett? Nett ist die kleine Schwester von Scheiße!" *(bartelisch)* Das hat man davon, wenn man jemanden nett findet

„Nich alles was hinkt, ist ein Vergleich!" wenn jemand aus der Tiefe seines Charakters statt Herzlichkeit nur Lächerlichkeit aufzubieten hat

„No, je ne regress rien!" Nein, ich verlange kein Geld zurück

„No Plusquamperfekt!" ehemaliger Lateinschüler schließt sich der Punkbewegung an

„Normaler Verkehr in Bayern!" Radiodurchsage in einem Tonfall, fast hätte man es für einen Stellungsbefehl halten können

„Nur weil Du nicht paranoid bist, heißt das noch lange nicht, dass sie nicht hinter Dir her sind!" aus der Logikschule, Anfängerkurs

O

„Oanst woist scho: wurscht bist mer näät!" als Dana Geissler einmal Opfer eines Wienerischen →*Charmateurs* wurde

„Oberhalb der vertikal ausgetriebenen Kulminationspunkte forstwirtschaftlicher Bestände tendieren die Dezibelwerte gegen den Nullpunkt." *(nerdisch)* Über allen Wipfeln ist Ruh'

„Ööhh Kraasohnn!" R. Schade bestellt ein Hörnchen in Paris und bekommt immer zwei

„Oh, die Arme, die hatte grad einen Märchenzusammenbruch!" *(fem.)* wenn der Prinz nicht kommt und nicht kommt erleidet die durchschnittliche Frau einen Märchen-zusammenbruch

„Ohne Sie wäre es leider oder Gottseidank nicht zustande gekommen!" eine sehr zweifelhafte Art, jemanden für das Gelingen einer Veranstaltung zu danken

„Oh, so hässlich?" spontaner Kommentar angesichts bzw eben nicht angesichts einer mit traditionellem Niqab vollverschleierten Frau *(Urheber der Redaktion namentlich bekannt)*

„one dead you have to die!" *(nach U.H.)* wenn man in die bittere Pille beißen muss und das auch noch auf Englisch

„one night stand-up comedy" wenn der Versuch einer spontanen Nach-abschnittspartnerschaft ab so was von gründlich daneben geht

P

„Pecunia non Olic" *(hätte U. Hoeness sagen können)* gut riechende Spieler ohne Ablösesumme verpflichten →*Der Geruchskoeffizient ...!*

„Person tot aufgefunden; blieb so." *(aus einem Notarztwagenprotokoll)* ohne weitere Erklärung

„Pornoproduzent zur Darstellerin: Hier ist der Text für Ihre nächsten Szenen. Die Konsonanten können Sie vergessen!" klare Regieanweisung

„Präsentiert das Gewerk!" Aufforderung seine eigentlichen Tätigkeiten zu erläutern

„Privat interessiere ich mich natürlich auch für Luxus!" nur offiziell kann man das nicht immer so zugeben

„Pubbedin Geffedin" *(wenzlisch)* „Pult bedienen, Geld verdienen"

R

„Ramada – heißt das, in diesem Hotel gibt's tagsüber nix zu futtern?" wenn man sich verbucht hat

„Ritter – jeder ist seines Schmiedes Glück!" *(gax)* gute Auftraggeber kann man ja immer gebrauchen

„Rolek und Tolek!" die zwei Katzen

„Roste in Frieden!" Inschrift am Auto- und Roboterfriedhof

S

berechtigten Zweifels, wenn jemand anderen versucht einem zu erklären, was man denkt

„Sag mal, haben Dich Deine Eltern eigentlich nie bedrängt auszureißen?" wie man jemandem vermittelt, dass er unausstehlich ist

„Sag mal: riecht dieser Lappen für Dich nicht auch nach Chloroform?" finaler Anmachspruch

„same same but different" *(thai.)* Ausdruck zur vergleichenden Erläuterung von Lebensgefühl, Anlässen, Techniken, Umständen und vielen anderen Sachen, in dt.: *„ja, genau so nur anders!"*

„Sand im Geschriebe!" *(Jule Reifenberger)* wenn man beim Schreiben nicht so richtig vorankommt

„Saudumm und Andorra!" Bibelfehler

„Schau mich nicht so an; nicht in dem Ton!" eindeutige Aufforderung, die angestrebte Grenzüberschreitung schnell zu vergessen

„Schlafende Hunde soll man nicht lecken" weil sie auch davon wach werden könnten

„Schlag dir das ausm Kopf, oder ich schlag dir das ausm Kopf!" ungut gemeinte Drohung

„Schmecken für Sie?" freundliche Nachfrage einer asiatischen Bedienungsfachkraft

„Schmeckt lecker, das Wasser!" *(Oliver Polonius)* wenn man als Sechsjähriger einen zwei Tage eingekochten Rinderfond so mal eben wegschlürft

„Schön, dass die Last auf viele Schulden verteilt ist." Pirmin Schwegler

„Schön, dass Sie so schnell gekommen sind." was die Lustarbeiterin zum Freier sagt

„schön Galama machen ..." sich gemütlich und entspannt ausruhen

„Schönheitschirurgie: aus der Not eine Jugend machen!" medizinisches Berufsbild

„Schubs mich mal vom Schlauch" Hilf mir mal auf die Sprünge

„Schuftet, bis Ihr umfallt, ... und dann schuftet weiter" T-Shirtaufdruck für chinesische Wanderarbeiter

„Schwul sein ist wie Steuern hinterziehen" Christdemokrat Rocco Buttiglione im römischen Parlament, wollte wohl damit andeuten dass es sich bei beiden um gleichermaßen beliebte, italienische Volkssportarten handelt

„Sehr ausgedehntes Antlitz!" *(neuss)* ein Mensch mit einem auffallend breiten Gesicht

„Sehr intelligente Frau – zwei Gehirne" meist gestisch unterstützter Hinweis auf ein Mädchen mit Holz vor der Hütte

„Seit Jahren finde ich denselben Zettel in meinen Glückskeksen; darauf steht: Hilfe, ich werde in einer Glückskeksfabrik gefangengehalten" kleine Konversationshilfe in einem chinesischen Restaurant

„**Selig sind die armig Geisten!**" *(fleng)* ... aber sie können ja auch nix dafür

„**Servus!**" „**Angenehm: Dominus!**" *(gax)* im Dialog mit einem Österreicher

„**Sex hat nix mit Porno zu tun!**" unzureichender Versuch ein übers Ziel hinausgeschossenes Angebot wieder einzufangen

„**sich einen Seitenwind antrinken!**" saufen, bis man bedrohlich schwankt

„**Sie halten mich vielleicht für arrogant und eingebildet, aber ich habe dieselben Selbstzweifel wie Sie; nur auf einem höheren Niveau!**" *(gax)* wenn einem mal wieder so ein Querulant auf den Sack geht

„**Sie hat's ja geschafft, jetzt muss sie es nur noch überwinden!**" *(saba)* zweistufige Bewältigungsstrategie zum Thema Trennungsschmerz

„**Siemens sana incorporate sano!**" was auch keiner, was das bedeuten soll

„**Sie rollen das Pferd von hinten auf**" *(olijay)* was nicht nur nicht zum Ziel führt, sondern auch unnötig viel Kraft kostet

„**Sie wortgewandter Teufel, Sie!**" *(mentalist)* Kompliment an jemanden, der außer vereinzelten Umlauten nichts über die Lippen bekommt

„**Sind Sie Single?**" „**Nein, Longplayer!**" Kurzer Dialog mit manchmal langem Nachspiel

„**So ein Typ der Marke: mein Lieblingstier ist Wurst!**" jemand, der etwas adipös durch zuviel Tierfett ist, der aber auch nicht wirklich interessiert daran ist, wie was zustande kommt

„**So erheischt man Angeblichkeit!**" *(schrö)* wenn jemand sehr effektvoll heiße Luft produziert

„**So kommst Du auf keinen grünen Baum!**" *(silk)* wie man das drohende Versagen bei echt ambitionierten Menschen ankündigt

„**So lange mich nur die Vollidioten scheiße finden, mach ich vielleicht alles richtig!**" *(effi)* klare Abgrenzung gegen unangebrachte Kritik

„**Soll ich Dich mal kognitiv neu kalibrieren?**" 1) *freundlich:* jemanden mit verbalen Mitteln auf den neuesten Informationsstand bringen 2) *unfreundlich:* jemandem dermaßen eine reinsemmeln, dass er sich selbsttätig auf den neusten Informationsstand bringt (oder in die Werkseinstellung verfällt)

„**Soll ich Dir dabei helfen?**" „**Nein, das geht alleine schon schwer genug!**" Ehedialog

„**Sonst würden Sie ja nicht unterleben!**" *(nach Jan Hofer)* also überleben?

„**So oder so, Hauptsache egal!**" wenn's einem nicht so drauf ankommt

„**So unnötig wie ein von Außen verstellbarer Innenspiegel!**" also wirklich überflüssig

„**Spät ist das neue rechtzeitig**" *(misanthrop im EF-Forum)* was ein Problem für alle ist, die sowieso zu früh kommen

„**Spaß als ernstzunehmender Faktor**" *(oligee)* wohl die deutsche Version des berühmten „there is no business without entertainment!"

„**Stellen Sie Ihr Gaumensegel richtig ein und nutzen Sie die Hohlräume in Ihrem Kopf**" *(Stelzer-Rathe)* Guter Rat aus dem Buch „Vorträge halten"

„Stil ist, wenn sie dich aus den Stadt jagen und du lässt es so aussehen, als gingest du voran " *(Sebastian Horsley)*

„Strammer Max, Spiegeleier mit Schinken. Oder wie wir sagen: eine Tagesschicht für ein Huhn, eine Lebensaufgabe für ein Schwein!" wie ungerecht Arbeit und Aufwand verteilt sein kann

„Stroh im Kopf, aber Geld wie Heu!" Betaprominente aus Realityshows (z.B. D. Katzenberger)

„Suck My Duck!" Grafitti eines unkonzentrierten Englishschülers an einer Wand in Frankfurt, das später leicht abgewandelt zum geflügelten Sprichwort wurde: „Geh deine Ente lutschen!"

„Superidee für Neugeschäft: langsames Licht erfinden!" Auf der Jahrestagung der Veranstaltungsbeleuchter

T

„Tätuwier Dir doch die Augenbrauen auf die Stirn" Ratschlag an jemanden, der unbedingt berühmt werden will, aber leider weder Fleiß noch ein besoderes Talent aufbieten kann

„Tanzen ob Sie es wollen" Übersetzung des Satzes *„dance if you want to"* auf einem Werbeschild vor einer canarischen Bar

„Testosteron auf Autopilot" wenn Jungs mit ihrem wahrscheinlich kleinsten Körperteil denken

„Tja, Pech gehabt: Arschjucken und zu kurze Arme!" wenn man ein Problem hat, es aber allein nicht lösen kann

„The Cutie and the Miez!" die zwei Katzen

„This isn't Logic, Captain!" Musiker vor einem Rechner mit Cubase

„Tief in ihrem Innern gibt es kein Tief in ihrem Innern!" wenn sich die Oberflächlichkeit eines Menschen nach innen gestülpt hat

„Tod durch Zukunft" *(gax)* Ja, irgendwann erwischt es uns alle!

„Tolle Investition: da hab ich aber mal meine Schäfchen ins Nasse gebracht" *(gax)* wenn man einmal zu oft auf seinen Anlageberater gehört hat!

„Tollkirschen schmecken garbicht so toll!" ja, Worte können auch verwirren

„... total mit den Enden am nerven" (gax) wenn die Abschlüsse von Sätzen oder Ereignissen einen irgendwie genervt zurück lassen

„Totes Humankapital" *(bankdeutsch)* Arbeitslose oder nicht mehr kreditfähige Lohnsklaven

U

„**Überall ist jetzt gleich!**"   (*gax*) zur Bezeichnung beliebiger Erkenntnisse außerhalb der Relativitätspraxis

„**Um das heiße Ei herumreden!**"   oder so ähnlich

„**Um der Vielheit meiner schizoiden Persönlichkeit gerecht zu werden, werde ich mich in Zukunft wohl Euchen!**"   (*pluralis maxiatis*)

„**um Kropf und Kragen reden**"   sich aufgrund oder trotz des Jodmangels in das Gestrüpp des eigenen Geplappers verstricken

„**Umzingelt von Freunden!**"   (*nach Thierse*) wenn man den Umstehenden eigentlich eine reinschlagen sollte, dies aber aus Gründen des sonstigen Zusammenhalts nicht tun sollte

„**... unerfräulich dämlich!**"   (*aus einem Leserbrief*) da fallen für den Autor viele weibliche Eigenschaften zusammen

„**Und dann kommst Du und drückst mir noch sonen Zuspruch rein!**"   (*Autor unbekannt, aber wahrscheinlich mit Migrationshintergrund*)

„**Und dann wurde ein Foto geschissen!**"   wenn die Qualität des Schnappschusses an eine Ausscheidung erinnert

„**... und der Torwart erstarrt zur Salzsäure!**"   (*spottsch*) von einem, der in Chemie nicht aufgepasst hat

„**... und grüß den Rest von mir.**" „**Hallo Rest von Lothar!**"   Dialog mit Lothar am Telefon

„**Und ich hatt ja sogar Urlaub, ich hätt noch nichtmal rennen müssen!**"   (*nach Waltraut D.*) Resumee zu einem knochenbrecherischen Unfall mit einer Zeltschnur

„**Und jetzt noch schnell zum Verkehr: auf der A45 kann der Standsteifen benutzt werden!**"   (*Rüdiger Schade bei Radio Primavera*)

„**Und sie wurden glücklich bis ans Ende dieser Nacht**"   Satz am Ende eines Märchens über Ultrakurzlebensabschnittsgefährten

„**Und, wie gefalle ich Dich in meinem Kleid?**" „**Sieht sehr bumsbar aus?**"   Kleiner Dialog am Abend

„**... und vergib uns unseren Glauben, wir auch wir vergeben unseren Gläubigern!**"   beim Beten Schuld und Glauben verwechselt

„**Und wenn Du mir nicht glauben willst, dann erfind doch eine bessere Geschichte!**"   (*gax*) 1) gut gemeinter Ratschlag an Laiendramaturgen 2) Ersatzsatz für den berühmten Märchenschlusssatz „Und wenn sie nicht gestorben sind,..."

„**Und? Woher kennst Du deine Schwester?**"   (*gax*) tödlicher Gesprächsansatz in die Verlegenheitsstille

„**unzulänglich getarnte Unzulänglichkeit!**"   wenn Dummheit offensichtlich wird

V

„**Verdacht auf Gründung einer originellen Vereinigung**" Club der toten Komiker

„**Verkack Dich!**" wenn die Aufforderung sich zu verpissen nicht scharf genug erscheint

„**Völlig unglaubwürdige Behauptung: meine Freundin hätte mich mit meinem besten Freund betrogen! Kann ja sein, dass sie mich betrogen hat, aber der Typ war dann ganz sicher kein Freund von mir!**" Logik dem Logik gebührt

„**Voll wie eine Schlaubitze**" nach dem Motto „Dummheit frisst, Intelligenz säuft!"

„**Vom Reden in die Saufe kommen**" nach stundenlangem Plappern endlich mal ordentlich was gegen die Dehydrierung unternehmen

„**Vom Rinde verbläht**" wenn es am Ende doch am Methan lag und nicht am CO2

„**Von adeligem Geblöd**" wenn das blaue Blut hauptsächlich auf Inzucht zurückgeht

„**... von gesprochenen Wahlverbrechen!**" *(pol.)* es sollte wohl von gebrochenen Wahlversprechen die Rede sein, aber so herum ist es noch viel eindrucksvoller

„**Von Grunz auf zufrieden**" *(auch: grunzzufrieden)* wenn es jemanden so richtig gut geht

„**Vor der Lachette ist 'ne lange Schlange. Ein paar können's kaum noch halten und kichern schon!**" *(nach R. Schade)* wenn man zum Lachen in einen kleinen Kellerraum gehen muss!

„**Vorzeitige Ekackulation!**" vor Aufregung in die Hose geschissen

W

„**Wahnisnn ist das Ticket zu diesem Theater!**" *(gax)* falls man mal keine passende Eintrittskarte zur Hand hat!

„**Warum denn in die Ferne schwafeln?**" *(yonish)* Fasse dich kurz!

„**... warum ich den Hals verloren habe!**" *(yonish)* dann war der Kopf wohl vorher schon weg

„**Warum kann heute nicht schon morgen Freitag sein?**" *(Valeria G.)* wenn man am Mittwoch den Abreisetag in den Urlaub kaum noch erwarten kann

„**Warum laufe so?**" *(unbekannte osteuropäische Putzfrauz)* wenn man am Mittwoch den Abreisetag in den Urlaub kaum noch erwarten kann

„**Was auch unwahrscheinlich Ich?**" *(saba)* unter Ablehnung sämtlicher
Verantwortung

„**Wasser außerhalb des Schiffs: gutes Schiff! Wasser innerhalb des
Schiffs: schlechtes Schiff!**" klarer Hinweis, wie man gut und schlecht
einfach voneinander unterscheiden kann

„**Was guckste denn so leise?**" *(saba)* Gesichtsausdruck, nachdem jemand
schuldhaft vorlaut war

„**Was ist denn das für eine taktische Marschnahme?**" *(spottsch)* Maßnahme, Marschroute, Marschallplan? Wie auch immer, es geht nach vorn,
zumindest in Bela Rethys Kopf

„**Was ist denn eigentlich so schlecht an Grotten?**" eine etymologisch
berechtigte Frage

„**Was soll ich nur ohne mich machen?**" *(gax)* vorweggenommene Verzweiflung einer hybriden Persönlichkeit

„**Was uns nicht gleich umbringt, tötet uns langsam!**" fatale Erkenntnis,
die aber auch meist nichts bewirkt

„**Wehret den Anfängern**" wenn man sich seine 30jährige Berufserfahrung
nicht von Marketingtwens zerquatschen lassen will

„**Wein ist Poesie in Flaschen**" *(Wandspruch in einer Itakeria)* vor allem
wenn die Flaschen nach Genuß des Weins anfangen zu reimen

„**Wenigstens können wir jetzt tief fallen!**" *(EF-Forum nach Aufsteiger-
startrekord)* auch der Erfolg hat seine positiven Seiten

„**Wenn der Klügere immer nachgibt, regieren die Dummen die Welt!**"
was man sich immer bewusst machen sollte

„**Wenn die Welt einen Einlauf bräuchte; dort würde man ansetzen!**"
freundliche Umschreibung für den Arsch der Welt

„**Wenn Du das von hinten nach rückwärts liest ...**" *(julisch)* wie man Teu-
felsbotschaften falsch versteht

„**Wenn Du scharf auf Mitleid bist, dann besorg Dir ne Krankheit, die man
sehen kann!**" warum man sich auch ohne Krebs manchmal den Schädel
rasieren sollte

„**Wenn Du scharf auf Mitleidsex bist, dann besorg Dir ne Krankheit, die
man nicht sehen kann!**" nichts ist eine größere Flirtbremse als offene
Pusteln und Beulen

„**Wenn er da den Einsatz trifft, ist das oft auch ein bisschen Klick!**"
Rhythmushilfe für Gesangsaufnahmen

„**Wenn er jetzt erster geworden wär, ja das wär dann für ihn populär!**"
ein Renntechniker üder die *Prioritäten* (gemeint: Ambitionen) seines Nach-
wuchsfahrers

„**Wenn ich richtig wütend bin, kann ich auch ne Drehtür zuschlagen.**"
also „Scheiß drauf" mit richtig viel Schwung

„**Wenn ich will, hab ich eine dreckige Sprache, die sich echt gewaschen
hat.**" so eine Art Unflätigkeit im Feuilletonstil

„Wenn man weiß, wer der Böse ist, dann hat der Tag Struktur." *(effi)* wie die Bildredaktion ihre Artikel aufbaut

„Wenn meine Brüste Augen hätten, hätten wir verdammt oft Blickkontakt." Klare Ansage einer gut *bevorbauten* Dame (Name der Redaktion bekannt, Inhalt wohl nicht erklärungsbedürftig)

„Wenn's am schönsten ist, soll man weitermachen!" *(gax)* goldene Regel für Genussmenschen

„Wenn Schäferhund ist erschossen, Schaf gibt immer noch Milch!" was passiert, wenn man den Finanzsektor wieder von der Realwirtschaft abkoppelt

„Wenn sich die beiden Mädels streiten wollen – Schlamm drüber!" man soll auch immer das Gute im Schlechten sehen

„Wenn's um Versprecher geht, kannst du die gerne veröffentlichen. Bei Versprechen wäre ich vorsichtig!" *(gaubisch)* wie man so als Co-Autor zum Braxel steht, wenn sich der Wein verflüchtigt hat

„Wenn unsere Regierung das Feuer erfinden müsste, würden wir bis heute unsere Büffel roh essen!" was nicht nur der gemeine Indianer von den Leuten in der Haupstadt hält

„Wer A... sagt, muss auch ...RSCH sagen!" *(gax)* in persönlichen Auseinandersetzungen müssen auch Konsequenzen mit unguten Ausgängen gezogen werden

„Wer blind sät, wird Wurm ernten!" *(gax)* der Verfall wird kommen

„Wer nicht merkt, dass er fast nur noch von Idioten umgeben ist, gehört vielleicht schon längst dazu!" das Ende eines Denkers

„Wes Lied ich sing, des Geld ich ess!" *(moes)* Sinnspruch für leicht anarchistisch veranlagte Opportunisten

„Wie alt ist es denn?" *(Esther Berger)* wenn die Frage nach der Uhrzeit im Kopf falsch hochgerechnet wird

„Wie ein Idiot muss ich mich hier zum Deppen machen!" Ausruf eines verzweifelten Kabarettisten nach jahrelanger, politischer Aufklärungsarbeit in ländlichen Gegenden

„ ... wie Frau Godot an der Rotweinbushaltestelle!" *(gax)* jemand, der ja meist selber nicht erscheint, wartet auf den Getränkebus, der auch nicht kommt.

„Wie hätten Sie denn gerne die Durchigkeit des Fleisches!" Radebruch einer italienischen Kellnerin

„Wie man in den Alk hineinschallt, so schalkt es heraus!" wenn man nach Genuss von reichlich Alkohol sinnlos herumschwadroniert, muss man sich nicht wundern, wenn es mit gezieltem Spott kommentiert wird

„Wie man in den Wald hineinlallt, so lallt es heraus!" Höflichkeitsregeln für Trinker

„Wie man sich fettet, so wiegt man!" Wahlspruch der Gewichtbeobachter

„**Wie sagt mein Galerist immer: Galerie kommt von Galeere, also rudert, Jungs, rudert!**" was man als seine eigene Nachwuchshoffnung am Kunstmarkt nicht vergessen sollte

„**Willst Du Gott zum Lachen bringen, dann erzähl ihm von Deinen Plänen!**" was man so im bösen Scherz sagt, wenn man ein fatalistischer Gläubiger ist

„**Willste mal köstlich?**" (*saba*) das schmeckt so gut, das solltest Du mal probieren!

„**Wir alle hatten die Hasen voll**" man weiß sofort, welche Art von Angst gemeint ist, aber man will es sich nicht bildlich vorstellen müssen

„**Wir Deutschen neigen zu großen Extremitäten!**" Töpperwin meinte wohl den Hang zum Extremen, obwohl - wer sich selbst mit Wodka anzündet, meint vielleicht doch die körperlichen Anhängsel

„**Wir drücken dem FC Bayern die Damen!**" Sportmoderator mit offensichtlicher Vorliebe für die Spielerfrauen

„**Wir haben da sechs Leute, die uns exklusiv zur Verführung stehen!**" (*Nicola K.*) die Zoologen des Gondwanalandes mal wieder mit dem Begleitservice verwechselt

„**Wir haben eine Ablachung getroffen!**" Die Inhalte des Vertrages sind nicht der Rede wert

„**Wir haben natürlich die Themen nur streicheln können!**" Abschluss der Zusammenfassung nach einer Podiumsdiskussion

„**Wir haben proaktiv reagiert!**" also echt schnell

„**Wir haben uns gefickt unterhalten!**" sollte wohl erst eine gepflegte Konversation beschrieben werden, aber dann kam die Wahrheit durch den Versprecher doch noch ans Licht

„**Wir haben uns in einer Bar kennengelernt. Es war Liebe auf den ersten Schwips!**" wozu Alkohol auch mal gut ist

„**Wir hoffen auf ein niedliches Miteinander!**" wenn friedlich nicht genug ist

„**Wir klären das!**" Leitspruch am Gasometer der Hannoverschen Klärwerke

„**Wir machen das Ding, das in das Ding kommt, das in das andere Ding kommt!**" wie der typisch deutsche Mittelständler erklärt, was er tut

„**Wir sind miteinander verheimatet!**" was man nach Jahrzehnten wilder Ehe getrost voneinander behaupten kann

„**Wir machen erst einmal eine Probemillion und dann sehen wir weiter!**" guter Satz beim Vorstellungsgespräch (wahrscheinlich: Investmentbank)

„**Wo bin ich nur hergeraten?**" (*Andi Krämer*) wenn man zurecht mal die eigene Herkunft hinterfragt

„**Wo bleibt denn nur der Bus mit all den Leuten, die das wahnsinnig interessiert?**" (*saba*) Zaunpfahlwink für öde Erzähler

„**Wo finde ich denn die Feigen?**" „**Haben sich sicher wieder irgendwo da hinter dem letzten Regal versteckt!**" Dialog mit einem schlagfertigen Obsthändler

„Wo issen die Zukunft und was kostet sie?" *(axxl)* was so die üblichen Inhalte einer Jahresauftaktveranstaltung in einem Satz zusammenfasst

„Wollt Ihr den totalen Brie?!" euphorische Anfrage auf dem Jahrestreffen der Käsehersteller, durchaus auf andere Vereinigungen zu übertragen.

Z

„Zehn kleine Menschelein mit deutlich pigmentiertem Migrationshintergrund!" wie man das Kinderlied politisch korrekt singt, auch wenn es so nicht mehr auf die Melodie passt

„Zu dieser Zeit war sie sehr kopulär!" sie hat genommen, wen sie kriegen konnte

„Zu faul um frei zu sein!" Sekunden nach der Einsicht in die Notwendigkeit, dass man für seine persönliche Freiheit auch etwas tun muss

„Zu kleine Blende!" wie ein Fotograf ausdrückt, dass jemand unterbelichtet ist

„Zur Hälfte kommt es aufs Aussehen an. Guck doch mal ins Radio" *(Leonhard H.)* vernichtendes Urteil über den Popmusikmarkt

„Zweibeiniger Truppenübungsplatz!" wenig charmante Bezeichnung für eine allseits gut bekannte Dame

EPILOG

Sprache ist ein wunderbar lebendiges Wesen. Sie ist Handwerk, Denkwerk, Netzwerk und zuweilen sogar Kunstwerk. Zum Glück für diese kleine Wort- und Sprichwortsammlung ist sie aber manchmal einfach nur: Mundwerk! Etwas, das plötzlich fehl geschaltet, schlecht gefiltert und auch sonst vom Verstand nicht unbedingt gleich behelligt, aus den Tiefen unseres Unter- bewusstseins hervorbricht und das zum Erstaunen aller trotzdem meist irgendwie verständlich ist. Und wenn es sich nicht gleich erschließt oder das Komische daran einfach nur für die Nachwelt festgehalten werden soll, dann gibt es ja nun zur nachträglichen Behelligung das Braxel. Denn Sprache ist ein wunderbar lebendiges Wesen. Und ein toller Spielkamerad.

In diesem Sinne: auf den nächsten Seiten findet der geneigte Leser ein paar im geometrischer Ordnung verteilte Linien vor, die ihn ermuntern mögen, vom passiven Verbraucher zum aktiven Sprachverbastler zu mutieren. Wobei *mutieren* eigentlich einen falschen Tenor anschlägt, denn besonders viel Mut braucht es da ja nicht dazu.

PLATZ FÜR EIGENE WORTSCHÖPFUNGEN

PLATZ FÜR EIGENE WORTSCHÖPFUNGEN

PLATZ FÜR EIGENE WORTSCHÖPFUNGEN

DER HERAUSGEBER UND WORTESAMMLER

GAX Axel Gundlach, geboren 1961 in Frankfurt am Main, absolvierte ein sprach-orientiertes Abitur und tourte als Pantomime, Tänzer und Sänger durch Deutschland und Europa. Nebenbei studierte er ein paar Semester Germanistik, Theater-, Film- und Fernsehwissenschaften sowie Philosophie und schauspielte in mehreren Filmen.

Seit 1984 veröffentlichte der Wanderer zwischen den Welten verschiedene Schallplatten, darunter den ersten deutschen Rapsong, gewann mit seinen Musikvideo einen internationalen Filmpreis in St. Tropez und kreierte später mit seiner KaHouse-Band MOON HEAD MAN die dadapop-Performance „FAN TOM VOX", die 1996 in New York uraufgeführt wurde.

GAX beschäftigte sich als Konzeptionist und Autor mit einer Vielzahl von Medien und Künsten, ehe er sich als Performance-Künstler, Dramaturg und Regisseur auf die multimediale Inszenierung von Veranstaltungen spezialisierte.

Mit den KaHouse Künstlerkollegen inszenierte er in mehr als 25 Jahren knapp 1500 Events, darunter eine Vielzahl von Theaterstücken und Multimedia Shows sowie ein Dutzend abendfüllende Musicals für Unternehmen.

Neben eigenen Arbeiten als Maler („flowempire") und Fotodokumentarist („the speaking streets") entwickelte GAX eine Reihe von Ideen, Bildende Künste als interaktive und dramatische Elemente der Inszenierung einzusetzen, darunter auch die nach ihren flüssigen Bildern „Liquidtures" genannte Videotricktechnik sowie „PuzzlePicturePaintings" Großgruppenkunstwerke, bei denen bis zu 2000 Teilnehmer am selben Bild malen, ohne es zu ahnen.

GAX, selbst einst deutscher Jugendmeister im Judo, ist Gründungsmitglied des VSO Verein Sportler für Organspende sowie 2. Vorsitzender des ehem. Kunstforum Löwenhof e.V., der sich der Förderung der Kunst verschrieben hatte.

Seit 2014 findet GAX wieder auf die Bühne zurück, diesmal als Kabarettist. Zum Üben vor Publikum und weil es sehr viel Spaß macht nimmt er z.Z. an Poetry Slams teil. Im Spetember wurde er überraschend Vizehessenmeister. Wenn Zeit bleibt, schreibt der Autor an Fachtexten Romanen, Gedichten und Kabarettexten - oder eben die Wortkreationen seiner Umwelt und seiner eigenen Interpretation derer auf.